Table des matières

Table des cartes

Notre couverture :
Cette île flottante de béton
se dirige vers Ekofisk (mer du Nord)
où elle permettra de stocker
160 000 m³ de pétrole.
*Document aimablement communiqué
par la Société Doris*

Étrange insecte de métal,
la machine à tout faire dévore les épis
et restitue les grains :
moissons près de Château-Landon.
Phot Beaujard

La France jeune :
les enfants de Cergy-Pontoise
devant l'école des Plants,
conçue en fonction de leurs goûts.
Phot Saint Pierre - Rapho

La France, maintenant

par Roger Brunet,
professeur à l'Université de Reims,
François-J. Gay et Yves Guermond,
professeurs à l'Université de Rouen,
Daniel Noin,
professeur à l'Université de Paris-I,
Pierre Préau,
professeur à l'Université de Grenoble.

Librairie Larousse, 17, rue du Montparnasse, 75006-Paris

Publication dirigée par Roger Brunet,
professeur à l'Université de Reims.

Secrétariat général : Suzanne Agnely
Conseil artistique : Henri Serres-Cousiné
Mise en pages du Studio Cérès Graphique
Cartes de Jacques Rochette et Roger Graindorge, sur maquette des auteurs
Légendes et textes sommaires par Lucien Rioux.
©*1974, Librairie Larousse - Dépôt légal 1974-3ᵉ - Nᵒ de série Éditeur 6909*
Imprimé en France par Arts Graphiques D M C (Printed in France).
Librairie Larousse (Canada) limitée, propriétaire pour le Canada
des droits d'auteur et des marques de commerce Larousse.
Distributeur exclusif au Canada : les Éditions françaises Inc.,
licencié quant aux droits d'auteur et usager inscrit des marques pour le Canada.
Iconographie : tous droits réservés à A.D.A.G.P. et S.P.A.D.E.M.
pour les œuvres artistiques de leurs adhérents, 1974.
ISBN 2-03-062922-7 (vol. broché)
ISBN 2-03-013822-3 (vol. relié)

Enfin, de notables disparités, qui sont loin d'être toutes dues à la nature, séparent les régions françaises par leur dynamisme, leurs revenus, leurs questions sociales; la France n'est certes pas le seul État dans ce cas, et la différence est souvent source de progrès : mais c'est une question de degré, à partir de quoi une heureuse variété devient une regrettable inégalité. À cela s'ajoute la grande ouverture de l'éventail des revenus individuels, qui semblent plus étalés que dans bien d'autres nations comparables.

Chaque État a ses faiblesses et ses forces : l'essentiel est de les connaître, pour tirer parti des unes et atténuer les autres. Dans un tel domaine, les mêmes faits peuvent mener à des interprétations opposées : du moins avons-nous essayé de dresser un bilan honnête, à partir duquel chacun peut juger. Telle quelle, la France a de grandes possibilités; elle les utilisera sans doute mieux et avec plus d'équité lorsqu'elle affectera mieux ses revenus, notamment en investissant dans la recherche, en abaissant les inégalités sociales et régionales, en développant la formation et l'information des citoyens, en évitant les gaspillages de temps, d'espace et de ressources, en coopérant plus efficacement à la solidarité mondiale.

Roger BRUNET.

INDEX

Les noms de communes, d'agglomérations ou de monuments sont en romain.
Les noms se rapportant à des faits naturels (côtes, sommets, cours d'eau, etc.) sont *en italique,* ainsi que les noms de «pays»
(Caux, Cerdagne, etc.).
Seuls figurent EN CAPITALES les noms de départements ou régions officielles.

La France est une grande puissance.

VOILÀ UNE PROPOSITION QUI PEUT CHOQUER, *même en prenant ce mot au sens strict, toute coloration impérialiste mise à part. Parce qu'il est de bon ton, en France même, d'en douter; parce que la réputation d'immodestie du Français est si bien établie à l'étranger que celui-ci sera tenté de soupirer: «Voilà bien encore une manifestation de cet insupportable ton de supériorité des Français...» À force d'être méprisant à l'extérieur et sceptique à l'intérieur, on se crée bien des difficultés.*

Il faut donc voir la réalité — et, certes, la regarder complètement.

Sans doute, deux superpuissances dominent-elles le monde. Mais, derrière elles, vient le groupe des grandes puissances, où la France n'est pas si mal classée: 2ᵉ ou 3ᵉ de cette catégorie pour la production et le rôle dans le commerce international, où elle rivalise avec l'Allemagne fédérale, le Japon et la Grande-Bretagne. La concurrence est plus sévère dans le domaine des revenus individuels, voire des « modèles » de société, où la France dépasse le Japon et la Grande-Bretagne, mais est égalée ou dépassée par des États modernes moins peuplés. Au total, la France, en l'état actuel, représente un des plus grands marchés du monde et un État qui, pour avoir beaucoup perdu de son influence, n'en joue pas moins un certain rôle, dans la mesure même où il peut faire preuve d'indépendance et de coopération.

Elle connaît une expansion économique vigoureuse, comme toutes les grandes puissances. Sa croissance n'a rien d'exceptionnel; nul n'en a le mérite, sinon l'ensemble des travailleurs de tous ordres; et, comme pour les autres grandes puissances, une partie de cette croissance vient de la pression qu'elle a contribué à exercer sur les prix des matières premières et des sources d'énergie qu'elle importe — ce qui lui crée, à l'instar de ses homologues, des difficultés nouvelles : l'indépendance accrue des États fournisseurs a clos l'époque de la facilité.

En quoi, alors, réside son originalité ? Si on la compare aux autres grandes puissances de second plan, sa personnalité apparaît, complexe comme l'est toute personnalité.

Peu de monde, relativement : la France, pour sa dimension, est plutôt faiblement peuplée, n'étant que le 13ᵉ État du monde par le nombre d'habitants. C'est dire qu'elle n'est pas encore trop encombrée, que sa nature est moins menacée par la pression des foules — mais cela explique aussi qu'on ne s'y soit que tardivement soucié d'y ménager l'« environnement ».

Une intense fréquentation touristique : c'est le privilège d'une histoire complexe, qui lui a légué une grande quantité d'œuvres d'art, et d'une variété de centres d'attraction, de la neige au soleil, qu'elle doit à sa position zonale, entre mer du Nord et Méditerranée, entre plaines et montagnes.

Une riche agriculture : la France a les plus lourdes récoltes des puissances de même rang — un fait qui pèse dans les règlements de la Communauté européenne.

Une place modeste parmi les grandes firmes internationales (Renault n'est que la 17ᵉ des firmes de la seule Europe occidentale) et une forte proportion de petites entreprises familiales.

Une longue tradition de timidité dans les investissements à l'étranger, à la fois cause et conséquence du caractère précédent, malgré quelques changements récents — et, en contrepartie, une forte participation des firmes étrangères, ces fameuses « multinationales », à son économie : certaines branches d'activité sont même littéralement dominées par l'extérieur, et ceci de plus en plus.

Une place essentielle, mais que beaucoup jugent excessive, accordée à l'automobile, tant dans la consommation intérieure et les transports que dans les exportations ; et une part un peu trop délibérément belle faite au pétrole parmi les sources d'énergie.

Un secteur nationalisé relativement important, bien géré et fort dynamique : des grandes banques de dépôts aux groupes d'assurances, de Renault à l'Aérospatiale, d'Elf à EDF-GDF ou à la SNCF — alors que certains services, comme les télécommunications, restent en deçà de ce qu'ils devraient être dans une puissance moderne.

Des exportations abondantes, mais qui pourraient être plus élaborées, c'est-à-dire incorporer une plus grande valeur ajoutée : on peut estimer que, pour une grande puissance industrielle, elles comportent trop de produits bruts, pas assez de machines et d'appareils ; on peut être frappé aussi par la pauvreté, voire l'inexistence, de certaines fabrications — dans la photographie, l'appareillage médical, le matériel d'imprimerie, etc.

Un certain retard dans l'activité de recherche, en particulier industrielle : le bilan des droits d'exploitation de brevets est largement déficitaire ; et, en même temps, la langue française recule dans le domaine scientifique. Plus généralement, comparativement aux brillantes périodes d'invention et d'initiation dont le passé de la France est riche, il reste peu de domaines culturels où sa capacité d'innovation soit régulièrement remarquée : peut-être a-t-on trop cédé aux vertus du rendement immédiat, trop sacrifié le fondamental ; mais il est vrai aussi que le champ de l'invention s'est considérablement internationalisé.

Une extrême centralisation du pouvoir et des activités : aucune métropole n'a, parmi les grandes puissances, la place que tient Paris en France. Et, parallèlement, une certaine lourdeur des procédures administratives, qui freine les initiatives et la rapidité de la décision.

index des noms cités dans les cartes

Les pages sont indiquées *en italique* s'il s'agit d'une carte particulièrement consacrée au sujet. Il n'est fait mention que des cartes permettant un repérage facile ou fournissant une information sur le sujet, outre la localisation. Les lettres (A, B...) précisent la carte dans la page.

La France grande puissance

DEUX MILLIONS D'AMBASSADEURS

LA FRANCE EST UNE GRANDE PUISSANCE. Pourtant, avec 52 millions d'habitants, elle n'a que 1,36 p. 100 de la population de notre planète, et vient ainsi au 13e rang. Sa part dans l'accroissement annuel de la population mondiale – 0,42 p. 100 du total – est presque insignifiante. Mais elle dispose, avec les États-Unis, l'URSS, la Grande-Bretagne, la Chine populaire, du droit de veto au Conseil de sécurité de l'ONU – et fait partie du «club atomique». Son rythme d'expansion économique, depuis 1945, est soutenu : il dépasse même 5 à 6 p. 100 par an ces dernières années.

Page précédente :
« Doris », île flottante de béton, se dirige vers Ekofisk (mer du Nord)
où elle permettra de stocker 160 000 m³ de pétrole.
Document aimablement communiqué par la Société Doris.

Ci-dessus :
Bâti par des entreprises et des ingénieurs venus de France, un imposant ouvrage d'art :
le barrage de Moulay Yousef (Maroc).

Aussi, certains « futurologues » pensent que, pour le produit national brut, la France se situera aux tout premiers rangs dans le monde avant 1985 – on a même parlé de « miracle économique français ».

Pour le moment, la France est au 5e rang dans le monde pour le produit national brut (PNB), après les États-Unis, l'URSS, le Japon et l'Allemagne fédérale ; au 5e rang aussi pour le PNB *par habitant,* après les États-Unis, le Canada, la Suisse et la Suède, à peu près à égalité avec le Danemark, la Norvège, le Luxembourg et l'Allemagne fédérale. Par son poids économique, la France se situe donc dans le groupe de tête ; mais on pourrait mieux dire : à la partie supérieure des puissances moyennes. Ainsi, par sa consommation d'énergie par habitant – 3 600 kg d'équivalent-charbon –, elle ne vient encore qu'au 9e rang dans le monde ; il est vrai que son taux de couverture, autrement dit la part de l'énergie consommée qui est produite dans le cadre national (un tiers), est un des plus faibles parmi les grandes puissances.

Ci-dessus :
Le Québec est la plus célèbre
des anciennes provinces françaises :
voici la ville de Percé, en Gaspésie,
dont la Roche percée protège le petit port.

Ci-dessous :
Pierre par pierre,
les croisés francs ont construit
dans l'ancienne Palestine
cet impressionnant krak de Kerak (1136).

L'EXPANSION
SANS HOMMES

La puissance de la France dans le monde se mesure aussi au rôle des Français à l'étranger, à la diffusion des techniques et des capitaux qui appuient un commerce en pleine expansion. Environ deux millions de Français résident en permanence, ou au moins durablement, à l'étranger. C'est un nombre sensiblement inférieur à celui des étrangers en France (environ 3 millions, dont 750 000 Algériens). Ce n'est pas négligeable toutefois.

Pourtant, la France n'a jamais été un foyer de grande émigration, contrairement à d'autres pays latins, comme l'Italie et l'Espagne par exemple. La différence est encore plus sensible avec d'autres parties de l'Europe du Nord-Ouest, comme les îles Britanniques. *La pression démographique,* cause des grandes vagues d'émigration

vers l'outre-mer, n'a jamais été vraiment forte en France, sauf peut-être aux XVIIe et XVIIIe siècles, lorsque des paysans bretons, normands ou poitevins ont fourni une part importante des *engagés,* c'est-à-dire des colons qui ont peuplé le Canada ou les Antilles. L'émigration paysanne n'a connu quelque ampleur, ensuite, qu'à partir de 1848, lors des crises agricoles qui se sont succédé jusqu'au début du XXe siècle. On sait, d'autre part, que la colonisation française, au cours de sa seconde phase, à partir de 1850, n'a guère été une colonisation de peuplement, sauf en Algérie, en partie.

Ce n'est pas que les Français aient manqué d'esprit d'entreprise, bien au contraire. Tout au long de l'histoire, de nombreux Français se sont expatriés pour des motifs religieux, politiques, ou tout simplement par goût de l'aventure. Sans remonter aux croisades, qui furent à l'origine de l'influence française dans le Levant, on peut citer l'émigration huguenote qui a suivi l'abolition de l'édit de Nantes et qui explique la présence de noms de personnes d'origine française en Allemagne, aux Pays-Bas et même en République d'Afrique du Sud. Les troubles politiques ont été à l'origine de départs qui ne furent pas toujours suivis de retours : émigrations de la Révolution et de l'Empire, exils qui ont marqué le second Empire ou la Commune, etc. Beaucoup d'Alsaciens ou de Lorrains ont pris le chemin de l'outre-mer après 1870 (Algérie).

Les provinces périphériques ont fourni les plus gros contingents d'émigrants : navigateurs ou paysans de l'Ouest du XVIe au XVIIIe siècle, Basques ou Béarnais vers l'Amérique latine au XIXe siècle, Savoyards ou Bas-Alpins également au siècle dernier. La composition sociale des émigrants a donc varié dans le temps. Si les paysans ont formé la base du flux migratoire à toutes les époques, et surtout au XIXe siècle, il ne faut pas oublier la part des classes moyennes, artisans et marchands, ou même des nobles sous l'Ancien Régime. Les religieux ont, à diverses périodes, participé à la grande aventure des pionniers et des découvreurs (Marquette, etc.). La Première Guerre mondiale a marqué la fin de cette émigration, qui a rarement été massive. La France exsangue d'après 1918 devint alors, au contraire, une terre d'immigration. Après la Seconde Guerre mondiale, on observa même un certain retour des Français installés à l'étranger ou dans l'ancien empire colonial. Jusque vers 1967, ce mouvement l'emporta sur celui des départs.

Au contraire, depuis cette date, on constate une légère augmentation des Français immatriculés à l'étranger. Le solde positif global, depuis 1967, dépasse 200 000 personnes. En fait, il ne s'agit pas d'un regain de l'émigration définitive, mais d'une émigration temporaire liée à de nouvelles formes de l'influence française dans le monde : moins de religieux, mais plus de «coopérants», moins de commerçants, mais davantage de personnel détaché par les firmes françaises d'implantation mondiale. L'expansion de l'économie française, les avantages sociaux, les problèmes d'éducation n'incitent guère au départ définitif, en dépit de l'appel aux émigrants français venant de pays sous-peuplés comme la République d'Afrique du Sud, le Québec ou l'Australie. Il s'agit donc d'une émigration que l'on pourrait appeler «qualitative» (cadres techniques, enseignants).

Il est très difficile de donner le nombre précis de Français à l'étranger. On ne connaît avec exactitude que les Français immatriculés dans les consulats : ils sont aujourd'hui environ un million. Mais beaucoup négligent de se faire inscrire, sauf en cas de troubles ou de difficultés économiques dans le pays d'accueil. D'autre part, nombre de Français ont acquis une seconde nationalité pour pouvoir y exercer certaines professions (États-Unis). Compte tenu des recensements étrangers, on peut évaluer à environ 2 millions, soit 4 p. 100 de la population métropolitaine, le nombre des Français expatriés. Ces Français établis à l'étranger jouent un certain rôle dans la politique intérieure de la France : six sénateurs sont élus, avec l'accord du Sénat, par le Conseil supérieur des Français de l'étranger.

Pour étudier la répartition de ces Français à l'étranger, il faut s'en tenir aux données résultant des immatriculations, qui permettent au moins d'avoir une idée de la position relative des divers pays d'accueil. Les quelque 20 États qui comptent plus de 10 000 Français immatriculés regroupent environ 85 p. 100 des Français expatriés. On peut en distinguer plusieurs groupes. Le plus important est celui des pays de l'Afrique «francophone», y compris l'Algérie et Madagascar. On y compte plus de 300 000 recensés, soit plus du tiers du total. Les effectifs réels sont, semble-t-il, bien supérieurs, en particulier au Maroc et en Côte-d'Ivoire. L'importance des collectivités françaises en Afrique s'explique à la fois par l'héritage de la colonisation, le rôle du français comme langue officielle, les accords de coopération, etc.

Les pays du Marché commun constituent, avec au moins 280 000 Français, le deuxième contingent. Il est évident que la liberté d'établissement autorisée par le traité de Rome facilite ce courant migratoire, qui ne comprend pas, bien entendu, les migrations frontalières quotidiennes, dont l'importance ne cesse de croître. Les autres États européens accueillent un contingent de Français assez stable, mais faible. Le troisième groupe est formé par l'héritage de la «diaspora» classique, l'émigration vers «les Amériques» en particulier. Les chiffres officiels sont probablement très sous-estimés pour certains États (États-Unis, Argentine, Mexique et Venezuela). Le Levant et l'Asie du Sud-Est, enfin, ont des communautés plus limitées, mais solidement implantées. On peut y inclure Israël, où l'installation des migrants (Français d'origine nord-africaine) prélude souvent, il est vrai, à une naturalisation. ∎

Immatriculation de Français à l'étranger en 1973 dans les consulats	
Allemagne fédérale	144 000
Maroc	86 000
Belgique	70 000
Suisse	68 000
Algérie	60 000
États-Unis	48 000
Madagascar	45 000
Canada	40 000
Espagne	36 000
Grande-Bretagne	35 000
Côte-d'Ivoire	30 000
Sénégal	25 000
Italie	22 000
Israël	21 000
Tunisie	19 000
Monaco	15 000
Argentine	14 000
Gabon	14 000
Inde	14 000
Cameroun	13 000
Brésil	11 000
Viêt-nam du Sud	10 000

La France, grande puissance, 4

Phot. Boutin-AAA Photo

Ainsi, la Régie Renault, 7e ou 8e constructeur mondial selon les années, a des usines de montage ou de fabrication dans près de 30 États, de la Belgique au Zaïre, de l'Argentine à la Côte-d'Ivoire, et jusque dans des pays d'économie socialiste (Yougoslavie, Roumanie). Une société comme L'Air liquide, issue des inventions de Georges Claude, est implantée dans une cinquantaine d'États (350 usines). Michelin, cinquième société mondiale de pneumatiques, compte 32 usines dans le monde entier; en 1972, elle en construisait encore huit hors de France (Canada). Le groupe PUK (Pechiney-Ugine-Kuhlmann), présent sur les cinq continents, s'implante en URSS; parmi ses investissements les plus spectaculaires à l'étranger, il faut signaler, pour l'aluminium, l'usine de Flessingue, aux Pays-Bas, et l'usine Eastalco, au nord-ouest des États-Unis; ses activités s'étendent sans cesse outre-mer, de la construction d'une des plus grandes usines de dessalement de l'eau de mer au Koweït, aux prospections minières en Australie.

Dans le domaine des usines ou installations «clefs en mains», la France est en train de se tailler une solide réputation, en particulier dans le secteur des services publics. Une société comme Dégremont, du groupe de la Société lyonnaise des eaux, est appréciée pour ses techniques de pointe (traitement des eaux). La France a eu la responsabilité de la construction du métro de Montréal et de celui de Mexico. Au Zaïre, par exemple, francophone il est vrai, c'est le groupe Thompson-CSF qui a réalisé l'infrastructure des réseaux hertziens, tandis que l'expérience d'Électricité de France en matière d'hydroélectricité lui a valu d'être chargée de toute l'«ingénierie» du barrage d'Inga; le BRGM (Bureau de recherches géologiques et minières) participe à l'exploitation du complexe de Tenga-Fungurime, cependant que le groupe Renault-Saviem-Peugeot a construit des chaînes de montage. Pour prendre un exemple tout différent, celui des États-Unis, un marché pourtant bien difficile à pénétrer, les firmes implantées y sont aussi diverses que L'Air liquide et Agache-Willot, Schlumberger (prospection pétrolière) et Pechiney, Michelin et L'Oréal, Dégremont et Saint-Gobain.

Bien entendu, la présence de firmes françaises à l'étranger signifie que la France exporte non seulement ses techniques et ses

LA FRANCOPHONIE

L'influence de la France dans le monde ne se mesure pas seulement à l'implantation de ses ressortissants à l'étranger, pour important que soit leur rôle sur le plan économique et culturel, notamment en Afrique. L'emploi du français comme langue officielle ou langue véhiculaire facilite également le rayonnement de la culture française. S'il n'a pas la puissance de l'anglais, s'il a connu certains reculs comme langue diplomatique, le français reste une des langues les plus parlées dans le monde : 150 millions de personnes hors de France l'utilisent régulièrement. Le français n'est pas seulement langue officielle pour Haïti – et partiellement pour le Canada, la Belgique, le Luxembourg, la Suisse –, il l'est aussi pour certains pays où les langues véhiculaires sont nombreuses : tel est le cas de plusieurs États de l'Afrique dite «francophone». Sur ces bases s'est développée une forme vivante de coopération internationale. La présence du français a survécu, dans bien des cas, à la décolonisation. On parle encore largement français à Pondichéry, à plus forte raison en Afrique noire ou en Algérie. En utilisant le français, nombre d'écrivains africains bénéficient

d'une diffusion internationale. Le français prend appui sur toute une série d'institutions, comme le réseau mondial de l'Alliance française ou les lycées ou collèges français à l'étranger. L'Afrique du Nord est, à cet égard, bien pourvue, avec une vingtaine d'établissements, dont quelques-uns sont mixtes. Plusieurs États ont une forte tradition dans ce domaine : le Liban, le Chili, le Viêt-nam du Sud. Certaines institutions sont particulièrement remarquables : le lycée français de Londres, la Maison française d'Oxford, les écoles ou lycées de Beyrouth, les instituts français de Mexico ou de Lima, etc.

LA BATAILLE DES TECHNIQUES

La France était traditionnellement présente dans le monde par ses missionnaires, ses pionniers, ses enseignants. Devenue une puissance industrielle, elle manifeste son dynamisme par l'exportation de ses techniques, et même par l'implantation de ses grandes firmes dans le Tiers Monde et dans les pays hautement industrialisés.

Page de gauche, en haut :
Les rues du quartier français
de La Nouvelle-Orléans ont gardé
leurs enseignes au charme désuet.

Ci-dessus :
De la vieille Louisiane française restent
une présence et des noms,
comme celui de sa capitale ultra-moderne :
La Nouvelle-Orléans.

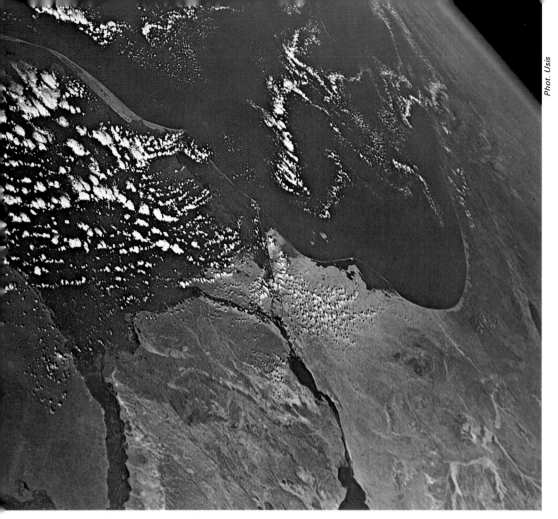

Phot. Usis

TIMIDE CAPITAL

La France, surtout avant la Première Guerre mondiale, avait la réputation d'exporter «peureusement» ses *capitaux* : elle prêtait plus volontiers aux États qu'aux sociétés privées. On se souvient des espoirs et des déceptions apportés par les emprunts russes, ou des difficultés de la « dette » ottomane. Elle a eu du mal à rompre avec cette politique. Aujourd'hui encore, elle préfère les prêts ou les achats de titres étrangers aux investissements directs, c'est-à-dire à la prise de contrôle de sociétés étrangères : au cours de la décennie 1960-1970, les investissements directs de la France à l'étranger n'ont représenté que 6 p. 100 de ceux des États-Unis, 20 p. 100 de ceux de la Grande-Bretagne, 60 p. 100 de ceux de l'Allemagne... Ils ont même été inférieurs à ceux de l'Italie. Toutefois, depuis 1970, une politique plus hardie se dessine. La France, grâce à des groupes comme Elf-Erap ou Pechiney-Ugine-Kuhlmann, s'efforce de s'assurer une meilleure sécurité d'approvisionnement en matières premières et en énergie par des investissements directs, par exemple en Australie, au Brésil, en Mauritanie ; en mer du Nord, la France a largement participé aux efforts et aux résultats d'une des grandes aventures pétrolières contemporaines. Le poste énergie (essentiellement les hydrocarbures) intervient pour près de 30 p. 100 dans le total de l'investissement français à l'étranger. Certaines firmes fran-

Vu de « Gemini VII », près du Nil et de son delta (à gauche), le canal de Suez (au centre) : l'œuvre de F. de Lesseps, tour à tour lieu de combats et trait d'union entre deux mondes.

brevets, mais aussi ses capitaux. Quelques ombres apparaissent cependant dans ces divers domaines. En effet, la France connaît depuis quelques années un déficit croissant de sa balance des brevets. Ainsi, en 1970, la vente des brevets et licences hors zone franc n'a atteint que 780 MF, alors que le montant des achats s'est élevé à 1 280 MF. Les déficits les plus importants concernent l'industrie électronique et les ordinateurs, la chimie et les plastiques, la grosse mécanique et même les industries alimentaires. Au contraire, le bilan est favorable dans des secteurs comme les cosmétiques et parfums, le verre, les tissus et la mode, l'automobile. Le déficit est particulièrement important avec les États-Unis (ordinateurs, électronique, mécanique, plastiques) ; avec l'Allemagne, il s'explique par les redevances payées dans l'électroménager et la chimie ; avec la Suisse, l'essentiel du déficit provient de l'utilisation de procédés et brevets dans les branches de l'alimentation (Nestlé) et de la pharmacie.

La France compte cependant à son actif nombre d'innovations largement diffusées. Pour ne prendre que les plus récentes, on peut citer : le procédé SECAM de télévision en couleurs, le pneu à carcasse radiale,

l'hélicoptère «Alouette» (vendu dans 75 États), les avions *Mirage, Mercure* et *Concorde,* des usines de traitement des eaux (Buenos Aires) ou de dessalement de l'eau de mer (Koweït). ∎

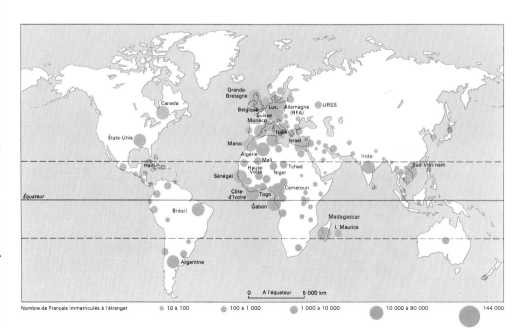

Nombre de Français immatriculés à l'étranger   ● 10 à 100   ● 100 à 1 000   ● 1 000 à 10 000   ● 10 000 à 90 000   ● 144 000

Investissements français à l'étranger (hors zone franc) en millions de francs

	Investissements directs bruts	Prêts bruts	Total	Liquidation d'investissements directs et remboursement de prêts	Solde
1968	1 207	914	2 121	577	1 544
1969	1 209	645	1 854	840	1 014
1970	1 623	982	2 605	572	2 033
Total 1962-1970	10 325	6 093	16 418	4 784	11 634

Orientation des investissements français à l'étranger en millions de francs

	États-Unis	CEE	Royaume-Uni	Autres pays de l'OCDE	Reste du monde	Total
1968	144	547	122	464	844	2 121
1969	87	512	170	256	829	1 854
1970	177	612	266	661	889	2 605
Total 1962-1970	882	4 653	1 611	3 859	5 413	16 418

çaises suivent, avec quelque retard, la tendance à la création de grands groupes multinationaux ou, plutôt, elles renouent avec une vieille tradition française dans ce domaine, dont l'exemple le plus connu fut la Compagnie universelle du canal de Suez.

La France investit surtout dans les pays de la Communauté économique européenne (CEE), et plus généralement en Europe (environ 50 p. 100 du total), signe des interrelations croissantes entre les pays européens; mais l'Allemagne fédérale, les Pays-Bas et surtout la Grande-Bretagne investissent bien plus en France que la France chez eux.

Au total, il reste beaucoup à faire pour établir un certain équilibre entre les investissements français à l'étranger (zone franc exclue) et les investissements étrangers en France. Ainsi, au moment où la Grande-Bretagne y investit massivement, dans le secteur alimentaire et immobilier notamment, la France n'intervient que pour 3 p. 100 des investissements étrangers en Grande-Bretagne! Cette situation s'explique partiellement par la grande place des firmes moyennes ou familiales : elles hésitent à engager des capitaux à l'étranger, malgré la diversité des aides de l'État (taux de réescompte privilégiés, garanties de change, crédits à l'exportation).

La présence française dans le monde se traduit aussi par une importante aide au Tiers Monde. En valeur absolue, elle venait, jusqu'en 1970, immédiatement après celle des États-Unis. L'aide publique représente, selon les années, de 3 à 3,5 p. 100 des crédits budgétaires; sa part a plutôt tendance à augmenter, dépassant même les deux tiers du total en 1971. En tenant compte de l'aide privée, la France consacre environ 1 p. 100 de son PNB à l'aide du développement, pourcentage conforme à l'objectif minimal fixé par les instances internationales.

Toutefois, l'aide française au Tiers Monde présente plusieurs caractères particuliers. Elle est avant tout dirigée vers les territoires qui ont jadis constitué la Communauté, auxquels il faut ajouter les territoires et les départements d'outre-mer, parties intégrantes de la République; cet ensemble, qui coïncide à peu près avec la zone franc au sens large, reçoit près des deux tiers de l'aide publique; les flux privés sont beaucoup plus diversifiés, et doivent souvent être soutenus par des garanties publiques (aides à l'exportation, etc.). La France donne la préférence à l'aide bilatérale, encore que l'aide multilatérale, par l'intermédiaire du Fonds européen de développement et de l'Association internationale de développement, soit en augmentation régulière. Les dons représentent 80 p. 100 de l'aide bilatérale : les prêts jouent donc un rôle mineur. Enfin, la France réserve une grande place à la collaboration technique et culturelle : le personnel de coopération technique mis à la disposition des pays du Tiers Monde dépassait, en 1973, 45000 personnes.

Compte tenu du fait qu'une partie notable de l'aide au Tiers Monde va, en fait, à des territoires français ou liés étroitement à la France (DOM et TOM), la contribution française au développement, bien qu'elle se situe aux tout premiers rangs, devrait donc être encore accrue et améliorée. ■

Ci-dessous :
Présence culturelle :
dès leur plus jeune âge,
les enfants de Curepipe (île Maurice)
peuvent puiser dans les trésors
de la librairie française.

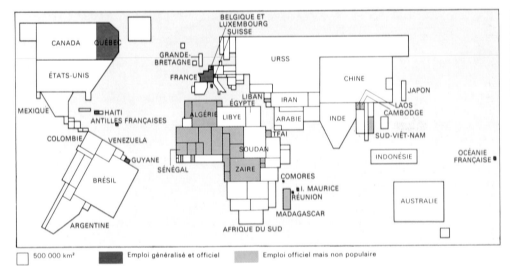

□ 500 000 km²	■ Emploi généralisé et officiel	▨ Emploi officiel mais non populaire

À gauche, carte :
Les Français dans le monde.

Ci-dessus, carte :
La langue française dans le monde.

Phot. Serrailler-Rapho

Phot. Caron-Gamma

À gauche :
*Les voyages forgent l'amitié :
côte à côte dans les rues de Bucarest,
le général de Gaulle et le président Ceauşescu
saluent, le 14 mai 1968, les foules roumaines.*

Ci-dessous, de haut en bas :
*Élégant, original, audacieux,
le pavillon qui marquait
la présence française
à l'Exposition universelle de Montréal (1967).*

*Haïti, terre lointaine
où les enseignes portent des mots français :
Port-au-Prince et son marché couvert.*

À droite :
*Pour aider ces pêcheurs du Dahomey
à tirer parti des ressources
du lac Ahémé,
un assistant technique venu de France.*

Pages suivantes :
*Célèbre monument de la ville de Québec,
le Château-Frontenac est devenu
un hôtel de luxe
dont le personnel parle toujours
le « patois dix-septième »
cher aux chansonniers québécois.*
Phot. Rémy

Phot. Hoa-Qui

Phot. Edouard-Studio-Gds-Augustins

Phot. Robillard

PAINS
AU BEURRE CHAUD

Phot. Hoa-Qui

Phot. Déribéré

Phot. Hoa-Qui

Ci-dessus, de gauche à droite :
*Deux grands écrivains francophones
le Français André Malraux
et l'Africain Léopold Sedar Senghor,
lors de l'ouverture du festival
des Arts nègres de Dakar (1966).*

*Cette splendide
« ferme aux serpents » de Bangkok
n'est autre que l'un des nombreux
« Instituts Pasteur » répandus dans le monde.*

À gauche :
*Construits avec l'aide de la France,
l'université d'Abidjan et son hôpital.*

À droite, de gauche à droite :
*Présence de la recherche :
une mission du CNRS
se livre à des fouilles archéologiques
dans la célèbre vallée de l'Omo (Éthiopie).*

*Dans la ville à laquelle Brazza légua son nom,
l'avis de recensement
destiné aux futurs conscrits
évoque celui que nos villages affichent.*

Phot. Michaud-Rapho

La France, grande puissance, 13

Phot. Hoa-Qui

Phot. Rhône-Poulenc

Ci-dessus :
*Mise au jour et exploitée
avec le concours de techniciens
venus de France,
la mine de fer de la Miferma
à Zouerate (Mauritanie).*

Ci-contre :
*Peu d'hommes, un long couloir
garni de machines nettes et automatisées,
c'est une usine installée au Brésil
par Rhône-Poulenc (Rhodia Industrias
Quimicas e Texteis, à Santo André).*

Page de droite :
*Le grand commerce : Dunkerque est devenue
l'un des grands ports français
pour le fer mauritanien et le pétrole arabe.*

La France, grande puissance, 14

LE CINQUIÈME MARCHAND DU MONDE

LA FRANCE EST UNE DES GRANDES PUISSANCES COMMERCIALES. Ici encore, elle se situe au 5e rang après les États-Unis, l'Allemagne fédérale, le Royaume-Uni et le Japon pour la valeur totale du commerce international.

Document aimablement communiqué par CCI

MÉLINE OUBLIÉ

Ce commerce tend à devenir particulièrement florissant : le solde est positif depuis 1970, la France exportant plus qu'elle n'importe. Pour apprécier ce résultat, il faut savoir que, depuis 1914, il n'a été obtenu qu'une dizaine de fois! Enfin, il est d'autant plus remarquable que la conjoncture était défavorable en raison de l'instabilité monétaire et d'une concurrence de plus en plus vive sur le marché international. En dépit de cela, les exportations augmentent, depuis 1970, de plus de 20 p. 100 par an! Au total, la France contribue pour environ 11 à 12 p. 100 au commerce international depuis 1969, contre 10 p. 100 environ pendant la période 1950-1960. Certes, les exportations, comme les importations, ne représentent que 12 à 13 p. 100 du PNB de la France, proportion bien inférieure à celle de l'Allemagne fédérale, du Benelux ou même de l'Italie; mais cette situation traduit aussi le fait que la production française est assez équilibrée : on ne fait appel à l'importation d'une manière massive que pour combler un déficit énorme en matières premières, et surtout en énergie.

Il est clair que la France s'est largement ouverte au commerce international. Le repliement derrière la protection des barrières douanières, tentation permanente de Napoléon à Jules Méline, appartient à une époque révolue. Le traité de Rome, qui a institué la Communauté économique européenne, marque à cet égard une étape importante. Certes, de brèves périodes de pratiques restrictives peuvent survenir sous des formes variées (contingents, contrôle des changes, double marché du franc, etc.), comme après la crise de l'été 1968; mais cela ne porte pas atteinte aux principes essentiels de libéralisme des échanges à l'intérieur du Marché commun, renforcés par la suppression des barrières douanières et l'institution, en 1968, d'un tarif extérieur commun, à un niveau inférieur aux tarifs nationaux. Le principal problème actuel est bien l'incertitude du marché des changes et la crise du système monétaire international. Il s'y ajoute les réticences à l'exportation de certains producteurs face aux «risques politiques» de certains États étrangers. La Banque française pour le commerce extérieur et la Compagnie française pour le commerce extérieur essaient de faciliter les exportations, en particulier vers les pays pauvres, par des moyens indirects : ainsi, la garantie de change a été généralisée en 1971. ∎

Phot. Bernie-Rapho

DE L'ÉNERGIE
ET DES VIVRES

Les importations françaises sont essentiellement constituées de produits que le sol national ne fournit pas en suffisance : le manque de produits alimentaires, de matières premières et de sources d'énergie expliquait le léger déficit du commerce extérieur qui était la règle avant 1970.

À gauche :
Une gigantesque œuvre d'art française
au service du progrès :
le barrage de Keban,
sur l'Euphrate (Turquie).

À gauche, en bas :
Au cœur du Sahara, ce camp de base
d'Hassi-Messaoud (Algérie)
fut installé par la
Compagnie française des pétroles.

À droite :
Dans les eaux de la mer du Nord,
cette plate-forme de forage,
accessible par hélicoptères,
a été construite en France
— mais on l'appelle « West Venture ».

Document aimablement communiqué par CFEM

QU'EST-CE QUE LA ZONE FRANC ?

La zone franc est, à bien des égards, un héritage de l'ancien empire colonial français. Au sein d'un espace de coopération économique et monétaire qui regroupe la majeure partie des États de l'ancienne Communauté, existe un ensemble où les liens sont plus stricts et que les techniciens appellent, au sens étroit du terme, *la zone franc*. Elle comprend, outre la France et les départements et territoires d'outre-mer, la plupart des pays de l'ancienne Afrique noire française, à l'exception de la Guinée. Madagascar et la Mauritanie ont également décidé de se placer hors de cette zone en 1973.

A l'origine expression monétaire de l'ancien empire colonial, la zone franc est devenue un ensemble de conventions et d'usages qui réglementent les rapports du franc avec les monnaies de pays devenus indépendants. Ainsi, ces derniers peuvent obtenir tous les francs dont ils ont besoin auprès du Trésor de l'ancienne métropole, qui reçoit, en revanche, la totalité des avoirs extérieurs de la zone. En d'autres termes, la France s'engage à avancer à ces pays les fonds nécessaires à leurs règlements externes et à solder automatiquement les déficits éventuels des balances des paiements des pays membres. Le franc français est donc pour eux la *monnaie de réserve* et joue le rôle d'une monnaie pilote pour le franc CFA, qui est la monnaie commune des pays de l'Afrique de l'Ouest et du Centre. Les trois pays du Maghreb ont conservé certains liens avec la zone franc. Ils maintiennent une partie de leurs réserves dans cette devise, et les opérations financières de ces pays avec l'étranger sont exécutées sur le marché parisien, mais leurs monnaies ont une définition librement décidée par rapport au franc.

Le système de la zone franc proprement dite, en dépit d'avantages reconnus (convertibilité sans limite, en principe, des monnaies entre elles ou en devises étrangères), a suscité, ces derniers temps, des critiques : il donne en fait au Trésor français et aux États associés une sorte de droit de regard sur la création de monnaie et la distribution des crédits par l'intermédiaire de la Banque centrale. Il est accusé de prolonger indirectement la domination de l'ancienne puissance coloniale, l'indépendance monétaire étant considérée comme un attribut fondamental de la pleine souveraineté. La zone franc va certainement continuer à évoluer, d'autant que la France n'a plus de relations commerciales aussi privilégiées qu'autrefois avec l'Afrique francophone. Il faut souhaiter que survive à la zone franc l'idée d'une coopération économique entre les pays membres.

Document aimablement communiqué par Berliet

Phot. Coyne et Bellier-Paris

Les importations d'énergie – charbon américain, pétrole du Moyen-Orient, d'Afrique et du Venezuela, gaz naturel des Pays-Bas ou d'Algérie – sont fort coûteuses. En valeur, c'est le secteur qui présente le plus lourd déficit. Les importations de matières premières paraissent aussi peu compressibles : la France n'est guère riche qu'en minerai de fer et en bauxite; encore la concurrence des minerais de fer d'outre-mer, accentuée par la création des sidérurgies littorales, condamne-t-elle à terme plusieurs gisements lorrains. De même,

l'importation de la bauxite d'Australie ou des Antilles se révèle rentable malgré l'éloignement. Enfin, une bonne partie des demi-produits peut être assimilée à des matières premières dont l'importation est inévitable : pâtes à papier, métaux, produits chimiques de base, etc.

Plus paradoxales sont les importations de produits agricoles et alimentaires, à peine couvertes par les exportations, sauf en 1971, année où les ventes à l'étranger ont fait un bond exceptionnel. La France est évidemment déficitaire, par nature, en ce qui concerne les produits tropicaux : cacao et café de Côte-d'Ivoire, arachide du Sénégal, etc. La zone franc est, moins qu'autrefois, un fournisseur privilégié de cette catégorie de produits. Les autres importations de produits agricoles et alimentaires sont surtout les viandes (Argentine, Irlande), les aliments du bétail (soja). Elles pourraient, dans certains cas, être sensiblement diminuées par une politique appropriée. Il en est ainsi pour les importations de produits de la pêche, quatre fois supérieures à nos exportations. Enfin, la France importe de grandes quantités de produits manufacturés, parfois près de la moitié du total en valeur comme en 1971, avec une légère tendance à l'augmentation. Si la balance globale, dans cette catégorie, semble pourtant favorable, une analyse

plus serrée montre que la France est mal placée dans le domaine des biens d'équipement : machines-outils, matériel de précision, gros matériel électrique. ∎

Ci-dessus, de gauche à droite :
*Des camions pour un pays
qui effectue un décollage économique :
une usine de montage Berliet en Algérie.*

*Des bâtiments puissants et rigoureux
implantés en bord de mer :
la centrale nucléaire franco-espagnole
de Vendellos (Espagne).*

À gauche :
*Massif et pourtant élégant, cet hôtel
implanté récemment à Djakarta (Indonésie)
est aussi une réalisation française.*

Ci-dessous, schéma :
Répartition du commerce extérieur français.

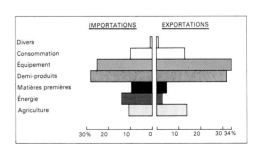

VOITURES
EN TÊTE

La France bénéficie, en ce qui concerne *les exportations,* de quelques positions assez fortes qu'elle doit à son climat et à des traditions qui ont assuré sa réputation : vins de cru, parfums, articles de mode, etc. L'élévation du niveau de vie dans les pays industrialisés assure à ces produits une clientèle en expansion : on connaît par exemple l'extraordinaire flambée des prix des vins depuis quelques années, à la suite du développement rapide des ventes à l'étranger. Toutefois, comme il s'agit souvent de produits de luxe, ils sont très sensibles à la conjoncture internationale.

Un autre point fort est représenté par certains types de produits manufacturés, également très sensibles aux aléas de la concurrence, qu'il s'agisse de matériel aéronautique, d'armes de guerre ou de véhicules automobiles. Le poids de ces derniers groupes apparaît décisif dans l'expansion des exportations, dont le taux de croissance, depuis 1969, est deux fois plus

rapide que celui du produit national. Ainsi, les ventes d'automobiles à l'étranger ont-elles progressé de quelque 20 p. 100 par an entre 1970 et 1973... Un secteur est en grand progrès : le matériel ferroviaire et certains engins de manutention.

L'exportation de produits alimentaires et agricoles ne doit pas être négligée. La valeur des céréales exportées atteint près de la moitié de celle des ventes d'automobiles à l'étranger – mais en profitant des prix garantis par la CEE, tandis qu'ailleurs on vend parfois à perte, l'État devant subventionner la différence.

Il conviendrait d'accroître les ventes de matériel d'équipement et d'autres produits finis comme les appareils électroménagers. Certains, comme les produits sidérurgiques (tôles, profilés), tiennent, en proportion, une place excessive dans les exportations : ils n'incorporent pas assez de « valeur ajoutée », c'est-à-dire de travail français. Les expéditions de biens d'équipement progressent trois fois moins vite que les ventes de produits agricoles. Le taux de couverture est particulièrement faible dans un domaine clef comme les machines-outils.

En résumé, la situation du commerce extérieur français est à la fois brillante et fragile. *Brillante,* si l'on tient compte des résultats globaux (progression en pourcen-

tage, taux de couverture favorable); les ventes extérieures apparaissent incontestablement comme un des moteurs de l'expansion : on peut dire qu'aujourd'hui près d'un salarié sur quatre travaille pour l'exportation, et la France exporte presque autant que le Japon, deux fois plus peuplé. *Fragile,* si l'on songe à la dépendance trop forte à l'égard d'un petit nombre de productions comme l'automobile, alors même que le renchérissement des produits pétroliers et des matières premières bouleverse tout le marché mondial . ■

VOISINS
ET CLIENTS

La structure même des exportations explique l'orientation géographique du commerce extérieur. Le Marché commun est, de loin, le principal fournisseur et le meilleur débouché de la France. Il absorbe presque la moitié des exportations (produits agricoles et produits finis) et fournit

Phot. Degremont-SGEA

environ la moitié des achats (produits manufacturés et biens d'équipement surtout). La France commerce de plus en plus avec les pays développés : les exportations vers la zone franc, par exemple, ne constituent plus que le dixième du total, tandis que près de 80 p. 100 de son commerce se fait avec les pays de l'OCDE. Toutefois, le commerce avec les États-Unis reste modeste : ceux-ci ne sont que le 4e fournisseur (après l'Allemagne fédérale, l'Union économique belgo-luxembourgeoise et l'Italie) et le 5e acheteur (après les mêmes et les Pays-Bas). Il est en outre déséquilibré au désavantage de la France.

La balance des *services* est, elle aussi, positive. Cela tient au rôle du tourisme international dans l'économie nationale : les sommes dépensées par les étrangers en France sont supérieures à celles qui sont dépensées par les Français à l'étranger. Par contre, les transports sont déficitaires : la France, notamment, fait trop souvent appel aux navires étrangers. Il en est ainsi, de toute tradition, des «revenus du travail», en raison des envois d'argent des immigrés, surtout Algériens, à leurs familles. Plus inquiétant peut paraître le déficit de la balance des brevets, imparfaitement compensé par l'excédent du poste «revenu du capital». Mais, dans l'ensemble, la balance des paiements courants, en dépit de l'ampleur relative de l'aide au Tiers Monde sous forme de dons, est assez largement excédentaire. C'est la bonne tenue des échanges extérieurs qui explique que la France ait pu rembourser, ces dernières années, parfois même par anticipation, un certain nombre d'emprunts extérieurs, et surtout augmenter les réserves de la Banque de France en or et en devises.

On peut d'autant plus regretter que la France ne paraisse pas parfaitement adaptée aux nouvelles conditions des échanges internationaux. En effet, ceux-ci ne sont plus autant qu'autrefois des échanges *entre*

nations, mais deviennent de plus en plus des mouvements de marchandises ou de capitaux *entre des firmes* ou *à l'intérieur de firmes* multinationales. En d'autres termes, jadis les nations échangeaient des produits finis ou des matières premières. Aujourd'hui, si les produits restent, bien entendu, mobiles, les facteurs de production – capitaux, techniques de gestion, usines, équipements, matières premières – le sont au moins autant. Les risques monétaires et commerciaux devenant la règle dans le monde d'aujourd'hui, un nombre croissant de firmes font faire à l'extérieur, dans des pays variés, des productions complémentaires, afin de bénéficier des coûts les plus bas selon les localisations. La création de filiales de commercialisation des produits français, ou, mieux, de filiales de production, doit relayer une stratégie d'exportations directes qui rencontre des obstacles croissants, au moment même où le marché français commence à se saturer dans certains domaines. Or, on a pu constater que, sauf exceptions brillantes, les firmes fran-

çaises ne sont pas aussi avancées dans ces formes d'organisation multinationales que certains groupes étrangers.

L'économie française s'internationalise de plus en plus. Elle a tiré parti de l'ouverture européenne. La présence française dans le monde se manifeste sous des formes toujours plus variées et plus complexes. Évitant la tentation du repli sur l'hexagone, la France a compris que son influence culturelle ou linguistique gagne à s'appuyer sur une solide expansion de l'économie et sur le dynamisme de la population. ■

À gauche :
*La France s'est fait une spécialité
du traitement et de l'épuration des eaux.
Voici les grandes installations de San Martin,
construites par une société française,
qui alimentent Buenos Aires en eau potable.*

Cartes :
*Principaux clients et fournisseurs
de la France.*

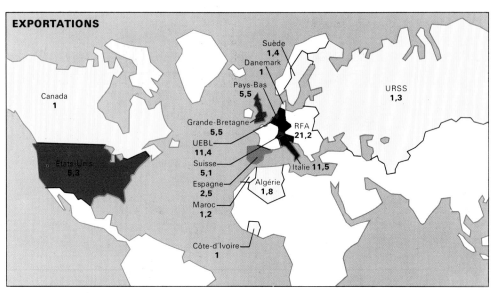

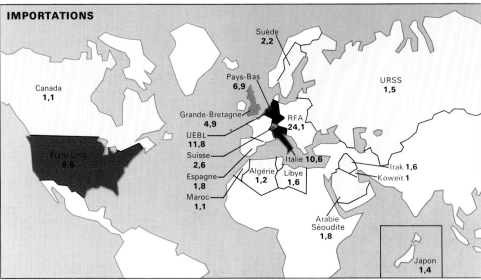

Pourcentage de la valeur totale des importations ou des exportations (seuls sont nommés les États dépassant 1 %).

UNE CURE DE JOUVENCE

Phot. Boulas

LA FRANCE A CHANGÉ PROFONDÉMENT depuis la Seconde Guerre mondiale. L'économie a connu des transformations radicales et une expansion remarquable. Mais la population aussi a connu de très importantes mutations. On peut même affirmer que jamais, au cours de sa longue histoire, elle n'a subi des changements aussi rapides et aussi profonds.

Installation modèle bâtie pour donner
aux nouvelles générations la possibilité de s'instruire, le lycée mixte d'Orléans-La Source.

Phot. Garanger

Phot. Dityvon-Viva

La France, grande puissance, 22

Changements dans le nombre des habitants et dans le comportement démographique tout d'abord.

Changements dans la répartition spatiale ensuite. L'effectif de la population des campagnes décline. Celui des villes gonfle vite, et parfois même très vite. Presque toute la population tend à devenir urbaine ou à vivre de plus en plus étroitement dans l'orbite des villes.

Changements dans les activités enfin. Les agriculteurs sont de moins en moins nombreux; le nombre des ouvriers n'augmente plus que lentement; celui des employés ou des cadres s'accroît vite. La moitié des actifs sont maintenant des «cols-blancs», des «tertiaires».

La France de l'entre-deux-guerres était vieillie; elle a perdu un peu de ses rides. La France de 1939 était encore à demi rurale; aujourd'hui c'est assurément un pays industriel, dans lequel s'esquissent déjà les traits d'un pays «post-industriel».

LE
«BABY-BOOM»

L'augmentation de la population au cours des trente dernières années a été réellement exceptionnelle : l'accroissement a été supérieur à 12 millions d'habitants. Le fait est d'autant plus surprenant que la période antérieure avait été caractérisée, au contraire, par une augmentation insensible ou par une véritable stagnation : de 1870 à 1946, la population de la France n'avait augmenté que de 2 millions de personnes; en 1946, le chiffre des Français était à peu près le même que celui de 1900! La France de l'entre-deux-guerres avait une population stationnaire et âgée.

Aujourd'hui, sa population est nettement croissante, relativement jeune, et connaît une expansion démographique qui compte parmi les plus élevées des pays industriels :

Jeunes et vieux.

Ci-dessus, de gauche à droite :
*Pour les calmes loisirs d'une retraite heureuse :
la Promenade des Anglais, à Nice.*

*Dans la ville nouvelle de Grenoble,
les enfants disposent d'une joyeuse école
qu'auraient enviée leurs aînés.*

En bas, de gauche à droite :
*Plus studieuse qu'on ne le croit,
la jeunesse de notre temps :
un cours à la «Halle aux vins»
(Université de Paris-VI).*

*Travaillant comme autrefois une terre
qui lui semble immuable,
une vieille paysanne bretonne de Crozon.*

400 000 à 500 000 personnes par an, dont les deux tiers reviennent à l'excédent naturel et le reste à l'immigration. Incontestablement, la France est rajeunie. Elle a poursuivi plus longtemps que les autres pays de l'Europe industrielle sa cure de jouvence.

Avant le dernier conflit mondial, la situation démographique de la France pouvait, à juste titre, être considérée comme catastrophique. Avec une population âgée, la mortalité était encore assez forte, un peu plus élevée que dans les nations les plus avancées de l'Europe. La natalité, au contraire, était remarquablement basse; très curieusement, elle avait commencé à baisser dès le XVIIIᵉ siècle, beaucoup plus tôt que dans n'importe quel autre État, et elle avait poursuivi son déclin pendant tout le XIXᵉ siècle et le début du XXᵉ : le taux de natalité, qui était le plus bas du monde, était même devenu inférieur au taux de mortalité à partir de 1935; les décès étaient donc plus nombreux que les naissances. L'effectif de la population commençait à diminuer légèrement et, à certains signes, on pouvait redouter qu'il amorçât une baisse plus rapide. Cette diminution serait d'ailleurs apparue plus tôt sans une importante immigration de Belges, de Polonais, d'Espagnols et surtout d'Italiens; avec leurs descendants, ces étrangers avaient ajouté 6 millions de personnes à la population, alors que l'effectif total tournait autour de 40 à 41 millions depuis le début du siècle!

Le tableau est tout différent aujourd'hui. Au début de 1974, la population dépasse les 52 millions d'habitants; elle continue de s'accroître assez vite et elle est formée d'une proportion assez inhabituelle de jeunes pour un pays industriel. Certes, l'immigration explique encore pour une part ce dynamisme exceptionnel : depuis la dernière guerre, trois millions d'étrangers se sont fixés en France et un million de Français sont revenus d'Afrique du Nord. Mais c'est l'excédent des naissances sur les décès qui explique, pour l'essentiel, ce vigoureux accroissement. La mortalité a nettement baissé par rapport à l'avant-guerre grâce aux progrès de la médecine, à la sécurité sociale, à l'augmentation du niveau de vie et à l'élévation du niveau culturel; la mortalité infantile, par exemple, c'est-à-dire celle des enfants de moins d'un an, est aujourd'hui quatre fois inférieure à celle de l'avant-guerre; la durée de la vie moyenne s'est allongée de façon importante : pas moins de quatorze années. La natalité, surtout, a nettement augmenté pour des raisons variées, complexes et pas toutes élucidées : politique familiale, sécu-

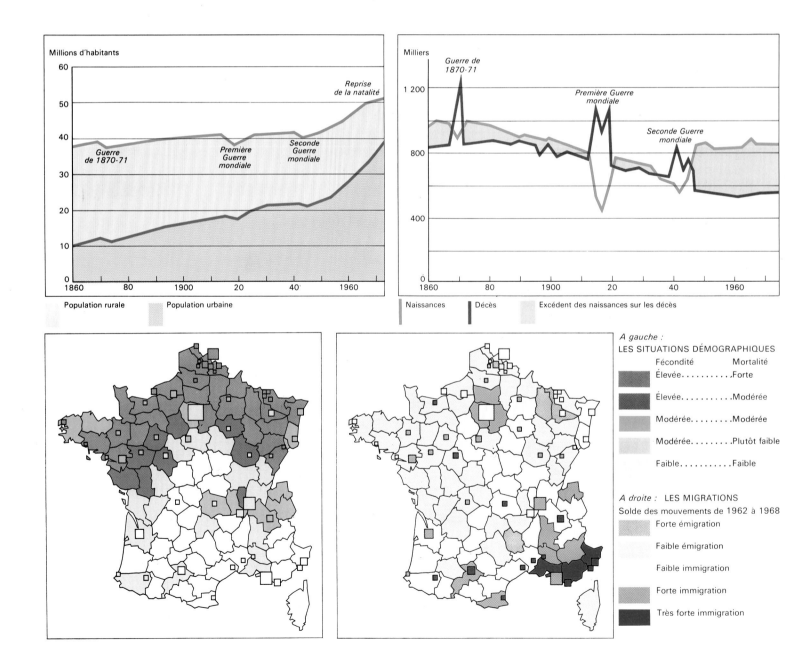

rité sociale, abaissement de l'âge du mariage et surtout augmentation très sensible de la fécondité des couples. C'est ce phénomène que les Américains – qui l'ont connu aussi, mais plus brièvement – ont appelé *baby-boom*. Chaque année, l'excédent est de l'ordre de 300 000 personnes.

Ce changement des caractères démographiques n'a pas seulement concerné la France, il est vrai, mais il y a été plus net que dans les autres États européens, et surtout plus durable.

Une nouvelle période paraît néanmoins s'ouvrir. L'évolution est orientée à la baisse dans toute l'Europe. Pour l'instant, cette diminution reste moins forte que dans les États voisins. Elle est due uniquement à la réduction de la fécondité des couples. De plus en plus, le modèle de la famille à deux enfants paraît s'imposer dans tous les milieux sociaux et dans toutes les régions ; la perspective d'une descendance nombreuse est refusée aujourd'hui par la quasi-totalité des femmes.

Si le recul actuel de la fécondité se poursuit dans les années à venir – c'est désormais l'hypothèse la plus probable –, l'accroissement que connaît la population française depuis trente ans va donc fléchir. Mais il ne ralentira que lentement, en raison de la jeunesse relative de la population. Les études projectives indiquent que le nombre des habitants pourrait passer à 55 millions d'habitants en 1985 et à 59 ou 60 millions en l'an 2000, sans compter l'immigration étrangère.

Ainsi, même si la cure de jouvence commence à toucher à sa fin, ses effets se feront encore sentir pendant une assez longue période. La population française continuera de croître à un assez bon rythme pendant une génération encore. ■

FRANCE FÉCONDE ET FRANCE AVARE

Quoi qu'il en soit du futur, il faut revenir au présent pour noter que le dynamisme démographique est inégal d'une partie à l'autre de la France.

Une ligne arquée passant par La Rochelle, Paris et Genève sépare la nation

---

UN SIÈCLE D'ÉVOLUTION DÉMOGRAPHIQUE

L'évolution numérique

Du début de la IIIe République à la fin de la Seconde Guerre mondiale, l'effectif de la population a très peu changé (1871 : 38,5 millions ; 1945 : 40,2). Les trois conflits ont eu des effets importants, directs (mortalité masculine) ou indirects (retard des naissances).

Depuis la fin de la Seconde Guerre mondiale, la croissance a été forte (1974 : environ 52,4 millions).

L'évolution de la natalité et de la mortalité

Les taux de natalité et de mortalité indiquent le nombre de naissances et de décès pour 1 000 habitants.

De 1870 à 1944, l'écart s'amenuise entre les deux courbes. De 1935 à 1939, il y a même eu plus de décès que de naissances.

Depuis 1945, l'écart est au contraire accru, et inversé. Au cours des années récentes, il y a eu environ

Page de gauche, de haut en bas :
L'évolution de la population française.

Situation démographique et migrations.
Agglomérations de plus de 100 000 habitants et partie restante des départements.

À droite :
Pyramide des âges.

800 000 naissances et 500 000 décès par an.

L'évolution vue à travers la pyramide des âges

La «pyramide des âges» représente la population selon le sexe et l'âge. Elle fournit une image simplifiée de la structure de la population et constitue un raccourci de l'histoire démographique des cent dernières années.

L'effet direct de la Première Guerre mondiale est encore visible au sommet de la pyramide, du côté masculin, mais il est maintenant atténué.

Les deux grandes entailles sont dues aux effets indirects du même conflit : déficit des naissances entre 1915 et 1919, dû à la séparation des couples ; nouveau déficit à la génération suivante quand les «classes creuses» sont arrivées à l'âge de procréer.

L'augmentation de la natalité depuis 1945 est très visible. Elle a fortement «rajeuni» la population.

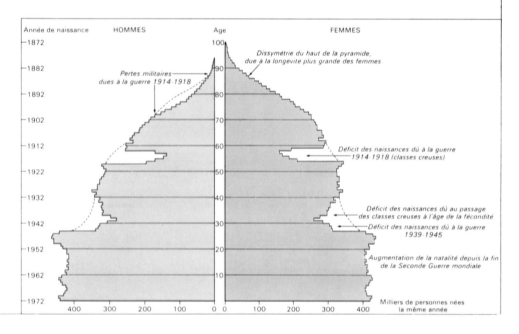

---

en deux parties très différentes par leur comportement. On voit s'opposer une France septentrionale à une France méridionale, une France encore féconde à une France nettement plus malthusienne. Le clivage est ici très différent de celui qu'on peut noter à propos de l'économie française, où l'opposition se fait de part et d'autre d'une ligne Le Havre-Marseille.

Dans la partie septentrionale, la population est nettement plus jeune, le mariage est relativement précoce, la fécondité des ménages est plus élevée, les familles nombreuses sont beaucoup plus fréquentes; si la mortalité, surtout infantile, y est également plus forte, l'excédent naturel y est plus important. Le fait est particulièrement net dans les villes ouvrières du Nord et de Lorraine ou dans certains départements du Nord ou du Nord-Est; il ne concerne pas seulement les milieux miniers ou industriels ayant une forte proportion d'étrangers, mais aussi des pays ruraux à population uniquement française, comme les bocages de Basse-Normandie ou de Bretagne orientale.

Dans la France centrale et surtout méridionale, c'est à peu près l'inverse : la population y est nettement plus vieillie, le mariage est plus tardif, la fécondité est faible, les familles ayant un ou deux enfants sont fréquentes alors que les familles nombreuses sont rares, la contraception est très largement pratiquée. Bien que la mortalité soit aussi inférieure à la moyenne nationale, l'accroissement naturel est faible; parfois même, quoique assez rarement, il est nul ou négatif. Cette situation, particulièrement nette à Paris ou dans les villes de la Côte d'Azur – où les traits précédents sont poussés à l'extrême –, caractérise aussi de nombreux départements du Sud-Est, du Sud-Ouest ou du Limousin.

L'opposition apparaît nettement dans le bilan démographique : près des trois quarts de l'accroissement naturel enregistré au cours des dernières années sont le fait de la moitié nord de la France.

Bien sûr, ces indications régionales recouvrent une assez grande diversité de situations d'un groupe socioprofessionnel à l'autre. Le nombre d'enfants est nettement supérieur à la moyenne chez les agriculteurs exploitants, du moins les fermiers, les salariés agricoles, les manœuvres ou les ouvriers non qualifiés; par contre, il est inférieur chez les ouvriers qualifiés, les cadres et les employés; la catégorie socioprofessionnelle ayant le moins d'enfants est celle des cadres moyens. De même, la mortalité est plus forte que la moyenne pour les salariés agricoles, les manœuvres et les « O.S. »; elle est inférieure pour les employés, les professions libérales et les cadres. Plus que le niveau de vie, c'est le niveau culturel, semble-t-il, qui explique ces différences. ∎

UNE RÉSERVE

UN PAYS
PEU PEUPLÉ

Pour un État d'Europe aussi étendu, 52 millions semble un nombre faible. Avec plus d'un demi-million de kilomètres carrés, la France est le plus vaste État du continent – l'Union soviétique étant évidemment mise à part –; elle n'occupe pourtant que le quatrième rang pour la population.

Celle-ci ne représente que le cinquième de l'effectif de la CEE en Europe, pour plus du tiers de la superficie. La densité est donc relativement faible (96 hab./km² en 1974); à ce point de vue, elle se situe au treizième rang en Europe, si l'on excepte les principautés ou États minuscules.

Vue d'avion, la différence entre la France et ses voisins septentrionaux est très frappante. Les campagnes semblent presque vides, les agglomérations n'apparaissent que de loin en loin... Les Français, surtout ceux des villes, n'ont guère conscience de cette situation et se plaignent déjà de l'encombrement. Pourtant, si la France était aussi densément peuplée que

Phot. Loucel-Fotogram

D'ESPACE

l'Italie – beaucoup moins avantagée par la nature –, elle aurait aujourd'hui 100 millions d'habitants; si elle l'était autant que le Royaume-Uni, elle en aurait 125 millions; aussi peuplée que la Belgique ou les Pays-Bas, elle en aurait 180 millions! Il suffit de quelques comparaisons pour rendre la différence évidente. Somme toute, par rapport aux Anglais, aux Belges, aux Allemands, aux Suisses ou aux Italiens, les Français ne manquent pas d'espace.

Est-ce un avantage ou un inconvénient? Un élément de force ou de faiblesse? Pendant longtemps, on a considéré que c'était plutôt un obstacle : les possibilités de développement de certaines régions apparaissent compromises par la pénurie d'hommes; mais c'est un point de vue archaïsant, qui envisage surtout la mise en valeur des campagnes. En fait, c'est plutôt un avantage aujourd'hui. Le prix du sol est moins élevé; le coût des grands équipements est un peu moins lourd; les possibilités d'aménagement en sont facilitées; enfin, à un moment où il est tant question du cadre de vie, le fait d'avoir de vastes espaces à l'abri des agressions et des nuisances du monde contemporain est assurément un sérieux avantage – à condition toutefois de les préserver par une politique appropriée. En tout cas, plus que les autres pays industriels européens, le territoire français constitue une réserve d'espace, la plus grande réserve de l'Europe du Nord-Ouest.

Il y a bien quelques fortes concentrations; mais elles sont rares. Seul le Nord évoque les grandes nébuleuses urbaines des bassins houillers anglais ou des pays rhénans. À côté de quelques axes assez fortement peuplés – la vallée de la Seine, le couloir rhodanien, la plaine d'Alsace, le littoral provençal –, il y a surtout de vastes étendues où la population est assez diluée sur l'espace rural et où les villes ont conservé un rang modeste.

Ci-dessus, de gauche à droite :
Au sein d'une des plus vastes réserves
d'espace de l'Europe,
les larges paysages des Causses.

Mais Paris manque de place,
et doit élever tours après tours :
du quartier Italie à Montparnasse,
elles semblent défier le monument d'Eiffel.

Cette situation, assez étonnante sur le continent européen, s'explique par la réduction exceptionnellement ancienne de la fécondité française. Il en est résulté une différence très nette dans les rythmes d'évolution de la France par rapport à ses voisins au XIXᵉ et au début du XXᵉ siècle.

La population rurale a longtemps représenté une proportion assez forte de la population totale, en raison de la faible croissance démographique et des lenteurs de l'urbanisation. Cette situation est en passe de changer. Actuellement, on peut estimer que quatorze millions et demi d'habitants résident encore dans les campagnes, soit seulement 24 p. 100 de la population totale. Mais les habitants n'y vivent plus que partiellement de l'agriculture ; beaucoup tirent profit des activités non agricoles du milieu rural ; une proportion croissante vit aussi des activités urbaines : la généralisation du transport individuel et la pratique du ramassage permettent à de nombreuses personnes d'habiter à la campagne et de travailler à la ville ; le phénomène est très sensible dans le Bassin parisien, le Nord, le Nord-Est et la vallée du Rhône, mais affecte aussi, dans une moindre mesure, les autres parties de la nation.

Les campagnes françaises sont pourtant beaucoup moins peuplées que celles des autres nations de l'Europe nord-occidentale. Elles donnent parfois une impression de vide. Le fait s'explique aisément : elles n'ont jamais été bien peuplées, sauf exceptions, et, surtout, elles se sont fortement dépeuplées depuis le début de l'industrialisation. En un siècle et demi, certaines ont perdu plus de la moitié de leur population.

Ce qui frappe le plus quand on les parcourt, c'est le caractère très disparate de leur charge en habitants. Les densités sont très inégales. Il est des campagnes faiblement occupées : c'est le cas des mon-

Phot. Loïc Jahan

tagnes, surtout des montagnes sèches du Midi où le déclin de l'élevage ovin a eu des conséquences graves sur le peuplement ; c'est aussi le cas des pays forestiers du Bassin parisien ou de l'Aquitaine, ou encore des plateaux sans limon qui s'étendent au sud et au sud-est du Bassin parisien (dans ces pays, où les conditions naturelles sont peu favorables, il arrive que les densités rurales soient inférieures à 10 hab./km²). Les régions d'agriculture céréalière mécanisée, comme la Champagne, la Beauce ou le Berry, ne sont pas très peuplées non plus.

En revanche, il y a quelques rubans de densité assez forte, correspondant à des agricultures spécialisées productrices de légumes, de fruits ou de vins ; la densité peut alors dépasser 100 habitants au kilomètre carré. Exceptionnellement, les bocages de l'Ouest, avec leurs minuscules exploitations, conservent une assez forte charge en population rurale ; mais il s'agit, en fait, d'une surcharge.

Quant à la composition de la population rurale, elle est fort disparate. Dans le Massif armoricain, le Massif central ou le Sud-

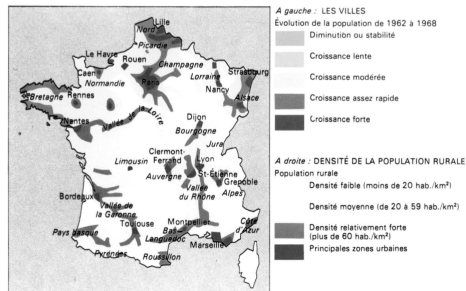

A gauche : LES VILLES
Évolution de la population de 1962 à 1968

Diminution ou stabilité

Croissance lente

Croissance modérée

Croissance assez rapide

Croissance forte

A droite : DENSITÉ DE LA POPULATION RURALE
Population rurale

Densité faible (moins de 20 hab./km²)

Densité moyenne (de 20 à 59 hab./km²)

Densité relativement forte (plus de 60 hab./km²)

Principales zones urbaines

Phot. Alain Perceval

Ouest – ensemble le moins évolué économiquement – règne un espace rural à dominante agricole. Au contraire, dans le Bassin parisien, le Nord-Est, les vallées de la Saône, du Rhône et de la Garonne ou encore, d'une façon générale, au voisinage des agglomérations importantes, on a affaire à un espace rural péri-urbain ou urbanisé de façon diffuse. Le paysage est devenu trompeur : en apparence, il s'agit encore d'une campagne ; en fait, la dépendance à l'égard des villes est étroite, pour le travail, les achats et les loisirs. ■

Grandes villes et villes « millionnaires »

Population des agglomérations	mars 1968 (recensement) en milliers d'hab.	début 1974 (estimations) en milliers d'hab.
Paris	8 197	8 860
Lyon	1 075	1 224
Marseille	964	1 108
Lille	881	945
Bordeaux	555	618
Toulouse	440	529
Nantes	394	444
Nice	393	444
Rouen	370	417
Toulon	340	402
Strasbourg	335	370
Grenoble	332	420
Saint-Étienne	331	348
Lens	326	327

DES VILLES QUI PROLIFÈRENT

Le trait le plus caractéristique de l'évolution récente de la distribution spatiale de la population française est bien le mouvement d'urbanisation.

Pendant le XIXᵉ siècle, la concentration de la population dans les villes a été lente, nettement plus lente que dans les autres États européens. Seule l'agglomération parisienne, en raison de la politique centralisatrice des pouvoirs successifs, a connu un essor privilégié. Les autres grandes villes n'ont eu qu'un développement limité. L'organisation administrative a, certes, donné une relative importance aux chefs-lieux de département ; mais, le plus fréquemment, ceux-ci sont restés des villes petites ou moyennes. Il y avait la capitale et les villes de province... Dans la première moitié du XXᵉ siècle, beaucoup de ces cités provinciales ont du reste connu une véritable léthargie. Leur progression était stoppée ou insignifiante, la population vieillie, l'appareil commercial étriqué, les loisirs inexistants.

Sans doute reste-t-il encore des traces de cette situation, mais le tableau s'est trouvé profondément modifié depuis la Seconde Guerre mondiale, et il continue de changer. Tout d'abord, la population urbaine a augmenté considérablement : de 20 millions de personnes vers 1938, elle est passée à 40 millions en 1974 ; plus de trois Français sur quatre vivent désormais dans les agglomérations urbaines ; *il y a autant d'habitants aujourd'hui dans les villes que la France entière en comptait en 1945 !* Et cette évolution dans le sens d'une urbanisation croissante de la population est loin d'être terminée : on peut estimer que 15 millions de citadins supplémentaires s'ajouteront d'ici à la fin du siècle. Au cours des années 1960 et au début des années 1970, l'ampleur du mouvement a été étonnante ; elle a

Ci-dessus, de gauche à droite :
La France d'autrefois :
Allagnat (Puy-de-Dôme),
un joli village construit le long de la route
et qui, doucement, monte jusqu'à son château.

Portivy, dans la presqu'île de Quiberon :
en bord de mer, la campagne existe encore,
mais elle se défend mal
contre l'urbanisation qui, peu à peu,
dévore les terres disponibles.

Page de gauche en bas, cartes :
Les villes et la population rurale.

Phot. Saint-Pierre-Rapho

Phot. Doisneau-Rapho

Ci-dessus :
Cergy-Pontoise : une cité neuve
où l'on s'est attaché à donner à l'enfance
un cadre et des couleurs qui lui conviennent :
le quartier des Maradas et son école.

À gauche :
Aussi âgée que la vieille dame
qui passe indifférente,
la boutique d'un marchand de village
(Langeac, Haute-Loire).

Ci-dessous :
Une demeure accueillante
pour les anciens de la banlieue parisienne,
le foyer Ambroise-Croizat d'Ivry-sur-Seine.

À droite :
Les princes conquérants des villes modernes
arpentent joyeusement
les allées du nouveau Créteil,
tracées en fonction de leurs jeunes années.

Phot. Pavlovsky-Rapho

dépassé toutes les prévisions. La progression annuelle moyenne de la population a été de 2,5 p. 100 dans l'ensemble des villes; dans certaines, qui ont bénéficié de nombreuses créations d'emplois, elle a même été de 4 ou 5 p. 100. Beaucoup ont doublé ou même triplé par rapport à l'entre-deux-guerres! Les paysages urbains sont d'ailleurs très révélateurs, et leurs strates successives de constructions faciles à identifier; l'opposition essentielle est celle du noyau central, avec ses vieilles constructions, et de la périphérie, avec ses grands ensembles et ses banlieues pavillonnaires. Autant de milieux différents, abritant des populations qui s'opposent par leurs activités, leurs revenus et leurs mentalités...

L'agglomération parisienne a continué sur sa lancée. Elle approche maintenant des 9 millions d'habitants. Chaque année, 100 000 à 150 000 personnes s'ajoutent à ce chiffre. Sans doute a-t-on enregistré une légère décélération entre 1962 et 1968; dans quelle mesure celle-ci, qui ne semble pas se confirmer depuis, est-elle due à la politique de décentralisation ou de desserrement des activités parisiennes, aux difficultés croissantes de la vie dans l'agglomération, ou même aux imperfections des recensements?

Les villes « millionnaires » restent peu nombreuses, moins nombreuses que dans les grands États industriels voisins comme le Royaume-Uni ou l'Allemagne fédérale : on n'en compte encore que deux, Lyon et Marseille. Mais Lille approche du million à son tour. Bordeaux et Toulouse dépassent le demi-million et une dizaine d'autres villes ont de 250 000 à plus de 400 000 habitants. La progression se poursuit à bonne allure. Les perspectives d'évolution sont assez impressionnantes : en 1985, Lyon devrait compter 1 700 000 habitants, Marseille plus de 1 500 000 avec les villes de l'étang de Berre, Lille 1 300 000, Bordeaux et Nice 850 000; Toulouse, Strasbourg et Grenoble au moins 600 000; Saint-Étienne, Nantes et Rouen au moins 500 000; quant à l'agglomération parisienne, elle comptera alors plus de 11 millions d'habitants selon toute vraisemblance. Liée à l'expansion rapide de l'économie, l'urbanisation française est donc en train de rattraper très vite son retard sur les autres pays industriels de l'Europe. Elle conserve néanmoins – et conservera longtemps encore – certains de ses traits spécifiques, comme le poids excessif de la capitale par rapport aux autres grandes villes.

Les changements observés dans les agglomérations ne sont pas seulement quantitatifs. Ils sont également qualitatifs. À Paris comme dans les cités provinciales, dans les grandes villes comme dans les villes modestes, la vie quotidienne n'est plus la même que naguère. Le cadre a été transformé profondément. Le rythme des

activités a changé, les besoins de la population se sont modifiés peu à peu. D'une façon générale, dans le sens d'une baisse de qualité, en dépit des efforts de nombreuses municipalités. La difficulté croissante des déplacements, alors que ceux-ci sont rendus de plus en plus nombreux, l'extension démesurée de certaines grandes villes, l'insuffisant renouvellement du parc immobilier, les lacunes criantes de certains équipements collectifs, la laideur et la monotonie de la plupart des nouvelles banlieues..., tous ces aspects sont largement ressentis par la population urbaine et suscitent mainte critique.

Le fonctionnement des villes exige des facilités croissantes en matière de transport, qu'il s'agisse du travail, des achats ou des loisirs. Or, la priorité de fait donnée aux moyens de transport individuels a rendu la circulation de plus en plus difficile. À Paris, la vitesse moyenne des véhicules est devenue extrêmement faible : 13 km/h pour les voitures particulières et seulement 9 km/h pour les autobus. Il est encore plus malaisé de stationner que de circuler, tant la voirie est aujourd'hui encombrée. Les nuisances qui résultent de cette situation – fatigue, temps perdu, bruit, pollution atmosphérique – sont considérables; elles ont à coup sûr des effets très néfastes sur la santé des habitants, particulièrement dans les centres. L'urgence d'une politique de développement des transports en commun, notamment souterrains, n'est plus à démontrer; mais Lyon, Marseille et Lille n'ont pas encore de métro; dans l'agglomération parisienne, le prolongement des lignes vers la banlieue n'est réalisé qu'avec lenteur.

Le problème du logement reste également grave, en dépit du rythme élevé des constructions depuis une vingtaine d'années. Les citadins français sont, en moyenne, moins bien logés et disposent de moins de confort que ceux des pays industriels voisins, à l'exception de l'Italie. La moitié des logements datent d'avant la Première Guerre mondiale, les deux cinquièmes sont considérés comme surpeuplés, la moitié n'ont ni toilettes particulières ni salle d'eau. Les logements anciens ou insuffisants ne sont pas seulement localisés dans les quartiers centraux; ils sont presque aussi fréquents dans les banlieues qui datent de l'entre-deux-guerres. La rénovation des parties les plus dégradées des noyaux anciens s'impose; diverses opérations sont d'ailleurs en cours pour réhabiliter l'habitat et les équipements de quelques centres de villes, mais le coût élevé des nouveaux logements a pour effet de rejeter les familles socialement défavorisées vers les banlieues éloignées. Dans la plupart des grandes agglomérations, la ségrégation sociale a eu tendance à s'accentuer au cours des deux dernières décennies. ■

Phot. Loucel-Fotogram

Ci-dessus, de gauche à droite :
*Chaque jour, inlassablement,
les « migrants quotidiens »,
toujours plus nombreux,
doivent savoir attendre.*

*Femmes au travail :
actives dans le fracas de leurs machines,
les mécanographes
des Chèques postaux de Paris.*

Ci-contre :
*Moins rares qu'on ne le croit,
les sites calmes et propices
au déjeuner sur l'herbe,
en bordure de la Seine.*

DU TRAVAIL AUX LOISIRS

LA FIÈVRE URBAINE que connaît la France est évidemment en rapport avec le développement des activités industrielles et tertiaires dans les villes.

DEUX ACTIFS SUR CINQ

Il convient de noter tout d'abord que *la population active* n'a pas du tout augmenté dans les mêmes proportions que l'ensemble de la population. Jusqu'en 1965 elle n'a presque pas changé; par exemple, de 1954 à 1962, période clef pour l'essor économique, l'augmentation totale du nombre des travailleurs n'a été que de 11 000 personnes! En 1962, il n'y avait encore que 19,5 millions d'actifs, pas plus qu'en 1936 et un peu moins qu'au début du siècle. On touche ici à l'un des paradoxes de la situation française depuis la Seconde Guerre mondiale : la pénurie de main-d'œuvre, en dépit de l'accroissement de la population.

L'anomalie est d'ailleurs facile à expliquer; elle tient à la structure par âge de la population : c'est le nombre des jeunes qui a augmenté rapidement par suite du renouveau démographique, et non le nombre des adultes. L'effectif des hommes susceptibles de travailler a même diminué légèrement, en raison de la tendance à entrer un peu plus tard dans la vie active et à en sortir un peu plus tôt, à cause de l'allongement de la durée des études et du léger abaissement de l'âge moyen de la retraite. La forte demande de main-d'œuvre, particulièrement dans le bâtiment, l'industrie et le secteur tertiaire, explique le large appel qui a été fait aux travailleurs étrangers et la participation élevée des Françaises à l'activité économique. Si l'augmentation de la production a été massive au cours des vingt-cinq dernières années, c'est en raison de l'augmentation rapide et régulière de la productivité, et non du fait de la croissance de la population active. Il a fallu attendre une vingtaine d'années en réalité pour que les jeunes nés après la fin de la dernière guerre arrivent en nombre sur le marché du travail, c'est-à-dire dans les années 1965-1968; mais, depuis lors, la population active augmente régulièrement, de 1 p. 100 par an environ. Au début de 1974, on peut estimer qu'elle approche de 21 millions de personnes. Sur ce total, il y a un peu plus d'un tiers de femmes.

Le phénomène le plus important n'est pas cette augmentation récente : c'est la mutation profonde que connaît la population active, en liaison avec l'évolution de l'économie française.

Au lendemain de la Seconde Guerre mondiale, la France, quoique industrialisée, était encore un pays assez fortement agricole : 36 p. 100 des actifs travaillaient dans le secteur primaire (agriculture) – proportion nettement plus forte que dans les autres pays de l'Europe du Nord-Ouest –, 30 p. 100 travaillaient dans le secteur secondaire (industrie) et 32 p. 100 dans le secteur tertiaire (commerce, transports, administration, services). Aujourd'hui, le tableau est tout différent.

Dans l'agriculture, le nombre des travailleurs diminue rapidement en raison de la

LES FRANÇAIS AU TRAVAIL

Au début de 1974, on peut estimer la population active à un peu moins de 21 millions de personnes.

Selon le sexe : on compte 13,5 millions d'hommes et près de 7,5 millions de femmes. L'emploi féminin représente donc 35 p. 100 de l'emploi total; 61 p. 100 des employés sont des femmes, mais seulement 19 p. 100 des cadres supérieurs.

Selon l'âge : pour les hommes, le taux d'activité est très élevé de 28 à 50 ans (97 p. 100), puis il diminue lentement et fait une chute vers 64-65 ans.

Pour les femmes, c'est différent. Le maximum est atteint vers 20 ans (65 p. 100). Le taux diminue ensuite à cause du mariage et des maternités, pour se stabiliser vers 50 p. 100 entre 30 et 55 ans. La sortie d'activité est un peu plus précoce que pour les hommes.

Selon le groupe socioprofessionnel : pour 100 actifs, on peut estimer qu'il y a actuellement 11 paysans, 8 artisans et commerçants, 39 ouvriers, 18 employés, 11 cadres moyens, 5 cadres supérieurs, 8 « divers ».

Selon l'activité exercée : pour 100 actifs, on en compte 11 dans l'agriculture, 39 dans le « secondaire » (10 dans le bâtiment et les travaux publics, 29 dans l'industrie), 50 dans le « tertiaire » (4 dans les transports, 15 dans le commerce et les banques, 17 dans les services, 14 dans l'Administration).

LA MAIN-D'ŒUVRE FRANÇAISE

La France (1972) compte 20 800 000 travailleurs, dont 13 millions d'hommes et 7,8 millions de femmes : autrement dit, sur 7 Français, 3 travaillent, dont 2 hommes et 1 femme.

Par branche d'activité, ils se répartissent ainsi :
agriculture : 1 400 000 hommes, 800 000 femmes;
industrie : 4 400 000 et 1 900 000;
bâtiment et travaux publics : 1 700 000 et 100 000;
secteur tertiaire : 5 300 000 et 4 800 000.

Par catégorie socioprofessionnelle : agriculteurs exploitants et aides familiaux : 1 900 000;
salariés agricoles : 400 000;
patrons de l'industrie et du commerce (y compris petits commerçants et artisans) : 2 000 000;
professions libérales et cadres supérieurs : 1 300 000;
cadres moyens : 2 500 000;
employés : 3 700 000;
ouvriers : 7 800 000 (37,4 p. 100);
personnel de service : 1 200 000;
divers (armée, police, etc.): 400 000.

disparition de quantités d'exploitations familiales dans toutes les régions françaises. En 1974, on peut estimer qu'il reste environ 2,2 millions d'actifs dans ce secteur (trois fois moins qu'au lendemain de la guerre), à peine plus de 10 p. 100 de la population active. C'est encore un peu plus que dans les autres pays industriels de l'Europe du Nord-Ouest, mais le changement est considérable et se poursuit à un rythme rapide. À l'intérieur de la population rurale elle-même, les actifs agricoles ne représentent plus que les deux cinquièmes du total des actifs. Même à la campagne, les agriculteurs deviennent minoritaires! Chaque année, plus de 100 000 travailleurs quittent l'agriculture.

Dans l'industrie, le nombre des travailleurs a fortement augmenté depuis la dernière guerre, mais il ne s'accroît plus que lentement. La modernisation permet de comprimer les besoins en main-d'œuvre dans la plupart des branches. Le nombre des travailleurs peut être estimé maintenant à 8,2 millions, ce qui représente 39 p. 100 de la population active totale. Cette proportion s'apparente à celle des pays industriels de l'Europe. D'une branche à l'autre, il y a des changements importants : les effectifs diminuent dans le textile, le cuir, le bois, l'habillement, le bâtiment et surtout dans les mines; ils augmentent en revanche dans la mécanique, les industries électriques et électroniques, l'automobile et la chimie. Des changements se produisent aussi dans la part des diverses catégories de travailleurs : le nombre des ouvriers diminue tandis que celui des employés, des techniciens et des cadres augmente, spécialement dans les industries qui se développent; les «O.S.» (ouvriers dits spécialisés, en fait peu qualifiés) tendent à devenir les nouveaux manœuvres des entreprises modernes.

De tous les secteurs, c'est *le tertiaire* qui enregistre l'évolution la plus importante. Il connaît un gonflement rapide en raison du développement presque incessant des activités de commerce, de transports, de services ou d'administration; chaque année, il y a 300 000 travailleurs supplémentaires dans ce secteur! Le nombre des actifs peut être maintenant estimé à 10,6 millions, soit *un peu plus de 50 p. 100* de la population active totale. Les «cols-blancs» constituent désormais le groupe majoritaire parmi les travailleurs français. À ce point de vue, la France a presque rattrapé son retard par rapport aux pays les plus évolués de l'Europe (la proportion des «tertiaires» est de 53 à 55 p. 100 en Suède, en Grande-Bretagne ou dans le Benelux); l'écart par rapport aux États-Unis reste encore assez grand (65 p. 100).

La structure de la population française a donc radicalement changé par rapport à l'entre-deux-guerres, ou même par rapport

au lendemain de la dernière guerre mondiale. L'importance relative des grands secteurs a été complètement modifiée dans le sens d'une «tertiarisation» progressive. En même temps, le poids des grandes entreprises s'est accru fortement au détriment des petites affaires, le nombre des salariés a beaucoup augmenté alors que celui des producteurs indépendants a régressé : l'évolution s'est faite dans le sens d'une qualification croissante de la population active.

On ne mesure pas encore combien ces évolutions, poursuivies au fil des années, ont modifié les caractéristiques des travailleurs français. Sait-on qu'il y a maintenant beaucoup plus de fonctionnaires que d'agriculteurs, plus de professeurs que de mineurs, autant de cadres supérieurs et de membres des professions libérales que de petits commerçants, huit fois plus d'employées de banque que de femmes de ménage?

Spatialement, la structure de la population active par branche se caractérise toujours par une opposition entre la France de l'Ouest, restée plus agricole, et la France de l'Est, plus industrielle, selon une ligne qui va approximativement du Havre à Marseille. Elle se caractérise aussi par une forte concentration des activités tertiaires à Paris. ■

Ci-dessous, carte :
Les étrangers en France.

LES ÉTRANGERS PARMI NOUS

Le besoin persistant de main-d'œuvre dans certaines branches ou à certains niveaux de qualification professionnelle a conduit à faire appel aux travailleurs étrangers. Le fait n'est pas particulier à la France. On note le même phénomène, et pour les mêmes raisons, aux États-Unis, en Grande-Bretagne, dans le Benelux ou en Allemagne occidentale. Ce qu'il y a de particulier dans l'immigration étrangère en

---

La population étrangère

Évolution de la population étrangère (en millions). 1946 : 1,7 (4,2 p. 100 de la population totale); 1962 : 2,2 (4,7 p. 100) ; 1974 : 3,5 (6,7 p. 100).
Principales nationalités représentées en 1972 (en milliers) : Algériens 750, Portugais 720, Espagnols 650, Italiens 570, Marocains 170, Polonais 100, Tunisiens 100, Yougoslaves 65, Africains noirs 60.
Principales régions d'implantation.
Région parisienne : 37,2 p. 100 (environ 1 300 000); Rhône-Alpes : 15,5 (540 000); Nord : 9,3 (320 000).

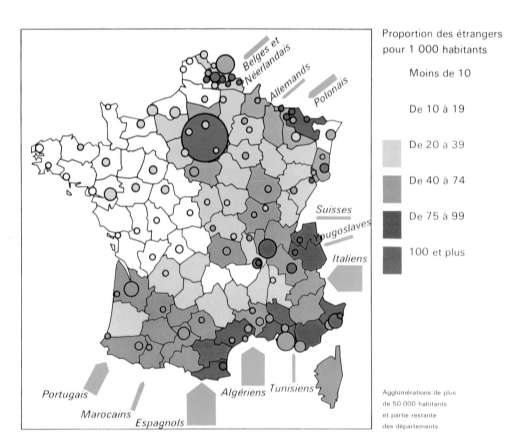

Proportion des étrangers pour 1 000 habitants

Moins de 10

De 10 à 19

De 20 à 39

De 40 à 74

De 75 à 99

100 et plus

Agglomérations de plus de 50 000 habitants et partie restante des départements

Phot. Le Bihan-Fotogram

Phot. Niepce-Rapho

Ci-dessus :
Sur la nouvelle passerelle d'Orsay,
les employés parisiens
se pressent en foule.

En haut, à droite :
Blouses blanches et cravates strictes,
les cadres des temps modernes.

Ci-contre, de droite à gauche :
De la bière à la chaîne : il ne faut que peu
d'hommes pour surveiller la marche régulière
des casiers de bouteilles (usine d'Obernai).

En masse compacte,
les cottes bleues s'échappent
des usines Berliet de Vénissieux,
et courent vers le repos, le loisir et la liberté.

La France, grande puissance, 36

Phot. Berry-Magnum

Phot. Gamet-Rapho

France, c'est son caractère ancien et massif, en relation évidente avec l'histoire démographique, l'élévation du niveau de qualification et l'expansion économique de la nation.

Depuis vingt-cinq ans, *l'importance numérique* de la population étrangère n'a cessé de croître. Alors qu'il y avait 1,7 million d'étrangers en 1946 et 2,2 millions en 1962, leur nombre s'élève aujourd'hui à 3,5 millions environ. Leur effectif a doublé depuis la guerre. Leur place dans la société française est passée de 4,4 p. 100 de la population totale en 1946 à 6,7 p. 100 en 1974. Leur contribution à la production est un peu plus grande, dans la mesure où la proportion d'actifs est plus forte chez les étrangers que chez les Français.

Cette population est évidemment hétérogène. En simplifiant, on peut considérer qu'il y a aujourd'hui *deux types* de population étrangère. D'une part, subsistent les traces d'une immigration ancienne, formée de Polonais, de Belges, d'Italiens et en partie d'Espagnols; ces groupes se sont souvent enracinés et se sont, dans une large mesure, intégrés économiquement et socialement. D'autre part, une immigration récente, beaucoup plus massive, vient pour l'essentiel des pays méditerranéens : Espagnols, Portugais, Yougoslaves, Grecs, Turcs et Nord-Africains; il faut également y ajouter des Noirs d'Afrique tropicale, surtout Maliens et Sénégalais, et, bien qu'ils ne soient pas comptés parmi les étrangers, des personnes venant des départements ou territoires français d'outremer, essentiellement des Martiniquais et des Guadeloupéens. Cette immigration récente est beaucoup plus visible que la précédente, en raison de l'origine des populations et parce qu'elle est plus difficile à intégrer. Les étrangers actifs sont surtout composés de travailleurs non qualifiés ou faiblement qualifiés, recevant de maigres salaires et vivant dans des conditions médiocres, parfois déplorables. Ils cherchent à épargner le plus possible, au prix de

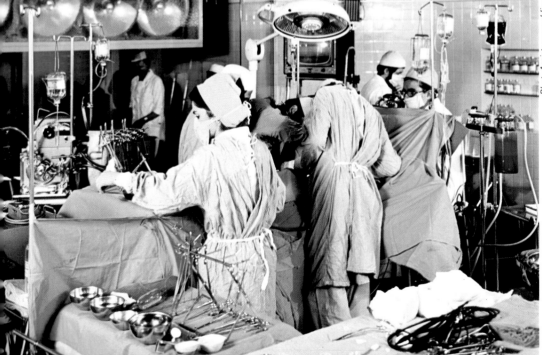

Ci-contre, de haut en bas :
Ils sont venus de loin pour trouver du travail
et assurer les tâches pénibles
mais essentielles : ouvriers immigrés
sur un chantier du bâtiment.

Attentifs et précis,
les hommes et les femmes
au service de la chirurgie moderne :
une salle d'opération
à l'hôpital Broussais de Paris.

Page de droite :
Les grandes migrations de l'été :
à demi nue, dense mais heureuse,
la grande foule des vacances
sur la plage des Sables-d'Olonne.

Phot. Beaujard

réelles privations, pour faire vivre leurs familles restées au pays.

Ces immigrés n'occupent plus seulement des emplois dans les mines ou le bâtiment, comme c'était le cas il y a vingt ans encore. Ils sont aujourd'hui très nombreux dans les grandes entreprises industrielles de la métallurgie ou d'autres branches; on les trouve aussi de plus en plus nombreux dans le secteur tertiaire, où ils occupent des postes subalternes : services de nettoiement ou de manutention, services hospitaliers, commerce, hôtellerie, services domestiques.

Ils se dirigent naturellement vers les lieux où les offres d'emploi sont nombreuses. Leur répartition est, de ce fait, très contrastée. Ils sont nombreux dans les grandes agglomérations et particulièrement à Paris ainsi que dans les zones de mines et d'industrie lourde comme le Nord ou la Lorraine. En revanche, ils sont presque absents dans l'Ouest, où la pression de la main-d'œuvre locale sur le marché de l'emploi est forte.

S'il n'y a rien, en France, de comparable aux « ghettos » des villes américaines ou anglaises, on trouve cependant de grosses colonies étrangères dans certaines banlieues industrielles ou dans des quartiers dégradés de grandes villes. On peut d'ailleurs se demander si des ghettos ne sont pas en formation. ■

LES FRANÇAIS
BOUGENT

La présence d'une importante masse de travailleurs étrangers changeant facilement d'emploi et de lieu de travail permet à la population française d'avoir une moindre mobilité pour s'adapter aux mutations spatiales de l'économie. Bien que les comparaisons internationales soient malaisées dans ce domaine, on peut néanmoins affirmer que le taux de mobilité des Français est inférieur à celui des Allemands, des Anglais ou des Américains sur leurs territoires respectifs.

Il n'en reste pas moins vrai que les migrations de la population française se sont accrues considérablement. L'image d'une France casanière et enracinée appartient au passé. Depuis la Seconde Guerre mondiale, la croissance a modifié radicalement les comportements. On considère que 300 000 actifs changent de région chaque année et que 500 000 changent de département. La population d'une ville est souvent formée, dans la proportion des deux tiers ou des trois quarts, par des personnes nées ailleurs.

L'étude des mouvements montre qu'ils sont variés et complexes. Certes, on observe encore d'importants mouvements *de la campagne à la ville,* dans la mesure où l'agriculture est délestée chaque année d'un nombre important d'actifs; mais on note aussi le mouvement inverse d'installation de non-agriculteurs dans les zones péri-urbaines. Il y a surtout, aujourd'hui, des mouvements variés *de ville à ville* en fonction des disparitions ou des créations d'emploi.

Bien entendu, les diverses parties du territoire ont été tantôt répulsives et tantôt attractives. Parmi les premières, on peut citer les campagnes de l'Ouest, du Sud-Ouest, du Massif central et du Nord-Est, de même que les villes minières du Nord et quelques centres d'industrie lourde de Lorraine. Parmi les secondes, il faut surtout citer des

Points colorés sur la neige, au pied des buildings de l'hiver : les skieurs d'Orcières.

villes «tertiaires» comme Cannes, Avignon et Perpignan, des villes mixtes comme Grenoble, Toulouse, Caen et Clermont-Ferrand, enfin quelques rares villes industrielles proches de Paris, comme Mantes ou Creil. L'agglomération parisienne a connu une légère réduction de son pouvoir d'attraction au cours des dix dernières années. La partie ayant exercé la plus forte attirance a été incontestablement le littoral méditerranéen de Marseille à Menton, en partie grâce aux rapatriés.

Outre ces mouvements de migration à caractère définitif, le plus souvent liés à des changements professionnels, il y a de multiples formes de mobilité temporaire : migrations quotidiennes de travailleurs, migrations de cadres pour affaires, migrations pour achats, migrations de week-end, migrations de vacances... Ces formes de mobilité ont suscité des types de transport et parfois des aménagements particuliers. Deux d'entre elles sont essentielles.

Les déplacements quotidiens concernent un nombre croissant de Français, non seulement dans la population active mais aussi dans la population scolaire et universitaire. Il est difficile de dire combien. Dans les études statistiques, on considère qu'il y a migration quand il y a changement de commune ; sur cette base, on peut avancer avec précaution le chiffre minimal de 6 à 7 millions de personnes dans les années récentes. Pour la seule agglomération parisienne, où le phénomène prend des proportions impressionnantes, on peut estimer que près de 2 millions de personnes changent chaque jour de commune pour aller travailler ou étudier. Dans nombre de villes moyennes ou grandes, les migrants représentent souvent le tiers des actifs. Les causes de ces flux et de ces reflux multiples que connaissent matin et soir les grandes agglomérations tiennent évidemment à la séparation des lieux d'emploi et de résidence ; alors que les lieux de résidence sont de plus en plus étalés avec l'extension des banlieues et la transformation des auréoles péri-urbaines, les lieux d'emploi ont plutôt tendance à se concentrer dans les zones les plus favorables, aussi bien pour l'industrie que pour le «tertiaire». L'amplitude des mouvements est évidemment variable avec la taille des agglomérations. L'aire de recrutement de la main-d'œuvre est d'autant plus étendue que les villes sont importantes : pour les grandes cités, elle peut avoir un rayon supérieur à 50 km ; mais il y a des exceptions à cette règle. Ces migrations sont longues et fatigantes en raison de la surcharge des moyens de transport collectifs, ou des embarras de circulation pour ceux qui empruntent des moyens de déplacement individuels. Elles sont de plus en plus mal supportées par beaucoup de Français. Comme il est difficile de rapprocher lieux de travail et de résidence, seul un développement important des moyens de transport publics, rapides et à gros débit, pourrait diminuer le caractère pénible de ces déplacements journaliers.

Quant aux *migrations de vacances,* elles se sont développées avec l'augmentation du niveau de vie, mais aussi, de toute évidence, comme compensation aux nuisances variées apportées par l'urbanisation. Il est caractéristique de constater que les neuf dixièmes des «vacanciers» sont originaires des villes, près des sept dixièmes habitant les grandes villes. Le phénomène a pris une ampleur considérable en l'espace d'une vingtaine d'années, passant de 6 millions de départs en 1953 à 24 millions en 1973 pour les seuls déplacements d'été ! Pour imposant que soit ce dernier chiffre, on ne saurait oublier que le taux de départs en été – de 46 à 47 p. 100 pour les années les plus récentes – est sensiblement inférieur à celui des États voisins ayant un niveau de vie comparable, et qu'il n'augmente plus que lentement : il indique une incomplète pénétration du phénomène des départs en vacances dans la société française, contrairement à ce que beaucoup imaginent. L'analyse des vacances selon les catégories socioprofessionnelles indique d'ailleurs que la proportion des départs, la durée des séjours, le type de vacances et la distance parcourue varient considérablement en fonction du revenu. Les migrations estivales des Français comportent quelques traits spécifiques, en particulier la forte concentration dans le temps, l'attrait puissant exercé par la mer et, enfin, la séduction relativement modérée des pays étrangers : la plupart des Français prennent leurs vacances en France.

Une population de pays riche.

Les traits originaux qui ont été signalés à diverses reprises au cours de cette analyse de la population française ne doivent pas faire oublier les analogies croissantes qui peuvent être notées avec d'autres populations. Qu'il s'agisse du nombre d'enfants par ménage, de la durée moyenne de la vie, de l'urbanisation galopante, de la «tertiarisation» des activités ou des formes prises par la mobilité, la population française paraît de plus en plus ressembler à celle des pays occidentaux les plus riches. ■

La France qui produit

CET AUTRE
RENOUVEAU

*Aussi serrées sur la chaîne de l'usine Citroën de Rennes-La Janais que, demain, sur nos routes,
les voitures automobiles, « moteur » de l'industrie française.*

Phot. Burri-Magnum

LA FRANCE, QUI ÉTAIT DEVENUE sous l'impulsion de l'État, de Sully à Colbert et à Napoléon, un grand pays «manufacturier» – le second après la Grande-Bretagne –, s'est laissée distancer pendant la période de la révolution industrielle dite «paléotechnique», celle du charbon et du fer. Alors, les capitaux français paraissent même s'orienter de préférence vers les emprunts d'État et l'équipement de pays étrangers, plutôt que vers la modernisation de l'industrie nationale.

Phot. Laiter-Vloo

DU FAUX ÉQUILIBRE AU VRAI PROGRÈS

Il est vrai qu'un assez faible dynamisme démographique n'incite guère à l'investissement. Malgré un remarquable effort d'équipement, dans le domaine ferroviaire par exemple, la IIIe République vante plus «l'équilibre» de la production nationale que la puissance de l'industrie française. La France voit sa part dans la production industrielle mondiale diminuer de moitié entre 1914 et 1940. Alors qu'elle avait donné tant de preuves de son génie inventif au début de l'industrialisation, elle devient de plus en plus tributaire de procédés et de brevets étrangers. Parallèlement, l'industrie française, affaiblie, doit être protégée par des barrières douanières qui, à leur tour, n'incitent pas celle-ci à l'effort

de modernisation indispensable. À l'abri du protectionnisme se maintiennent des structures économiques périmées aux mains d'un capitalisme familial qui n'a pas toujours su s'adapter, en dépit d'exceptions brillantes (Schneider, De Wendel et surtout Michelin et Peugeot).

Mais la France est en passe, aujourd'hui, de rattraper son retard industriel. Certes, elle reste encore très sensiblement en arrière par rapport à certains États comme l'Allemagne fédérale. Alors que les effectifs du secteur secondaire (bâtiment et travaux publics compris) dépassent en République fédérale 13 millions d'actifs, ils n'atteignent en France que 8 millions environ. Toutefois, depuis 1961, la France a créé près d'un million d'emplois nouveaux dans le secteur industriel, contre 140 000 en Allemagne. Cette transformation capitale s'est opérée sans que la part des actifs qui travaillent dans le secteur secondaire se soit sensiblement accrue, du moins dans les années récentes : elle tourne toujours autour de 40 p. 100, en comptant le bâtiment et les travaux publics. La progression de l'industrie française est si rapide que certains experts américains pensent que la France pourrait dépasser l'Allemagne et devenir, vers 1980 ou 1985, la quatrième puissance industrielle mondiale, si, du moins, la structure de ses entreprises évolue. L'ob-

jectif du plan est le doublement de la production industrielle entre 1970 et 1980. Mais ne s'agit-il pas surtout d'un effet de rattrapage des retards pris dans la première moitié du siècle, et peut-on réellement prolonger la tendance?

Les facteurs du renouveau de l'industrie française sont variés. La reprise est contemporaine du redressement démographique, c'est-à-dire qu'elle se manifeste aussitôt après la Seconde Guerre mondiale. Les deux phénomènes paraissent liés. Tout se passe comme si l'industrie française avait pressenti qu'après une longue période, marquée par une expansion lente et irrégulière, le marché intérieur allait connaître un élargissement remarquable. Il ne faut pas oublier l'action des premiers plans de modernisation, qui ont su canaliser l'effort français dans les secteurs de base : énergie, sidérurgie, etc. Certes, l'impulsion venait encore de l'État; mais, cette fois, le relais a été largement pris par l'entreprise privée. En outre, la France a misé sur les secteurs des biens de consommation durables, comme l'automobile, où elle a réussi à se tailler une place enviable.

Si le renouveau démographique a agi, au début, par une sorte de pression anticipée des besoins, il a eu, vingt ans après, c'est-à-dire à la fin des années 1960, un effet beaucoup plus direct par l'accroissement de la population active. Déjà, la modernisation de l'agriculture française avait poussé à la création d'emplois dans les autres secteurs. Toutefois, en raison du vieillissement de la population française et de l'allongement de la scolarité, la population active ne dépassait pas, il y a peu d'années, le niveau de 1946, si bien que la France avait dû continuer à faire appel à une importante population de travailleurs immigrés. La venue à l'âge de l'emploi des nouvelles générations nées après la guerre a donc été un phénomène décisif. Une autre circonstance favorable a certainement été l'ouverture des frontières et le processus d'européanisation de l'économie. L'aiguillon de la con-

Industries de base

À gauche, en haut :
La sidérurgie moderne : un lingot de 140 t illumine une forge de Creusot-Loire.

Page de droite, de haut en bas :
Close, grise, inquiétante, vivant de son feu intérieur, l'aciérie Usinor, à Valenciennes.

Un paysage qui reverdit : rappel des temps révolus, des corons au voisinage de Lens et leurs terrils, que les herbes vont conquérir.

Phot. Ruyant Production-Aérovision

Phot. Ruyant Production-Aérovision

LE GRAND
RASSEMBLEMENT

Le fait le plus saillant, depuis 1958, est certainement la formation de grands groupes industriels autour de quelques firmes dynamiques. L'État a favorisé de toutes ses forces cette évolution, en donnant l'exemple dans le secteur nationalisé.

Le secteur pétrolier a été l'objet d'un regroupement du capital public au profit d'Elf-Erap, qui rivalise maintenant avec les consortiums internationaux, tandis que l'État a une forte participation dans le groupe Total-Compagnie française de raffinage (CFR) ainsi que dans la Société nationale des pétroles d'Aquitaine (SNPA).

Dans le domaine des industries aéronautiques, particulièrement exposé à la concurrence internationale, la concentration a abouti à la formation de quelques puissantes sociétés, dont l'Aérospatiale (SNIAS, à l'État), qui emploie environ 40 p. 100 des actifs du secteur, soit 43 000 sur 108 000 au total, suivie par la firme Dassault-Breguet, puis par la SNECMA

currence a poussé, après 1950, à une modernisation des structures économiques, tandis que l'élargissement du marché accroissait les possibilités de débouchés.

Aujourd'hui, l'industrialisation est la priorité du VIe Plan et il en sera de même, avec plus de nuances toutefois, au cours du VIIe. L'État a poussé à la modernisation de secteurs clefs, tout en s'efforçant de diminuer la dépendance de l'industrie française à l'égard des brevets étrangers. Les pouvoirs publics ont contribué financièrement

à la mise au point du tube cathodique du procédé SECAM de télévision en couleur. Le plan Calcul a permis le développement d'une industrie nationale des ordinateurs, à côté des géants étrangers implantés en France, comme IBM ou Control Data : ainsi est née la Compagnie internationale pour l'informatique (CII). Dans certains cas, il a fallu composer avec les groupes étrangers : Honeywell-Bull résulte de l'association de capitaux français et américains.

(à l'État) et enfin, à peu près à égalité, par les Engins Matra et Turboméca.

La réorganisation a touché aussi le secteur privé, avec l'appui des grandes banques d'affaires ou des sociétés financières, elles-mêmes concentrées en ensembles de taille respectable (Paribas, Société financière de Suez, etc.), avec parfois des luttes spectaculaires : on se souvient du conflit entre BSN et Saint-Gobain. Dans certains cas, la concentration tient de l'amalgame, car des groupes comme Saint-Gobain–Pont-à-Mousson participent à l'activité de secteurs bien différents, associant par exemple l'industrie du verre et les engrais (Saint-Gobain), la métallurgie (Pont-à-Mousson), des activités de service public (Lyonnaise des Eaux), etc. Le groupe Pechiney-Ugine-Kuhlmann ne s'intéresse pas seulement à l'industrie chimique, mais aussi à des produits de base comme l'aluminium et même au domaine nucléaire. Le géant de l'industrie chimique est Rhône-Poulenc, avec une orientation dominante vers la chimie fine, les fibres synthétiques, etc. Les branches les plus modernes connaissent la concentration la plus poussée. Dans l'automobile, la production française est presque toute aux mains des quatre grands : Renault (8e producteur mondial), Citroën-Berliet du groupe Michelin, Peugeot et Chrysler-France. Le marché de la construction électrique est partagé entre Thomson-Brandt et le groupe CGE, qui doivent cependant laisser une grande place à des sociétés étrangères comme Philips et Siemens.

Ces regroupements s'opèrent parfois sur des bases géographiques assez bien délimitées : ainsi, dans la sidérurgie, sur les trois groupes qui contrôlent les quatre cinquièmes de la production, l'un (Usinor) prend appui sur la sidérurgie du Nord, l'autre (Wendel-Sidelor) sur la Lorraine, et le troisième sur les zones plus dispersées du Centre (Creusot-Loire). Ils ont également affecté les secteurs traditionnellement moins dynamiques ou en crise. Ainsi, l'État a poussé à la concentration géogra-

phique et financière des chantiers de construction navale, non sans de difficiles problèmes de conversion, puisque, entre 1955 et 1972, les effectifs de salariés ont diminué de moitié et le nombre des chantiers du tiers. Se sont maintenus les plus modernes et les plus grands, comme les Chantiers de l'Atlantique à Saint-Nazaire-Penhoët ou ceux de La Ciotat, réputés (ainsi que ceux de Dunkerque) pour leur production de pétroliers géants. D'autres, moins puissants, comme ceux de Nantes (Dubigeon-Normandie) et du Havre (Ateliers et Chantiers du Havre), ont pu subsister en produisant des navires très spécialisés. Le textile lui-même, après une difficile période de crise due à la concurrence des États à bas salaires et à la perte de marchés privilégiés outre-mer, a réussi, dans une large mesure, une méritoire conversion, accompagnée d'une assez forte concentration financière.

En outre, l'industrie française a fait, depuis 1950, un gros effort de productivité, qui s'est encore accentué, ces dernières années, grâce à la recherche. Là aussi, l'État a donné l'exemple. La Délégation générale à la recherche scientifique et technique (DGRST) et le Centre national de la recherche scientifique (CNRS) favorisent les programmes de recherches concertés dans un cadre pluri-annuel. Une large place est faite à la recherche appliquée. Le Commissariat à l'énergie atomique (CEA) gère d'importants laboratoires à Saclay et à Grenoble (réacteur «Mélusine») par exemple. Les centres de recherche privés se sont considérablement développés au cours de la dernière décennie, en particulier dans la banlieue sud de Paris (Orsay, Jouy-en-Josas, La Croix-de-Berny, Châtenay-Malabry, etc.). Parfois, des localisations provinciales ont été retenues : IBM a installé son centre de recherches à La Gaude, près de Nice, dans un cadre remarquable ; les compagnies pétrolières ont implanté des laboratoires de recherches au Havre (CFR) et surtout autour de Rouen (Esso, Shell), non loin des grandes raffineries de la Basse Seine. ■

l'optique par exemple. Rares pourtant sont les branches où la France n'est pas activement présente, que ce soit dans les industries de base aussi bien que dans les industries motrices, tandis que les activités traditionnelles ont connu parfois de spectaculaires conversions (textile).

Les industries de base ont subi les bouleversements les plus considérables dans les approvisionnements, les localisations et les structures. C'est essentiellement le cas de *la sidérurgie*. Sans doute, la France, surtout en Lorraine (bassin de Briey), reste un gros producteur de minerai de fer. Avec 55 Mt de minerai (17 Mt de fer contenu), elle est même au premier rang en Europe et exporte, surtout vers la Belgique, le Luxembourg et la Sarre, le tiers de ce minerai. Toutefois, elle importe de plus en plus de minerais à plus haute teneur en fer, par minéraliers géants, de Mauritanie, du Brésil ou d'Australie.

Entre 1967 et 1975, la sidérurgie française aura été réorganisée sur de nouvelles bases. *Sur le plan économique* d'abord, par la concentration des producteurs en trois grands groupes intégrés : Usinor, qui s'appuie sur le potentiel des hauts fourneaux, aciéries et laminoirs du Nord ; Wendel-Sidelor, qui domine la production lorraine ; le groupe Creusot-Loire, qui se spécialise dans la grosse chaudronnerie et les aciers fins. En fait, des communautés d'intérêt unissent ces groupes, qui ont des installations communes (laminoirs, investissements de Fos, etc.). *Sur le plan spatial* ensuite : si les plus rentables des installations demeurent dans les régions de minerai de fer et les houillères, la France a surtout développé, récemment, les complexes portuaires bien placés pour recevoir les minerais importés. Après l'implantation d'Usinor près de Dunkerque, l'État a favorisé la création d'un autre complexe «sur l'eau» à Fos (Solmer). Ces deux ensembles géants, et surtout le second, dont on a voulu faire un véritable pôle de croissance pour tout le Sud-Est, ont totalement modifié l'espace qui les entoure ; leur développement rapide dans un milieu neuf pose de difficiles problèmes humains.

Ces grandes entreprises dont la France peut s'enorgueillir ont été, enfin, l'occasion de profonds *bouleversements technologiques* : enrichissement du minerai, procédés permettant d'économiser le coke, soufflage de l'acier à l'oxygène, utilisation du fuel, augmentation du diamètre des hauts fourneaux, etc. La modernisation des installations a entraîné une réduction des effectifs, surtout en Lorraine, où, pourtant, un ensemble moderne a été créé (Gandrange). Les autres centres sidérurgiques dispersés ont dû, eux aussi, modifier leur processus de production ou se spécialiser. Les hauts fourneaux de Caen-Mondeville utilisent de plus en plus du minerai et du

Phot. Beaujard

L'ÈRE
DES MONSTRES

La gamme des activités industrielles françaises est extrêmement variée. Certes, il existe bien quelques domaines où la France, qui y joua jadis un rôle moteur, a dû laisser la place à d'autres : l'appareillage photographique, plusieurs secteurs de

Phot. Aviaffaires

coke importés. Les installations du pourtour du Massif central produisent des aciers de haute qualité, tandis que la firme qui les contrôle, Creusot-Loire, élargit sa gamme de produits (centrales nucléaires, etc.).

Au total, toutes ces transformations ont permis à la France de produire plus de 24 Mt d'acier en 1972, contre 17 Mt dix ans auparavant. Ce chiffre sera sensiblement augmenté lorsque la Solmer atteindra sa capacité prévue de 6 à 7 Mt d'acier, avant 1980. La France, qui exporte déjà une quantité notable d'acier, espère ainsi conquérir une part importante des marchés méditerranéens et africains.

L'industrie de l'aluminium a subi des bouleversements à peine moins spectaculaires. Les deux grands producteurs français traditionnels, Pechiney et Ugine, se

Page de gauche :
Dans les garrigues languedociennes,
les gisements de bauxite
de Villeveyrac (Hérault)
rongent le sol et bouleversent le paysage...

Ci-dessus :
La production française
de minerai est insuffisante.
Il faut importer : Dunkerque
est le premier port minéralier de France.

sont regroupés au sein de Pechiney-Ugine-Kuhlmann (PUK). Mais la mise en valeur de nouveaux gisements près des Baux et de Brignoles – où la bauxite est exploitée en gigantesques carrières – pose de graves problèmes d'environnement. La transformation de l'alumine en aluminium par électrolyse exige des tarifs d'électricité aussi bas que possible : la localisation de cette activité a été longtemps liée à l'énergie hydro-électrique des Alpes (Saint-Jean-de-Maurienne) et des Pyrénées (Lannemezan); la centrale d'Artix, fonctionnant au gaz de Lacq, a permis ensuite la construction de l'usine de Noguères, la plus importante d'Europe, et l'extension de Lannemezan. Aujourd'hui, le groupe PUK installe des usines près de sources d'énergie à meilleur marché et dans des zones portuaires (Flessingue).

L'industrie chimique de base, étroitement associée au secteur énergétique et minier, a changé, elle aussi, de visage. On y retrouve les mêmes firmes, filiales des sociétés pétrolières comme Aquitaine-Total-Organico (ATO), des Charbonnages de France (Société chimique des charbonnages), des sociétés minières (PUK) ou des groupes chimiques internationaux (Rhône-Poulenc, Solvay). De nouvelles sources d'approvisionnement apparaissent : le sel marin est de plus en plus délaissé, comme matière

première, au profit des gisements de sel gemme, tels ceux de Lorraine ou la nouvelle exploitation située près de Valence, qui alimente maintenant, par un tuyau de 82 km, les usines de Pont-de-Claix, près de Grenoble. La France, malgré quelques problèmes de modernisation de ses mines d'Alsace, reste un des grands producteurs européens de potasse. Le soufre, base de la fabrication de l'acide sulfurique et, donc, de l'industrie des engrais, existe maintenant en grande quantité en France grâce à la désulfuration du gaz de Lacq. Enfin, les produits de base de la chimie organique, de plus en plus variés et en quantités croissantes, proviennent des complexes carbochimiques ou pétroléochimiques. Les usines sont très automatisées, telle celle de Rhône-Progil à Grand-Quevilly, près de Rouen, produisant de l'ammoniaque. La taille de ces usines devient parfois gigantesque, comme le complexe de Gonfreville, près du Havre, où se rencontrent les intérêts de la CFR, ceux d'ATO et des capitaux étrangers.

Les complexes chimiques de base sont donc situés à proximité des matières premières (soudières de Dombasle, en Lorraine, ou de Tavaux, dans le Jura), dans les zones industrielles portuaires comme celles de la Basse Seine, de l'étang de Berre ou de la Loire-Atlantique. Là se trouve la gamme

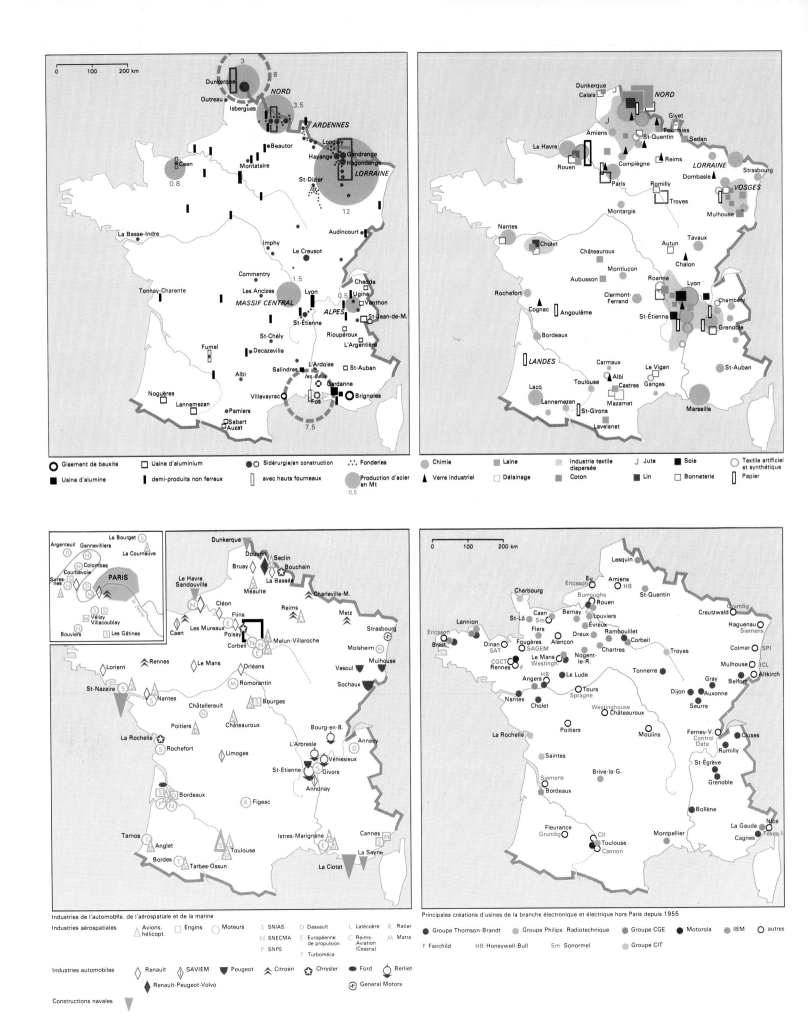

Carte 1 (haut gauche) — légende :

Gisement de bauxite ○ — Usine d'aluminium ☐ — Sidérurgie/en construction ● — Fonderies ⋰ — Chimie

Usine d'alumine ■ — demi-produits non ferreux ▮ — avec hauts fourneaux ▯ — Production d'acier en Mt 0,5

Villes : Dunkerque, Outreau, Isbergues, NORD, Beautor, Caen, Montataire, Longwy, Hayange, Gandrange, Hagondange, St-Dizier, ARDENNES, LORRAINE, La Basse-Indre, Imphy, Le Creusot, Audincourt, Commentry, Les Ancizes, Lyon, Chedde, Ugine, Venthon, Tonnay-Charente, St-Étienne, Rioupéroux, St-Jean-de-M., MASSIF CENTRAL, ALPES, St-Chély, L'Argentière, Fumel, Decazeville, L'Ardoise, St-Auban, Salindres, les Baux, Albi, Noguères, Villevayrac, Gardanne, Brignoles, Lannemazan, Pamiers, Fos, Sabart, Auzat

Carte 2 (haut droite) — légende :

Chimie ● — Laine ■ — Industrie textile dispersée ▦ — Jute J — Soie ■ — Textile artificiel et synthétique ○

Verre industriel ▲ — Délainage ☐ — Coton ■ — Lin ■ — Bonneterie ☐ — Papier ▯

Villes : Dunkerque, Calais, NORD, Givet, Fourmies, Sedan, Amiens, St-Quentin, Le Havre, Compiègne, Reims, LORRAINE, Strasbourg, Rouen, Paris, Romilly, Dombasle, VOSGES, Montargis, Troyes, Mulhouse, Nantes, Cholet, Châteauroux, Autun, Tavaux, Chalon, Montluçon, Aubusson, Roanne, Lyon, Rochefort, Clermont-Ferrand, Chambéry, Cognac, Angoulême, St-Étienne, Grenoble, Bordeaux, Carmaux, Le Vigan, St-Auban, LANDES, Albi, Castres, Ganges, Lacq, Toulouse, Lannemezan, St-Girons, Mazamet, Marseille, Lavelanet

Carte 3 (bas gauche) :

Industries de l'automobile, de l'aérospatiale et de la marine

Industries aérospatiales : Avions, hélicopt. — Engins ☐ — Moteurs ○ — S SNIAS — N SNECMA — P SNPE — D Dassault — E Européenne de propulsion — T Turboméca — L Latécoère — C Reims-Aviation (Cessna) — R Ratier — M Matra

Industries automobiles : ◇ Renault — ◇ SAVIEM — ▼ Peugeot — ⋀ Citroën — ✦ Chrysler — ● Ford — ◇ Berliet — ◆ Renault-Peugeot-Volvo

Constructions navales ▼

Villes (encart PARIS) : Le Bourget, Argenteuil, Gennevilliers, La Courneuve, Colombes, Courbevoie, Sures-nes, PARIS, Vélizy, Villacoublay, Bouviers, Les Gâtines, la Seine

Villes : Dunkerque, Douvrin, Seclin, Bouchain, Bruay, La Bassée, Le Havre, Sandouville, Méaulte, Charleville-M., Cléon, Reims, Metz, Les Mureaux, Flins, Strasbourg, Caen, Poissy, Melun-Villaroche, Corbeil, Molsheim, Rennes, Le Mans, Orléans, Vesoul, Mulhouse, Lorient, Romorantin, Sochaux, St-Nazaire, Nantes, Châtellerault, Bourges, Poitiers, Châteauroux, Bourg-en-B., Annecy, La Rochelle, L'Arbresle, Rochefort, Limoges, Vénissieux, St-Étienne, Givors, Bordeaux, Figeac, Annonay, Tarnos, Anglet, Istres-Marignane, Cannes, Bordes, Toulouse, Tarbes-Ossun, La Seyne, La Ciotat

Carte 4 (bas droite) :

Principales créations d'usines de la branche électronique et électrique hors Paris depuis 1955

● Groupe Thomson-Brandt — ● Groupe Philips Radiotechnique — ● Groupe CGE — ● Motorola — ● IBM — ○ autres

F Fairchild — HB Honeywell-Bull — Sm Sonormel — Groupe CIT

Villes : Lesquin, Ericsson, Eu, Amiens, HB, Cherbourg, Burroughs, Rouen, St-Quentin, Grundig, Creutzwald, Lannion, St-Lô, Caen, Bernay, Louviers, Évreux, Rambouillet, Corbeil, Haguenau, Siemens, Ericsson, Dinan, SAT, Flers, Dreux, Chartres, Troyes, Colmar, SPI, Brest, Fougères, Alençon, Nogent-le-R., Mulhouse, ICL, CGCT, SAGEM, Le Mans, Westingh., Altkirch, Rennes, F, HB, Angers, Le Lude, Gray, Belfort, Tours, Sprague, Dijon, Auxonne, Nantes, Cholet, Seurre, Westinghouse, Châteauroux, Ferney-V., Control Data, Cluses, La Rochelle, Poitiers, Moulins, Rumilly, Saintes, St-Égrève, Siemens, Brive-la-G., Grenoble, Bordeaux, Bollène, Fleurance, Grundig, CII, Toulouse, Cannon, Montpellier, La Gaude, Nice, Texas-I., Cagnes

La France, grande puissance, 46

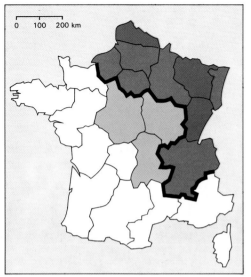

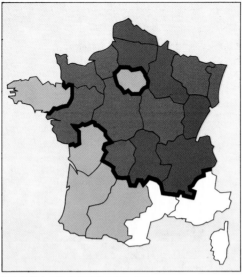

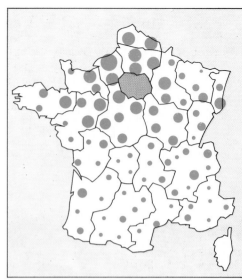

Part de l'industrie dans l'emploi (1968)

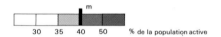

30   35   40   50   % de la population active

Part de l'industrie de transformation dans
l'emploi salarié (1971)

40   60   %   m : moyenne française

Nombre d'emplois créés par la décentralisation
de 1954 à 1968 inclus

20 000   10 000   • 1 000

la plus étendue de produits de base : éthylène, propylène et polyéthylène (bases des fibres chimiques et des matières plastiques), butadiène (base du caoutchouc synthétique), etc., dans les régions charbonnières (Mazingarbe, Drocourt, Harnes, Carling), ou sur les gisements de méthane de Lacq. Dans les trois derniers types de localisation, les fabrications de produits finis sont souvent complémentaires : caoutchouc synthétique, matières plastiques, engrais, polyéthylène, etc. Caoutchouc synthétique et pneumatiques sortent des usines de la Basse Seine, de l'étang de Berre, de Strasbourg (Wantzenau) ou de Clermont-Ferrand. La concurrence est fort vive dans ce secteur entre producteurs français (Michelin) et étrangers (Dunlop).

Grâce à la variété des produits de base et aux besoins de son agriculture, l'industrie française des engrais est une des plus puissantes du monde; elle se trouve de plus en plus dans les zones portuaires. Le groupe public APC (Azote et produits chimiques, à Rouen, au Havre et à Toulouse) et les Charbonnages de France essaient de soutenir la concurrence des grandes firmes privées comme Rhône-Progil. Mais l'industrie des fibres chimiques reste dominée par le groupe Rhône-Poulenc. Dans ces divers domaines des industries de base, l'effort gigantesque d'équipement des dernières années a pu entraîner çà et là une

Page de gauche, de haut en bas :
Les principales industries françaises.

Ci-dessus, cartes :
Les industries et l'emploi.

certaine mévente (engrais, fibres chimiques) ou des regroupements accrus. ■

LES MOTEURS
DE
L'EXPANSION

Les industries motrices – automobile, aérospatiale, électronique, etc. – évoquent un peu pêle-mêle bien des problèmes à l'ordre du jour : les techniques de pointe, les «O.S.» et le travail à la chaîne, les succès à l'exportation, l'importance des industries de biens de consommation durables dans notre société. C'est dire que, là aussi, les changements dans les structures et les localisations sont particulièrement amples et fréquents.

Ces industries peuvent être appelées *motrices* pour plusieurs raisons. D'abord sur le plan de l'emploi. Ainsi, les industries de l'automobile comptent 185000 salariés, les industries aérospatiales près de 110000, et plus de 480000 personnes travaillent dans les très diverses branches de la construction électrique et électronique. Leur importance ne se mesure pas seulement à l'emploi direct, mais aussi aux multiples activités annexes qui en dépendent. Ne dit-on pas que l'automobile fait vivre plus d'un million et demi de personnes si l'on tient

compte des usines de sous-traitance, des garagistes, du personnel des stations-services, etc.?

Leur qualité d'industries motrices tient aussi au fait qu'elles jouent un rôle d'entraînement pour maintes activités : pour l'automobile, c'est le caoutchouc, le cuir, le verre, les peintures et vernis, etc. Enfin, elles constituent par excellence le domaine d'application des techniques de pointe : produits nouveaux (aviation), liaison étroite avec la recherche la plus élaborée (composants électroniques, etc.).

Ces activités ont aussi en commun d'avoir des problèmes de main-d'œuvre analogues. Si les cadres et techniciens constituent un contingent important, si les bureaux d'études et les laboratoires de recherche (Matra) tiennent une grande place, les ouvriers « spécialisés » forment la masse du personnel, en particulier dans l'automobile, la construction électrique et l'électronique, où les ouvrières sans grande formation professionnelle sont nombreuses. La dissociation de la conception ou de la recherche et des tâches d'exécution (montage, bobinage, etc.), qui n'exigent guère de qualification professionnelle, a facilité la *décentralisation* vers la province de ces dernières activités. Encouragée par l'État, cette «décentralisation industrielle» d'activités longtemps concentrées en grande partie autour de Paris s'est opérée au profit des régions à la main-d'œuvre nombreuse ou qui devaient faire face à de difficiles crises de conversion (Nord). Antérieurement, l'aéronautique – il est vrai pour des raisons stratégiques – avait été la première activité à se décentraliser, dans le Sud-Ouest surtout. Entre 1955 et 1965 se situe la phase la plus active des décentrali-

Phot. Alain Perceval

Seine (Flins, Cléon près d'Elbeuf, Le Havre-Sandouville), avec une extension vers Caen (Saviem), s'il n'y avait pas les activités annexes de Lorient (fonderie), Nantes (caoutchouc), Ruitz (boîtes de vitesses pour la Régie, mais aussi pour Volvo et Peugeot).

C'est l'automobile qui est sans doute le meilleur exemple de décentralisation : en 1955, près de 70 p. 100 des effectifs de la branche se localisaient en région parisienne; en 1975, il n'y en aura plus que 40 p. 100. Parallèlement, les entreprises d'équipement automobile ont aussi localisé leurs nouvelles usines en province (Évreux, Dreux, Caen, Amiens, etc.). Mais le mouvement a ses limites : on voit s'édifier en province de grandes usines, au personnel certes nombreux (Renault, en Haute-Normandie, emploie plus de 20000 ouvriers), mais principalement constitué d'O.S., parfois condamnés à de longues migrations quotidiennes.

Un dernier trait de cette branche des industries motrices est certainement la concurrence que se livrent les groupes producteurs et la recherche de nouveaux débouchés extérieurs, compte tenu des limites du marché national.

L'industrie de l'automobile a dépassé, depuis 1972, les 3 millions de véhicules produits annuellement (véhicules utilitaires inclus). La France arrive ainsi au quatrième rang dans le monde après les États-Unis, le Japon et l'Allemagne fédérale. Plus de la moitié de la production est exportée, mais de plus en plus sous forme de pièces détachées destinées à l'assemblage. L'industrie de l'automobile est concentrée au nord d'une ligne Rennes-Saint-Étienne – à l'exception de la récente implantation de Ford à Bordeaux – et continue à y essaimer : Peugeot, tout en restant fidèle à la Franche-Comté, s'installe à Saint-Étienne et à Mulhouse. Citroën est présent, en dehors de Paris, à Rennes, à Metz et à Caen, mais aussi, par sa filiale Berliet, à Lyon et à Bourg-en-Bresse. Si l'automobile est faiblement représentée dans les régions atlantiques et méridionales, *les activités aérospatiales* y sont, au

sations : automobile, électronique, plastiques, etc. Dans certains cas, on peut parler d'une véritable politique régionale des firmes. Les appareils électroménagers Moulinex, décentralisés très tôt, ont surtout essaimé à partir d'Alençon vers la Basse-Normandie (Caen, Argentan, Falaise, etc.). On pourrait parler du «triangle» du groupe Philips-Radiotechnique qui aurait comme sommets Caen, Paris et Tours, les principales décentralisations du groupe se localisant autour de l'autoroute

de Normandie et de la RN 13 (Louviers, Caen, Évreux), les autres non loin 'de la RN 10 et de l'autoroute du Mans (Rambouillet, Chartres, Nogent-le-Rotrou et Tours). Le groupe Thomson-CSF, au contraire, ne s'éloigne guère de la RN 6 et de l'autoroute de la Côte d'Azur (Tonnerre, Dijon, Beaune, Bollène, Cagnes), avec quelques pointes vers les Alpes du Nord ou les environs de Dijon. On pourrait également parler d'un axe préférentiel de développement de la Régie Renault le long de la

Phot. Ruyant Production-Aérovision

Phot. Pavlovsky-Rapho

contraire, nombreuses. La région parisienne ne regroupe plus la majorité des salariés, sauf dans le secteur des moteurs et des équipements spécialisés (Les Mureaux, Melun-Villaroche, Évry-Corbeil). Le Sud-Ouest a été choisi pour le développement des activités de montage ou la fabrication des cellules et des engins. Toulouse est une véritable capitale de l'aéronautique : des ateliers de la SNIAS sont sortis «Caravelle» et «Concorde». Biarritz, Anglet, Tarbes, Bordes et Bordeaux sont les autres principaux centres. Un autre groupement géographique se détache : le Centre-Ouest, de Nantes-Bouguenais à Poitiers et Châtellerault, appuyé vers le Centre par Château-

Page de gauche, de haut en bas :
*Disséminés le long de la vallée
de la Moselotte,
entre Cornimont et La Bresse,
les traditionnels ateliers
de l'industrie des Vosges.*

*Un immense hangar tout neuf,
rectiligne et rationnel :
une nouvelle usine à Amboise.*

Ci-dessus :
*Fumant derrière une cité ouvrière traditionnelle,
les hauts fourneaux de Caen-Mondeville.*

roux et Bourges. La présence d'aérodromes à Istres et à Marignane a entraîné la création d'usines Breguet et SNIAS dans les Bouches-du-Rhône. La moitié nord de la France, en dehors de Paris, n'est représentée que par Le Havre (moteurs), Vernon (engins), Reims, Seclin et Méaulte. Toutefois, les usines d'équipement, qui n'appartiennent pas toujours aux grands groupes aéronautiques, restent largement localisées en région parisienne, en dehors de quelques implantations provinciales traditionnelles (Ratier à Figeac, Messier-Hispano à Bidos).

Cette industrie se heurte actuellement à des difficultés certaines, en dépit de réussites techniques exceptionnelles. La «Caravelle» et la «Super-Caravelle» – dont près de 300 exemplaires ont été vendus à 35 compagnies – est maintenant supplantée par la nouvelle version du «Boeing 727», contre lequel s'évertue à lutter le nouvel avion «Mercure» (Dassault). L'avion franco-britannique «Concorde», dont la fabrication en petite série va bientôt commencer, part difficilement à la conquête des marchés. L'Airbus a de redoutables concurrents américains («DC 10» et «Tristar»). En fait, l'industrie aéronautique subit à la fois les aléas politiques et techniques des commandes militaires, auxquelles elle doit faire une large place, et

la forte concurrence du marché international des avions civils : au total, 40 p. 100 de la production ont été exportés en 1972, mais les ventes à l'étranger avaient baissé de plus du quart par rapport à l'année précédente. Or, près de 20000 travailleurs sont directement concernés par les seuls «Concorde» et «Airbus»!

Face à cette situation, qui résulte pour une part d'un marché national inévitablement étroit, l'industrie aérospatiale essaie de réagir par une double évolution. Elle s'efforce d'abord de diversifier ses activités en appliquant ses techniques de pointe à des domaines entièrement différents : turbines du type aéronautique pour de petites centrales électriques ou les turbotrains (Turboméca), mise au point de naviplanes, extension de l'expérience des compresseurs à l'équipement des centrales atomiques. La participation de l'industrie aéronautique aux programmes de construction d'engins et de satellites (programmes ESRO et ELDO) n'a pas toujours été aussi heureuse. Ensuite, elle multiplie les œuvres en collaboration, soit sur le plan national, soit sur un plan international. L'exemple de l'avion «Concorde», auquel ont collaboré la SNIAS et la British Aircraft Corporation, est le plus connu. L'Airbus, moyen-courrier de forte capacité – le plus gros avion jamais construit en Europe –, est

Ci-dessus :
*Des cubes de verre et d'acier
étincelant sous le ciel sombre,
un temple de l'industrie de pointe,
l'établissement Matra de Vélizy.*

Ci-dessous :
*Abstrait, mais compréhensible
pour le technicien qui le surveille,
le tableau de bord d'une chaufferie à Meaux.*

Ci-contre :
*Un grand oiseau métallique qui, demain,
sillonnera les cieux du monde, « Concorde »
s'achève dans les hangars de la SNIAS à Toulouse.*

En bas, à droite :
*Préfigurant l'usine sans homme,
la salle de séchage automatique des peintures
à l'usine Renault de Sandouville,
près du Havre.*

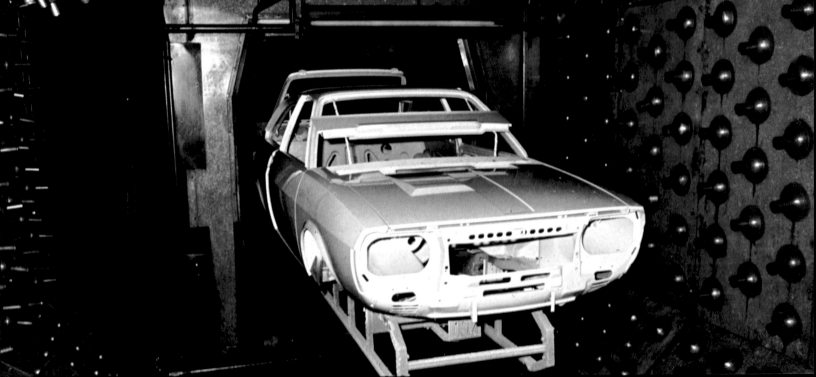

Phot. Le Querrec-Viva

Ci-dessus :
*Cette grosse sphère claire de Fos-sur-Mer
stocke le gaz naturel
venu d'Algérie.*

Ci-dessous :
*Beauté du métal qui luit, reflets colorés,
cette sculpture futuriste est une turbine
qui fait des dragées pour la pharmacie
(IBF à Gennevilliers).*

Ci-contre :
*Dominé par la silhouette fantastique
du pont de Tancarville,
le complexe de Lillebonne-N.-D. de Gravenchon
dans la vallée de la Seine.*

En bas, à droite :
*Acier poli, cylindres lumineux, la plaque
de support du cœur d'un réacteur nucléaire
fabriqué au Creusot.*

Phot. Laiter-Vloo

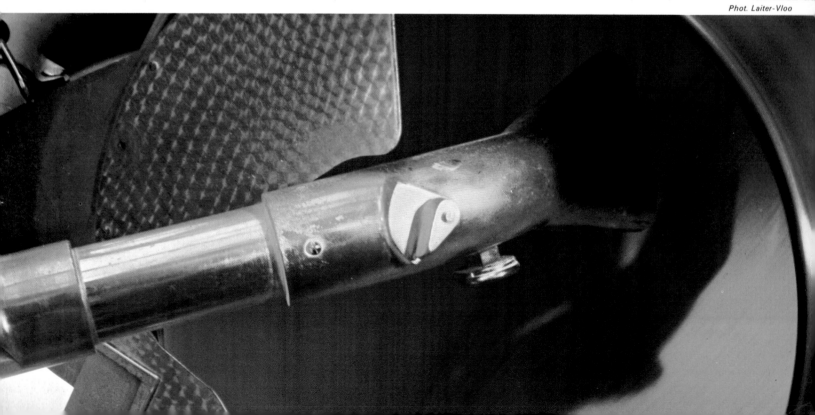

Phot. Laiter-Vloo

Phot. Cahagne-Vloo

fabriqué en commun par la SNIAS, les grands constructeurs allemands et la Hawker Siddeley Engine britannique : il s'agit donc d'un véritable avion européen. L'évolution est analogue pour les avions militaires («Jaguar»), les hélicoptères («Puma», «Gazelle» avec Westland), les engins, etc.

D'autre part, les liens se resserrent tout naturellement entre les industries aérospatiales et plusieurs branches de *la construction électrique et électronique*. Tout les rapproche en effet : techniques et clientèles. La firme Dassault, par exemple, s'est lancée récemment dans l'électronique.

Dans le secteur du gros matériel électrique, dont les plus grandes usines sont localisées dans la région parisienne, dans l'Est (Belfort, Mulhouse) ou près de Grenoble, la France tient une forte position grâce à l'orientation donnée à la production par les gros clients : SNCF et ÉDF. Il en est de même du petit matériel (Legrand, Claude, etc.). La concurrence allemande et italienne se fait directement sentir sur le marché des appareils électroménagers, dominé par Thomson-Brandt depuis l'absorption par ce groupe des usines Claret (Saint-Pierre-de-Varengeville et Villers-Écalles, près de Rouen).

L'essor extrêmement rapide de l'électronique s'accompagne d'un mouvement de décentralisation poussé. Des spécialisations régionales s'esquissent au profit de la Bretagne, grâce à la présence du Centre national des télécommunications à Lannion et Pleumeur-Bodou et des écoles spécialisées de Rennes; du Centre-Ouest (Angers, Laval, Cholet); de la Basse-Normandie (Caen, Cherbourg) et de certaines agglomérations méridionales : Bordeaux (Siemens, IBM), Toulouse (CII, Motorola, Cannon), Montpellier et Nice (IBM), Villeneuve-Loubet (Texas Instruments). Mais le poids de la région parisienne, où se concentrent encore 60 à 90 p. 100 des effectifs selon les fabrications, reste écrasant. ■

ROMPRE LA TRADITION

Si les industries de pointe ou «motrices» sont les plus mobiles, d'autres activités, plus *traditionnelles,* restent fidèles aux localisations d'antan. Pourtant, là aussi, les anciennes classifications sont remises en cause. Ainsi, l'industrie textile a des liens sans cesse plus étroits avec le secteur chimique en raison du développement des fibres synthétiques, comme, du reste, avec d'autres secteurs économiques, tant les besoins se diversifient (automobile, toiles de tentes, etc.).

L'industrie textile reste la première industrie française si l'on y inclut l'habillement et la bonneterie. Longtemps protégée, elle est maintenant exposée à la concurrence de l'étranger, dont elle dépend pour ses fournitures (coton, laine) et pour ses débouchés. Il est peu d'industries françaises qui aient autant changé en dix ans : concentration financière et automatisation de la production ont fait passer les effectifs de 650 000 salariés après la Seconde Guerre mondiale à environ 400 000 à l'heure actuelle.

L'industrie lainière s'est particulièrement orientée vers les productions de qualité. La dispersion est moins grande qu'autrefois. L'ensemble Roubaix-Tourcoing, célèbre pour ses peignés, mais aussi pour ses productions de tapis et de couvertures, l'emporte largement maintenant sur le groupe normand, qui n'est plus guère représenté que par Elbeuf, et sur le groupe alsacien. Les petits centres du Midi (Castres, Lavelanet) se spécialisent dans les filés et les tissus cardés ou le délainage (Mazamet).

Les mélanges de fibres naturelles et artificielles ont permis à l'industrie cotonnière de connaître une véritable renaissance après une crise très grave, surtout de 1955 à 1966. L'Est reste la plus importante région cotonnière française. Toutefois, elle a été durement frappée par les concentrations et les fermetures des plus petites usines, en particulier dans les vallées vosgiennes. L'industrie alsacienne gravite autour de Mulhouse et a débordé jusqu'à Belfort; celle de la Lorraine se concentre autour d'Épinal. L'industrie du Nord s'étend de la conurbation de Lille à Armentières, et de nombreux foyers secondaires plus spécialisés, comme Calais, ont dû faire place aux textiles nouveaux (Courtelle). Assez loin derrière vient le groupe normand autour de Rouen et dans la vallée de l'Austreberthe, qui a élargi considérablement les gammes de ses fabrications. De même, la région lyonnaise, centre traditionnel d'une importante industrie de la soie, aujourd'hui limitée à un petit nombre d'articles de haut luxe, a su s'adapter aux transformations en faisant sa place à la rayonne, puis aux textiles synthétiques, domaine de la firme Rhône-Poulenc. Celle-ci compte de nombreux établissements dans la région rhodanienne (Vaise, Péage-de-Roussillon, La Voulte, Chomerac, etc.), et aussi dans les autres régions textiles. L'animation économique continue à venir de la «fabrique» lyonnaise, créatrice de modèles et nœud d'une importante organisation commerciale qui ne peut cependant rivaliser avec Paris, dont la domination dans le domaine de la mode et de la création reste incontestée.

Parmi les industries traditionnelles, il faut faire une place aux *industries agricoles et alimentaires*. Leur implantation, tout en restant liée aux grandes régions agricoles ou aux zones de cultures spécialisées, est moins dispersée qu'autrefois. Cette évolution va de pair avec la concentration des productions de masse (Bassin parisien, Languedoc) et celle des grands groupes nationaux. Quelques-uns sont essentiellement alimentaires, comme le groupe Perrier qui a étendu son activité des eaux de table aux jus de fruits, puis aux produits laitiers, au chocolat et même aux aliments du bétail. Le groupe BSN (Boussois-Souchon-Neuvesel), parti de verres d'emballage, s'intéresse désormais aux boissons (des eaux d'Evian aux bières Kronenbourg), aux aliments pour enfants, aux produits laitiers (Gervais-Danone). Les grandes régions de conserverie restent la Bretagne littorale, principalement la Loire-Atlantique, et le sud du Sillon rhodanien. Dans les régions d'élevage, comme la Basse-Normandie ou le Bray, les petites laiteries d'autrefois font place à de puissantes usines, qui livrent les produits diversifiés réclamés par les consommateurs d'aujourd'hui.

Ainsi, même dans les industries les plus liées à l'histoire (textile) ou au sol (industries agricoles), les transformations sont spectaculaires. De nouvelles régions industrielles apparaissent, pendant que d'autres déclinent. La présence de l'eau, de grands ports ou d'une main-d'œuvre abondante deviennent de puissants facteurs de localisation, au moment où les régions minières connaissent des problèmes d'emploi. Chaque région industrielle souhaite diversifier ses activités pour limiter les effets des crises. Pour cela, il faut s'appuyer sur des centres de recherches bien dotés et sur une gamme variée de services à l'industrie. Ces derniers facteurs continuent à avantager la région parisienne, en dépit des succès de la décentralisation industrielle. La liberté d'implantation de maintes activités du secteur secondaire représente cependant une chance pour de nombreuses régions françaises.

L'industrialisation de la France, si elle crée de nombreux problèmes en raison de sa rapidité et de certaines inadaptations de la société, est la condition même du développement des autres activités; mais son essor est soumis à une autre condition majeure : son approvisionnement régulier en énergie. ■

Page de droite :
*Amarrés à Fos-sur-Mer,
les gros pétroliers apportent l'or noir
dont la France a tant besoin.*
Phot. Beaujard

DE L'ÉNERGIE À TROUVER

COMME TOUT L'OCCIDENT, la France a bénéficié d'une conjoncture exceptionnelle sur le plan énergétique. La concurrence entre les sources d'énergie primaires traditionnelles (houille, hydroélectricité) et les sources d'énergie nouvelles (pétrole, gaz, énergie nucléaire), dans une période d'abondance, a permis un abaissement des prix en termes réels.

Aujourd'hui, cependant, des craintes se manifestent : va-t-on manquer d'énergie ?

La France se trouve, dans ce domaine, aux prises avec deux séries de problèmes : une forte dépendance à l'égard des importations; une difficile transition entre les sources d'énergie dites «classiques» et les nouvelles, le relais étant assuré par les hydrocarbures.

La dépendance énergétique de la France atteint un des taux les plus élevés du monde occidental. Alors que l'Allemagne produit, à l'intérieur de son territoire, environ la moitié de sa consommation, la France s'approvisionne pour plus de 70 p. 100 à l'étranger – taux qui n'est dépassé, à l'intérieur de la CEE, que par l'Italie. Il y a là une sérieuse menace, que la France cherche à atténuer par une politique de construction de centrales nucléaires et par une participation active à la recherche des hydrocarbures sur son propre territoire (Lanne-

mezan), voire dans le Grand Nord et la mer du Nord. Elle a pris une grande part dans la découverte et la mise en exploitation du gisement d'Ekofisk, en zone norvégienne. Elle s'efforce, parallèlement, de diversifier ses lieux d'approvisionnement.

LA FRANCE
APPAUVRIE

Le déclin des sources d'énergie «classiques», soit en valeur absolue (charbon), soit en valeur relative (hydroélectricité), s'observe en France comme dans tous les pays voisins. Le charbon a connu ses heures de prospérité. Les Charbonnages de France avaient bénéficié, après la guerre, d'un remarquable effort de modernisation et d'équipement; mais on observe un déclin depuis 1958, ralenti seulement par les problèmes nés de la difficile conversion des bassins houillers, ceux du Nord–Pas-de-Calais et du Centre–Midi en particulier. Les rendements des gisements, en dépit

d'une amélioration régulière depuis vingt ans, ne permettent pas de lutter avec efficacité contre la concurrence du fuel ou du gaz naturel : les gisements français, en effet, sont peu favorables sur le plan géologique, à l'exception de certains puits de Lorraine ou de la fameuse mine «découverte» de Decazeville; en outre, certains clients traditionnels comme la SNCF, en raison de l'électrification et de la diésélisation, ont diminué considérablement leurs achats.

La production – qui avait dépassé 57 Mt en 1958 (année record) – ne cesse de baisser : 37 Mt en 1970, 25 Mt prévus pour 1975. La consommation des particuliers étant maintenant faible, il reste les gros consommateurs. Électricité de France a construit, à proximité des puits les plus rentables, des centrales thermiques fonctionnant au charbon (Carling, Commines, Albi, etc.). Mais un nombre croissant de centrales thermiques fonctionnent au fuel lourd. Ainsi la centrale thermique du Havre, l'une des plus importantes d'Europe, qui devait être mixte à l'origine, n'utilise plus que du fuel. La sidérurgie reste un gros acheteur, en dépit des nouvelles localisations littorales des hauts fourneaux, qui font appel au charbon importé. Enfin, les Charbonnages de France cherchent à diversifier leurs activités par le développement de la carbochimie : parmi les réussites les plus spectaculaires, il faut citer le complexe chimique de Mazingarbe (eau lourde), près de Lens, et celui de Carling, en Lorraine; encore ce dernier doit-il faire appel, pour certains produits de base, à la raffinerie sarroise de Klarenthal.

La production d'*hydroélectricité* rencontre en France des conditions particulièrement favorables; la France a d'ailleurs joué un rôle pionnier dans ce domaine. La région grenobloise a été le cadre de maintes innovations en chaîne : utilisation des hautes chutes, perfectionnement des turbines, recherche hydraulique, développement de firmes spécialisées dans le matériel électrique (Merlin-Gérin) ou l'ingénierie hydraulique (Neyrpic).

La France présente, dans le domaine hydroélectrique, des équipements pilotes : l'usine de haute chute du Portillon, dans les Pyrénées (1 410 m de dénivellation), la centrale de Pragnères, équipée de prises d'eau et de galeries sous les glaciers, et plus récemment les centrales du grand canal d'Alsace. Bien qu'elle fonctionne suivant un tout autre principe, celui de la force des marées, l'usine de la Rance, qui produit plus d'un demi-million de kilowatts-heures par an, est une magnifique réalisation : d'une part elle s'inscrit parfaitement dans le cadre d'une des plus belles rias de Bretagne, d'autre part elle fonctionne, grâce à des turbines à double effet,

Ci-dessus :
Le four solaire de Font-Romeu,
un modèle selon certains;
de cette expérience pourrait naître
l'énergie propre, non polluante
et bon marché de demain.

Page de droite, en haut :
Ce joli lac frais entouré de montagnes
a été créé par l'homme, en Savoie :
c'est la retenue du barrage de Roselend.

aussi bien en marée montante qu'en marée descendante. Le barrage, parcouru par une route panoramique, joue un rôle touristique très important.

Grâce à la diversité du relief français, les types de centrales construites sont très variés. Les usines de haute montagne, qui bénéficient des retenues des lacs glaciaires, donnent le courant aux périodes ou aux heures de pointe. Il en est de même des centrales installées en aval de grands barrages comme Serre-Ponçon sur la Durance. Les hydrocentrales «au fil de l'eau», établies directement sur un fleuve puissant ou sur une dérivation, avec une hauteur de chute beaucoup plus faible, produisent du courant sans discontinuité : c'est le cas des barrages en série sur le Rhône (Montélimar) ou sur le Rhin (Ottmarsheim). Leur production régulière attire les industries grosses consommatrices de courant. Ainsi, presque toute la production de Donzère-Mondragon est utilisée par l'usine de séparation isotopique de Pierrelatte.

Entre 1945 et 1975, presque tous les sites favorables auront été successivement équipés. Pendant la même période, la production de houille blanche aura quintuplé, passant de 11 à 55 millions de kilowatts-heures! Il reste à construire quelques usines de haute montagne, comme celle d'Émosson, qui a été réalisée récemment en commun avec la Suisse. L'équipement de la Durance (Mallemort) s'achève. La Compagnie nationale du Rhône (CNR) aura également bientôt terminé l'aménagement du Rhône au triple point de vue de

Ci-dessus :
*A la fois imposante et coquette,
la centrale thermique de Vaires,
sur la Marne, alimente Paris.*

l'électrification, de l'irrigation et même de la navigation : ainsi aura été dompté, dans des conditions difficiles, le plus tumultueux des grands fleuves français. Mais, au total, l'hydroélectricité ne fournit plus que 8 p. 100 du bilan énergétique de la France...

Face à la demande croissante d'électricité, l'ÉDF multiplie les centrales thermiques de plus en plus puissantes, comme celles du Havre ou de Porcheville, qui sont maintenant parmi les plus importantes d'Europe. Elle les localise soit près des gisements de combustibles (houille ou, exceptionnellement, gaz naturel comme à Lacq-Artix), soit près des centres de consommation (Porcheville, Champagne-sur-Oise, Montereau non loin de Paris), ou encore dans les ports d'importation, près des raffineries qui fournissent le fuel lourd (Le Havre, Nantes-Cordemais). À vrai dire, le facteur essentiel de localisation, pour ce type de centrales – d'une productivité annuelle *individuelle* égale à la production française *totale* de 1938! –, devient l'eau nécessaire au refroidissement, ce qui avantage les parties aval des fleuves les plus puissants ou les rivages marins. ■

CETTE ÉNERGIE
QUI VIENT
DE LOIN

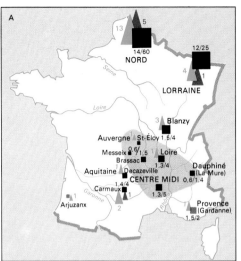

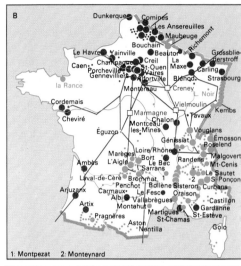

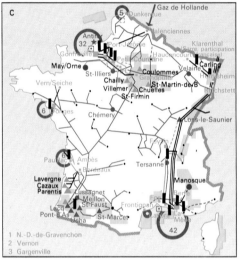

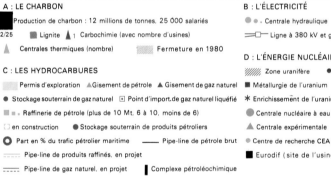

A : LE CHARBON

■ Production de charbon : 12 millions de tonnes, 25 000 salariés
12/25 ▪ Lignite ▲ 1 Carbochimie (avec nombre d'usines)
▲ Centrales thermiques (nombre) ░ Fermeture en 1980

C : LES HYDROCARBURES

░ Permis d'exploration ▲ Gisement de pétrole ▲ Gisement de gaz naturel
● Stockage souterrain de gaz naturel ▫ Point d'import. de gaz naturel liquéfié
▪▪ Raffinerie de pétrole (plus de 10 Mt, 6 à 10, moins de 6)
▫ en construction ● Stockage souterrain de produits pétroliers
◐ Part en % du trafic pétrolier maritime — Pipe-line de pétrole brut
··· Pipe-line de produits raffinés, en projet
--- Pipe-line de gaz naturel, en projet ▮ Complexe pétroléochimique

B : L'ÉLECTRICITÉ

●·● Centrale hydraulique ●● Centrale thermique
☐▫ Ligne à 380 kV et grand poste d'interconnexion

D : L'ÉNERGIE NUCLÉAIRE

▨ Zone uranifère ● Concentration du minerai d'uranium
▪ Métallurgie de l'uranium ▼ Extraction du plutonium
✳ Enrichissement de l'uranium ● Centrale nucléaire type graphite-gaz
● Centrale nucléaire à eau lourde ▪ Centrale à eau pressurisée
▲ Centrale expérimentale ○ Site prévu ou envisagé
● Centre de recherche CEA
■ Eurodif (site de l'usine européenne d'enrichissement de l'uranium)

En attendant le développement de l'énergie nucléaire, la France dépend essentiellement, pour son approvisionnement énergétique, des *hydrocarbures* : gaz naturel et pétrole fournissent environ les deux tiers des besoins en énergie. La consommation de produits pétroliers augmente d'environ 10 p. 100 par an. Plus généralement, le pétrole est, par excellence, la source d'énergie des transports; il remplace le charbon pour les usages domestiques et dans les centrales thermiques. Les facilités d'emploi du gaz naturel, l'absence de problèmes de stockage pour les utilisateurs en font la source d'énergie «noble» par définition.

Malheureusement, jusqu'à présent, la France n'a guère eu de chance dans la course aux hydrocarbures, du moins à l'intérieur de ses frontières. Le plus grand succès a été l'exploitation du gisement de Lacq, découvert en 1951 par la SNPA; mais il s'épuise au rythme de 6,5 milliards de mètres cubes par an et on songe à diminuer la production, de façon à prolonger

l'existence des activités qui se sont établies, pour utiliser le méthane (centrale d'Artix, usine d'aluminium de Noguères, usines chimiques). Le principal gisement de pétrole est celui de Parentis, mais sa production diminue régulièrement : le Bassin aquitain ne fournit plus que 1,5 Mt par an, à quoi s'ajoutent quelques puits dispersés dans le centre du Bassin parisien. Au total, la production française n'atteint pas 2 Mt pour une consommation qui en dépasse 100! Compte tenu des exportations de produits raffinés, il faut donc importer plus de 125 Mt. Le pétrole payable en francs vient d'Algérie, du Gabon, de la part que détient la CFR dans les pétroles d'Irak. Mais il ne

suffit pas. Au total, le Moyen-Orient fournit environ 80 Mt. Afin de diversifier les fournisseurs, et d'atténuer ainsi une inquiétante dépendance, l'État a encouragé la SNPA et d'autres compagnies à investir dans les recherches et l'exploitation du pétrole en mer du Nord (groupe Pétronord). Des entreprises françaises participent à la réalisation des plates-formes géantes, qui y sont de plus en plus employées pour le forage et l'extraction, dans des conditions fort difficiles.

La place de l'importation dans l'approvisionnement justifie l'installation des principales raffineries dans les grandes zones portuaires. On oppose traditionnellement à ces raffineries littorales (Dunkerque, les quatre de Basse Seine, Donges, les trois de la Gironde, Frontignan, les quatre de l'étang de Berre et de ses abords) les raffineries intérieures, alimentées par conduites et situées près des centres de consommation (Vern-sur-Seiche près de Rennes, Feyzin près de Lyon, Grandpuits, Gargenville et Vernon près de Paris, Hauconcourt en Lorraine, Valenciennes, les deux usines de Strasbourg). En fait, la distinction fondamentale est celle qui existe entre les grands ensembles de raffinage auxquels sont associés des complexes pétroléochimiques et les raffineries – de taille plus modeste – qui ne font que la distillation. Les premiers voient leur taille s'accroître continuellement. Par exemple, entre 1972 et 1973, la capacité des trois plus importantes raffineries françaises (Gonfreville, Berre et Lavéra) a été augmentée de près de 22 Mt. Les quatre raffineries de Basse Seine, toutes à vocation pétroléochimique, ont au total une capacité de traitement de plus de 47 Mt : ensemble, elles produisaient, en 1973, plus que la France tout entière en 1962!

L'installation de nouvelles raffineries dans l'intérieur de la France pose en effet de difficiles problèmes d'environnement. Déjà, la création d'une raffinerie près des grands crus classés du Médoc avait suscité des réserves; l'ensemble que l'on souhaite implanter au nord de Lyon, symétriquement à celui de Feyzin, en soulève de bien plus épineux. Les importations croissantes entraînent des aménagements portuaires de plus en plus impressionnants. Ainsi, le port du Havre va disposer, en 1975, d'une annexe pour les navires pétroliers géants au cap d'Antifer : les hautes falaises de craie ont été taillées en gradins spectaculaires, afin de permettre l'accès à ce port artificiel et aux bacs de stockage.

L'épuisement de Lacq conduit aussi à des importations croissantes de gaz naturel. Gaz de France tend à devenir avant tout une société de distribution de mélanges gazeux, d'origines les plus diverses : méthane d'Hassi-R'Mel, expédié soit au Havre par le *Jules-Verne,* qui fait régulièrement 33 rotations par an depuis 1965, soit à Fos-sur-Mer, où l'on vient d'achever de puissantes installations; gaz des Pays-Bas, où la France a des intérêts (Zuidwal); gaz manufacturé provenant des cokeries; et, bien entendu, gaz du Sud-Ouest. En outre,

à partir de 1976, la France recevra du gaz de la zone norvégienne de la mer du Nord, ainsi que d'URSS. D'ores et déjà les importations de gaz naturel atteignent le niveau de la production nationale. Dès 1972, la consommation de gaz en France dépassait les 15 milliards de mètres cubes; il en faudra le double en 1980! ■

L'ATOME ET L'ENVIRONNEMENT

La source d'énergie d'avenir, en France comme ailleurs, est *l'énergie nucléaire,* en attendant sans doute l'énergie solaire, qui fait ici l'objet de recherches intéressantes : on considère que les hydrocarbures passeront par un maximum relatif vers 1980, date à laquelle leur part dans la consommation nationale dépassera 80 p. 100 (actuellement 73 p. 100), pour décliner ensuite. En effet, l'énergie nucléaire bénéficie de la hausse importante du prix des sources d'énergie «classiques» depuis la fin des années 1960, alors que la demande globale ne cesse d'augmenter. Enfin, elle permettrait de mieux régler la sécurité des approvisionnements, puisque la France est assez riche en minerais d'uranium (Vendée, Limousin). En l'an 2000, elle devrait produire 85 p. 100 de l'électricité alors consommée en France... Le VIᵉ Plan a mis l'accent

Phot. Marie Breton

LES MÉTIERS D'ART ET DE CRÉATION

Les métiers d'art et de création appartiennent bien au secteur industriel par leur production et les effectifs en jeu (près d'un demi-million d'emplois), et pourtant ils sont souvent négligés par les études sur l'industrie. En effet, par leurs méthodes, ils s'apparentent parfois à celles de l'artisanat, et la part de l'imagination, de l'invention est si décisive que l'on hésite à les classer avec les autres industries.

Pourtant, les activités comme la mode, la parfumerie, la maroquinerie, les fourrures et, bien entendu, la

Ci-dessus :
Un métier d'art industrialisé :
la chaîne a réussi à trouver place
dans cette usine Christofle
de Yainville (Seine-Maritime).

joaillerie-bijouterie ou l'orfèvrerie jouent un rôle important dans l'économie française. Sait-on que le chiffre d'affaires des industries d'art, de mode et de création est du même ordre que celui de la sidérurgie ?

Une part notable de la production (plus du quart) de ce secteur typique de l'économie française est exportée. Les articles ainsi vendus à l'étranger sont de véritables ambassadeurs du goût français, et pas seulement les vêtements « haute couture » ou « boutique ». Certes, ces produits de luxe ou de demi-luxe sont très sensibles aux aléas de la conjoncture, mais, dans les périodes fastes, comme celle qui a suivi la dévaluation du franc en 1969, ils contribuent à la bonne tenue du commerce extérieur et sont

un élément non négligeable de l'attrait touristique de notre pays.

L'intérêt de ce secteur réside aussi dans la « valeur ajoutée » élevée dont bénéficient les produits. Ce sont, en effet, des industries de main-d'œuvre. Les emplois féminins y tiennent une grande place : jusqu'aux deux tiers dans la parfumerie et 90% dans la haute couture ! En outre, les articles de luxe ont un effet d'entraînement que l'on soupçonne mal. Ainsi le secteur haute couture sur le « prêt-à-porter », la joaillerie ou la cristallerie sur des articles de plus grande diffusion (« articles de Paris »). Ces objets, à la limite de l'art et de l'artisanat, contribuent à façonner notre cadre de vie.

Enfin, ces industries exigent un environnement spécifique et une tradition continue : leur localisation est particulièrement stable. Si Paris dispose d'une prééminence certaine (haute couture), la province s'est taillé une solide réputation dans les secteurs comme la chaussure de luxe (Romans), la cristallerie (Baccarat, Saint-Louis), la ganterie (Grenoble, Saint-Junien). Bon nombre de firmes dont la réputation est mondiale sont très anciennes : Revillon existe depuis 1723, Hermès depuis 1837, Baccarat depuis 1764. Ces productions sont assurément un élément de prestige de la marque « France ».

sur la construction de ces centrales et, dans les années à venir, il faudrait en achever 4 à 5 par an, chacune d'un million de kilowatts, donc de la taille des plus grosses centrales classiques actuelles!

Deux principaux problèmes se posent à la France : celui des procédés de production, des « filières », et celui de la localisation des centrales. En 1969, la France a abandonné, pour les futures centrales, la filière qui avait été mise au point progressivement par le CEA (uranium naturel–graphite–gaz) au profit de la filière américaine à uranium enrichi. Plus productive et plus souple, cette dernière a l'inconvénient d'entraîner une dépendance à l'égard des importations d'uranium 238 nécessaire à l'enrichissement du « combustible » nucléaire. Il faudra d'ailleurs construire une usine d'enrichissement à bref délai, probablement à l'échelle de la CEE. L'ÉDF s'était déjà intéressée à ces nouvelles techniques

dans le cadre de réalisations faites avec ses voisins belges (Chooz, dans les Ardennes, et Tihange, près de Liège), suisses et allemands (Kaiseraugst, près de Bâle). Cependant, cinq centrales fonctionnent selon le procédé graphite-gaz : trois réacteurs à Chinon et deux à Saint-Laurent-des-Eaux, sur la Loire. La centrale des monts d'Arrée, à eau lourde, de caractère expérimental, n'aura pas de postérité et devra arrêter sa production. En effet, la localisation des centrales en cours d'achèvement ou projetées est impérativement liée aux grands fleuves, et surtout aux bords de mer, pour faire face aux énormes besoins en eau de refroidissement. À côté des centrales en construction, Bugey I et II, Fessenheim I et II, situées respectivement sur le Rhône et sur le Rhin, les sites retenus sont la Loire (Dampierre-en-Hurly) et la Garonne (Golfech, Ambès), et surtout les bords de mer : Paluel, près de Saint-Valery, sur les

côtes du pays de Caux, Port-la-Nouvelle, Fos et Martigues sur la Méditerranée.

Du fait de la pollution thermique qu'elles occasionnent et des risques, même extrêmement faibles, de dégagement accidentel de radio-activité qu'elles entraînent, on cherche à remplacer les centrales classiques par des centrales dites « surrégénératrices », à rendement élevé. Pour le moment, la France semble assez avancée dans cette direction pleine de promesses. Après un prototype à faible puissance (Cadarache), puis un réacteur expérimental de 250 000 kW à Marcoule, on songe déjà à la mise en chantier d'une centrale d'un million de kilowatts qui pourrait fonctionner vers 1985. Les problèmes d'environnement posés par ces imposantes installations font souhaiter l'accentuation des recherches sur l'amélioration du rendement énergétique et les nouvelles sources d'énergie (énergie solaire et hydrogène). ∎

UNE OPULENCE DISCUTÉE

*Autour du silo dressé sur la plaine de Beauce,
la noria incessante des tracteurs et des chariots chargés de blé (Château-Landon).*

CRISE DU MONDE RURAL, départ des jeunes, fin de la petite exploitation : voilà les thèmes qui reviennent dans tous les diagnostics sur l'agriculture française en cette fin du XXᵉ siècle. Et pourtant, parallèlement à la diminution rapide du nombre des paysans, la production agricole est en progression constante, grâce aux progrès techniques considérables qui se sont succédé depuis 1950.

L'agriculture a donc complètement changé d'aspect en une vingtaine d'années, et cette mutation provoque une série de problèmes sociaux, analogues à ceux qui affectent les artisans et les petits commerçants, mais dont l'échelle est plus vaste parce que les paysans sont plus nombreux et parce que les bouleversements actuels ont un impact visible sur les paysages et sur le cadre de vie.

TROP DE MONDE?

Le chiffre d'affaires de l'agriculture française (en excluant les industries agricoles) ne représente, en 1971, que 6,3 p. 100 du PNB : c'est bien moins que les seules industries mécaniques. Or, ce résultat est obtenu par une population active qui atteint à cette date 13 à 14 p. 100 du total français. La productivité agricole demeure donc plus faible que la productivité industrielle. Mais les produits agricoles représentent 20 p. 100 des exportations françaises : c'est un taux qui n'est dépassé en Europe que par l'agriculture des Pays-Bas (31 p. 100); en Allemagne fédérale, les produits agricoles ne forment que 4 p. 100 des exportations.

La Communauté économique européenne (CEE) est de loin le premier client de l'agriculture française, qui exporte des céréales, des vins et des produits laitiers, ainsi que des animaux sur pied et du sucre. Les échanges sont beaucoup moins importants, mais déficitaires, avec les autres États. À la viande s'ajoutent les importations de fruits de l'Europe méditerra-néenne, les fruits tropicaux et les corps gras de la zone franc, et les aliments du bétail américains, comme les tourteaux de soja que la France ne produit pas encore.

Les exportations en dehors de la CEE sont rendues difficiles par le faible niveau des cours mondiaux, qui ne pourraient permettre la rémunération des agriculteurs français : par rapport au cours mondial, les prix sont multipliés en année normale par 4,3 pour le sucre, par 3,9 pour le beurre, par 1,8 pour le blé, par 1,7 pour la viande bovine! Seuls les produits des petits élevages (œufs, volaille, porc) sont vendus à un cours qui demeure assez proche du cours mondial.

On ne peut cependant pas parler d'une «surproduction agricole» à l'échelle mondiale. Les cours mondiaux s'expliquent à la fois par la très faible capacité d'achat des pays pauvres (l'Africain consomme 4 fois moins de sucre que l'Européen) et par les tarifs d'exportation peu élevés de l'agriculture américaine, qui dispose d'un vaste marché intérieur bien rétribué, et de l'agriculture de plantation, qui profite de bas salaires.

Si la France est le premier producteur agricole de la CEE, elle le doit à sa superficie cultivée, qui est de près du tiers de celle de la Communauté, mais non à un nombre anormalement élevé d'agriculteurs : le

Phot. Jalain

Phot. Peress - Magnum

Contrastes agricoles

Page de gauche :
Ardoise et pierre,
calme, mesure et pauvreté,
une vieille maison paysanne
au pays angevin
(à Touvois, près de Bourgueil).

Ci-dessus :
Nouveaux fortins
de l'agriculture moderne,
les brillants silos
qui protègent le blé des Charentes
(à la sortie de Saint-Eutrope).

Ci-contre :
Cheval, tombereau, râteau...
rien ne semble avoir changé
dans la quête de l'engrais naturel :
l'épandage du goémon
dans le Finistère du Nord.

Les survivances du passé.

Ci-dessus, de gauche à droite :
Côte à côte sous le joug,
les bœufs traînent le lourd chariot
que les hommes chargent à la main :
l'image traditionnelle de la fenaison
dans le Cantal (Allanche).

Échappés des romans paysans de Jean Giono,
le sage berger et son grand troupeau
dans la réserve du Lauzanier,
à 2 300 mètres (Alpes-de-Haute-Provence).

Ci-contre, de gauche à droite :
Un geste appris depuis des siècles,
la traite du lait
dans une vieille ferme, près de Riom.

Encore vivante en Mayenne,
la petite culture d'autrefois,
qui ne veut pas mourir, mais que, seuls,
quelques aïeuls pratiquent toujours.

nombre de travailleurs (en «travail-an-née») n'est, en France, que de *10,1 pour 100 ha de superficie agricole,* alors qu'il est aux Pays-Bas de 15,3, en Allemagne fédé-rale de 18,4, et en Italie de 23.

Malgré cela, la population active agri-cole baisse très rapidement. Il est toutefois difficile de chiffrer avec précision cette population, car de nombreux agriculteurs ont une double activité, ce qui entraîne de grandes variations d'un recensement à l'autre. Au recensement agricole de 1970, on a dénombré 1 587 000 chefs d'exploita-tion et 1 924 000 «aides familiaux», mais, parmi eux, 426 000 déclaraient avoir une activité extérieure qu'ils considéraient comme principale. Il y aurait donc 3 080 000 actifs familiaux, auxquels il faut ajouter 335 000 salariés, dont le nombre décroît très vite : on peut admettre le chiffre de 3 400 000 actifs agricoles en 1970.

Les 1 587 000 exploitations se partagent 29 900 000 ha (moyenne : 19 ha). En fait, le nombre des exploitations a été quelque peu gonflé au recensement agricole de 1970 : beaucoup de fermes sont exploitées à temps partiel, ou par des exploitants âgés de plus de soixante ans; si on les retranche du calcul, il reste *720 000 exploitations à temps complet tenues par un exploitant âgé de moins de soixante ans.* Ces 720 000 ex-ploitations à temps complet occupent 20 100 000 ha, et leur surface moyenne est de *28 ha,* chiffre qui cerne mieux la réalité; 190 000 seulement (12 p. 100 de l'ensemble) emploient des salariés permanents.

Qu'adviendra-t-il de l'agriculture ?

Alors qu'un quart des actifs français tra-vaillaient en 1954 dans l'agriculture, ils n'étaient plus que 16 p. 100 en 1968. Le nombre d'exploitations est tombé dans le même temps (1955-1970) de 2 100 000 à 1 587 000, soit un rythme de disparition de 2,2 p. 100 par an. Ce nombre devrait se sta-biliser autour du million, dont une partie seulement à temps complet, et celui des travailleurs autour de 2 millions, pour une vingtaine de millions d'hectares cultivés.

À partir de la situation de 1970, il est donc raisonnable de prévoir que 1 400 000 personnes actives – soit 4 sur 10 – devraient encore quitter l'agriculture. En prenant pour rythme de diminution de la popula-tion active le taux annuel de 2,2 p. 100, qui correspond à la régression actuelle du nombre d'exploitations, ce résultat serait atteint vers 1995, soit par les départs à la retraite et le non-remplacement par les enfants, soit par un abandon du système à temps partiel. Mais ce taux est un peu sous-estimé, et ce délai sera sans doute rac-courci.

Le territoire cultivé sera alors sensible-ment le même qu'actuellement, car les fermes disparues seront englobées dans les fermes existantes, et la production sera vraisemblablement plus élevée. Il convient de prendre dès maintenant des mesures pour stabiliser la population active agri-cole autour de ce nombre de 2 millions, qui représentera un peu moins de 10 p. 100 de

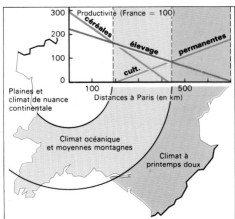

la population active ; mais, pour plusieurs années encore, l'accueil des jeunes à la recherche d'un emploi extra-agricole demeurera le principal problème des régions rurales.

Il subsiste dans ces prévisions une inconnue, qui est l'agriculture à temps partiel : les conditions de son développement sont très variées, puisqu'on trouve aussi bien dans cette catégorie des herbages possédés par des bouchers que de petites exploita-tions tenues par des couples d'ouvriers-paysans surchargés par un travail mal rémunéré... sans oublier les fermettes de quelques «cadres» citadins. ∎

Ci-contre, schéma :
Les échanges agricoles avec l'étranger.
(Les chiffres dans les cercles représentent des milliards de francs 1972.)

Ci-dessus, carte :
La productivité agricole.

Page de droite, carte :
L'utilisation agricole des sols.

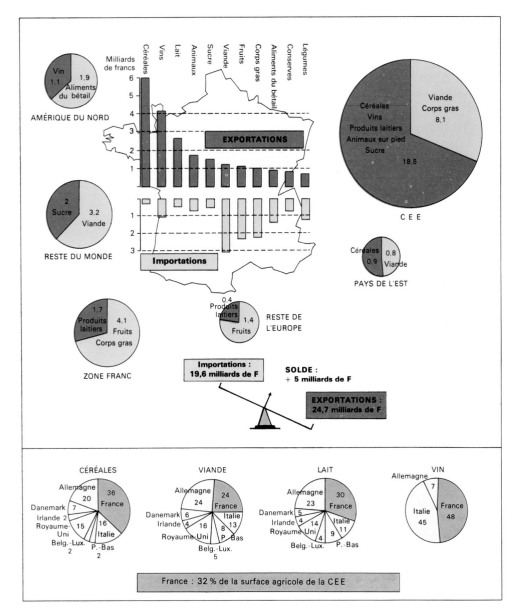

LES « BONS PAYS »... ET LES AUTRES

Ainsi que le fait remarquer J. Klatzmann, si l'on réfléchit sur la localisation optimale des différentes cultures, on s'aperçoit que presque toutes les productions devraient être concentrées dans le Bassin parisien. On y pratique actuellement, sur des exploitations analogues à celles du «Corn Belt» américain, des cultures céréalières (blé surtout, mais aussi betterave sucrière, maïs et cultures fourragères pour la vente, indispensables en tête d'assolement). Elles rapportent davantage que l'élevage, mais on pourrait tout aussi bien y pratiquer celui-ci avec de meilleurs résultats que dans les autres régions, qui ont à la fois de moins bons sols, de moins bonnes structures d'exploitation et une moindre formation de capital.

Quand on quitte le Bassin parisien, les sols deviennent moins favorables aux cultures céréalières, et seul l'élevage permet d'obtenir des résultats appréciables, qui restent bien moins élevés que les résultats obtenus grâce aux céréales dans les grandes exploitations du Bassin parisien. Cette primauté de l'élevage ne disparaît que lorsque les conditions climatiques et l'organisation des circuits commerciaux autorisent des cultures à produit brut élevé, telles que la vigne ou les vergers (cas des régions méridionales), ou les cultures légumières (régions méridionales et Armor).

Il est évident que l'enchevêtrement des causes physiques, historiques, sociales et financières fait que la réalité est beaucoup plus complexe dans le détail. On trouve de l'élevage en France du Nord sous certaines conditions : les exploitations plus petites le pratiquent, de même que les régions spécialisées (Normandie, Thiérache), à cause de sols propices et d'une vieille tradition. Par ailleurs, la France du Midi est caractérisée par de violents contrastes entre les plaines, où s'étendent les vergers ainsi que les serres florales et maraîchères, et les zones accidentées, où seul un élevage médiocre se maintient.

La vigne couvre 1 200 000 ha, dont 22 p. 100 seulement bénéficient de l'« appellation contrôlée ». Le reste du vignoble est très varié : aux grandes exploitations du Languedoc s'opposent les vignobles fragmentés et mêlés à la polyculture de la France du Centre et du Sud-Ouest. Les tendances actuelles de la consommation urbaine favorisent le développement des vins délimités de qualité supérieure (VDQS), au détriment des vins courants.

L'imperméabilité des sols, l'humidité du climat ou l'importance des pentes expliquent l'extension de l'herbe dans la France de l'Ouest et dans les régions montagneuses : à cette échelle, la carte de l'utilisation du sol témoigne bien de l'influence du milieu naturel sur les orientations des systèmes de culture. Cependant, l'opposition traditionnelle entre des régions naturelles «riches» et des régions «pauvres» est moins systématique qu'autrefois : les carences chimiques des sols, en particulier, sont aisément compensées par l'emploi d'engrais, comme on le voit en Champagne; par ailleurs, un élevage rentable peut être pratiqué dans les régions montagneuses si les exploitations ont une assez grande surface.

La fin de l'autarcie économique des campagnes explique souvent une meilleure adaptation des cultures aux conditions naturelles : les progrès de l'herbe ont été considérables en un siècle (26 500 000 ha de labours en 1862, et seulement 15 900 000 ha en 1970) et ils vont de pair avec un accroissement du nombre de bovins. Parmi les labours, le blé tend à être limité aux régions où il est le plus rentable, c'est-à-dire au Bassin parisien; par contre, les céréales pour le bétail (orge et maïs) progressent partout en surface, surtout depuis 1960.

La carte des types de régions agricoles en cette seconde moitié du XXe siècle montre finalement des différences notables de productivité entre les régions, mais la comparaison des moyennes régionales ne doit pas dissimuler les contrastes sociaux au sein des diverses régions. ∎

Le chiffre d'affaires de l'agriculture
Production agricole totale en 1972 : 87,6 milliards de francs (dont 60 de valeur ajoutée, et 46 pour le revenu brut d'exploitation, après déduction des charges).

Sur ce total, les produits animaux comptent pour 49,9 milliards, soit 57 p. 100 (bétail sur pied, 22,9; lait, 16,5); les produits végétaux pour 37,7 (céréales, 14,1, dont : blé, 7,3; vin, 7,4, etc.).

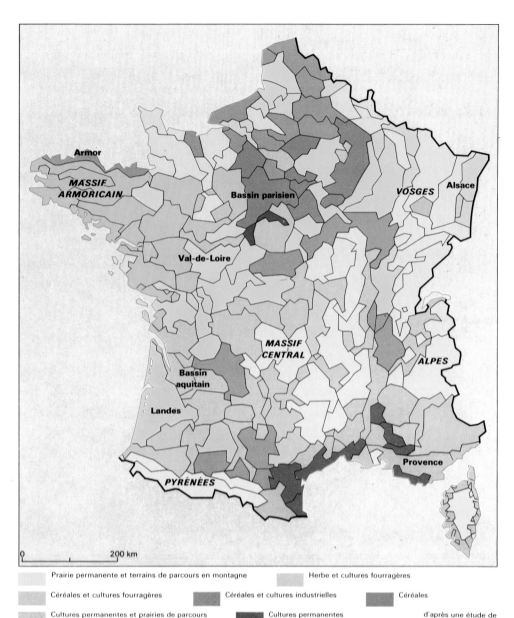

Prairie permanente et terrains de parcours en montagne — Herbe et cultures fourragères

Céréales et cultures fourragères — Céréales et cultures industrielles — Céréales

Cultures permanentes et prairies de parcours — Cultures permanentes

d'après une étude de l'université de Rouen

GRANDS
ET PETITS

La plupart des exploitations qui ont de bons résultats économiques bénéficient soit d'une grande surface en polyculture ou en élevage, soit d'une «rente de situation»

(Bassin parisien et plaines méridionales) qui leur permet de se consacrer aux cultures actuellement les plus rémunératrices, céréales ou cultures permanentes.

À mesure que se développent la part des techniques modernes et l'emploi des machines et des produits chimiques dans l'activité agricole, le fossé se creuse entre les exploitations capables d'adopter ces techniques et celles qui ne peuvent y parvenir, à cause de leur faible taille, ou du manque de capitaux, ou parce qu'il faudrait bouleverser le système de production.

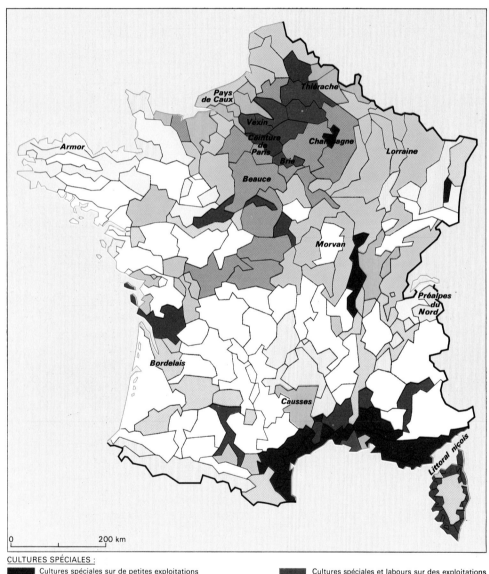

CULTURES SPÉCIALES :

■ Cultures spéciales sur de petites exploitations
à très forte productivité

░ Cultures spéciales et labours sur de petites exploitations
à productivité faible

■ Cultures spéciales et labours sur des exploitations
petites et moyennes à forte productivité

CÉRÉALES :

■ Céréales sur de très grandes exploitations à très forte productivité

▓ Céréales sur de grandes exploitations
à forte productivité

POLYCULTURE :

░ Polyculture sur des exploitations moyennes
et grandes à forte productivité

Polyculture sur de petites exploitations à faible productivité, avec de faibles rendements à l'hectare

Polyculture sur de petites exploitations à faible
productivité, avec de forts rendements à l'hectare

ÉLEVAGE :

░ Élevage à productivité relativement forte

Élevage à productivité faible sur de
petites exploitations

d'après J. BONNAMOUR, Y. GUERMOND, C. GILLETTE

C'est dans le domaine de l'élevage qu'on peut observer les contrastes les plus saisissants entre «les deux agricultures françaises». Des progrès énormes ont été accomplis depuis 1950 : le porc large-white atteint 100 kg en six mois, un poulet atteint 1,5 kg en deux mois avec 3 kg de nourriture, une poule pond 300 œufs de 50 g par an. Les progrès, longtemps limités aux «petits élevages», s'étendent à l'élevage bovin : une carte donnant la répartition par département du nombre de vaches laitières n'aurait absolument aucune signification, car il n'y a rien de commun entre la bretonne ou la gasconne qui fournissent péniblement 2 500 litres de lait par an, et la holstein qui donne 7 000 litres.

Ci-contre, carte :
Type de régions agricoles.

En haut :
*Riz et vignes occupent les plaines
du littoral méditerranéen
au voisinage d'Aigues-Mortes.*

Le problème vient de ce qu'il n'est pas possible au petit agriculteur de passer d'une forme d'élevage à l'autre : lorsque les vaches atteignent un très haut niveau de production, il leur faut une alimentation considérablement accrue, qui dépasserait leurs capacités stomacales si elle n'était donnée que sous forme d'herbe. Une partie de l'alimentation doit donc être constituée d'aliments déshydratés, dont le prix d'achat est élevé. Il vaut mieux les produire sur la ferme, ce qui suppose une grande surface permettant de faire des labours en plus de l'élevage, ou les produire en coopération avec d'autres agriculteurs, ce qui suppose qu'on soit dans une région propice aux labours. En outre, l'amélioration de l'élevage exige des capitaux pour l'achat d'animaux de races plus productives, pour la construction d'étables modernes, et pour l'achat du matériel de culture, qui est insuffisant dans les fermes traditionnelles d'élevage. Ces transformations s'accompagnent d'un accroissement des risques : les épidémies guettent le bétail, et des erreurs d'alimentation dans un système moderne peuvent avoir des conséquences désastreuses. On ne doit pas s'étonner, dans ces conditions, de la difficile mutation des régions d'élevage, et du retard technique, dans ces régions, des petits agriculteurs, dont la formation technique et les moyens financiers sont faibles. Les plus vieux attendent la retraite et l'indemnité viagère de départ, et les enfants, après les années de collège, n'auront aucune envie de revenir au pays pour y vivre une existence qui ne séduit que les touristes et les poètes.

Un clivage analogue se produit en viticulture, en dehors des aires de grandes appellations. L'orientation du marché vers les vins rouges de qualité supérieure rend indispensable une modification de l'encépagement, particulièrement dans le Midi méditerranéen et dans le Sud-Ouest. Or, cette modification suppose environ 20 000 F de frais par hectare (engrais, labours profonds, nouveaux pieds de vigne) et elle est suivie d'une période de trois ans sans production. C'est là un bouleversement que les plus petits exploitants peuvent difficilement entreprendre.

Pour les productions céréalières, les contrastes sociaux sont peut-être moins apparents, car les exploitations les moins bien placées se tournent vers l'élevage. Le coût d'un hectare de blé varie du simple au triple selon les structures d'exploitation : alors qu'en Beauce les frais d'une moissonneuse-batteuse, utilisée sur plus de 150 hectares par an, ne dépassent pas 50 F par hectare, le petit exploitant de l'Ouest doit, pour sa faible surface, s'adresser à une entreprise, dont les tarifs atteignent 150 à 170 F par hectare. Si le prix des céréales baissait en l'absence de toute autre mesure, le blé resterait rentable dans les grandes exploitations du Bassin parisien, et seuls les petits exploitants seraient touchés : on voit l'inefficacité d'une politique agricole qui ne serait fondée que sur les prix.

Une enquête menée par l'INRA (Institut national de la recherche agronomique) montre que le fossé se creuse entre les deux agricultures françaises : le montant des investissements dans les exploitations est sept fois plus important en Eure-et-Loir qu'en Ille-et-Vilaine... ∎

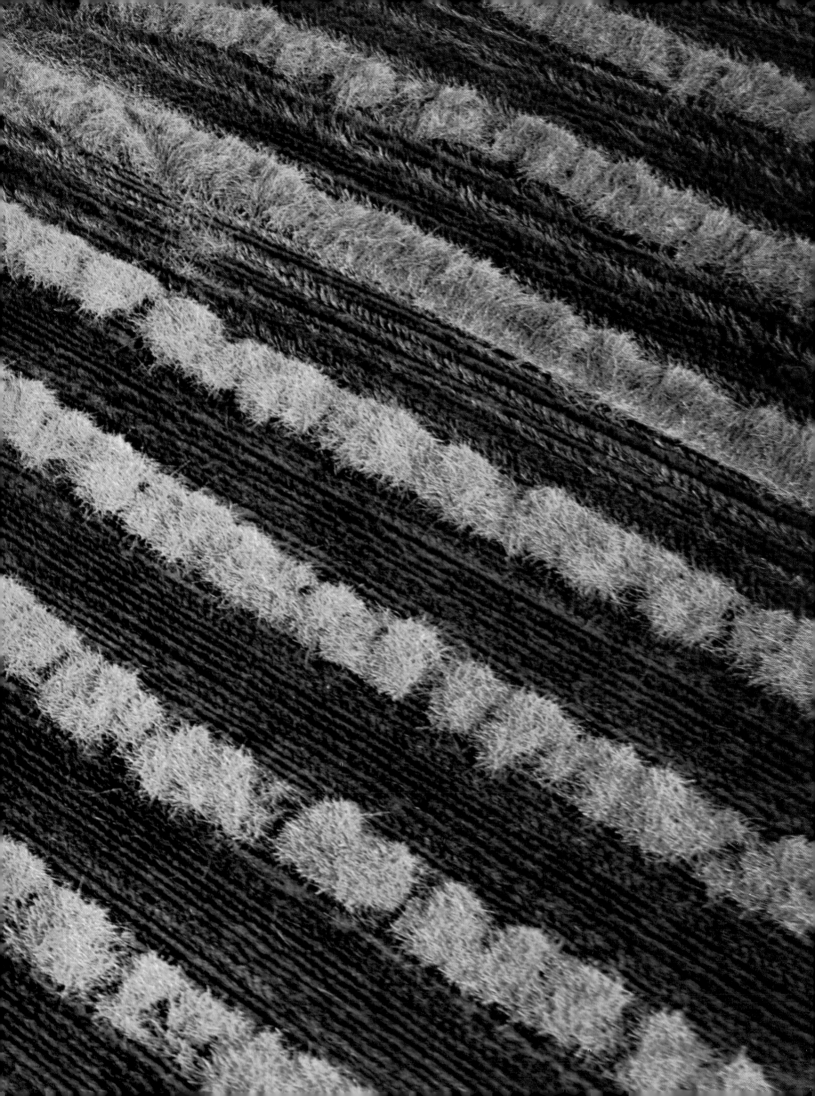

Phot. Alain Perceval

Phot. Beaujard

Phot. Ray Delvert

Phot. Beaujard

Pages précédentes :
*Étrange insecte de métal,
la machine à tout faire dévore les épis
et restitue les grains :
moissons près de Château-Landon.*
Phot. Beaujard

Ci-contre, de haut en bas :
*Un grand canal tout neuf traverse
maintenant les vignobles du Languedoc.*

*Une voûte lumineuse et chaude :
la serre où poussent les vertes salades
(Villeneuve-sur-Lot).*

Ci-dessus :
*Austères et strictes au pied des silos,
les « batteries » d'une ferme d'élevage,
près de Montargis.*

À droite :
*Production de masse : rassemblés
dans leur capitale, Saint-Pol-de-Léon,
les artichauts de Bretagne,
collectés par la « SICA ».*

Phot. Pavlovsky-Rapho

DU PAYSAN À L'AGRICULTEUR

Phot. P. Tétrel.

L'agriculteur moderne, qui fait suite au «paysan» d'autrefois, bénéficie d'un meilleur niveau de vie, mais son autonomie a disparu : il n'est plus tout à fait un vendeur, car ses produits sont, la plupart du temps, transformés par une industrie alimentaire, et il est devenu un acheteur de produits industriels nécessaires au processus de production moderne. Il se trouve rattaché à toute une série d'organismes et d'entreprises sur lesquels il a peu d'influence, et il est lié par des emprunts. Dans ce contexte, deux préoccupations dominent : à l'amont, le problème foncier; à l'aval, la commercialisation et les prix.

Les achats fonciers représentent plus du tiers de l'endettement, ce qui s'explique par le prix élevé des terres agricoles, qui a été multiplié par 2,6, en francs constants, de 1950 à 1970. Cette hausse doit normalement se poursuivre, d'une part, en raison des prix très élevés des terres agricoles dans les autres pays de la CEE et, d'autre part, à

Phot. Marie Breton.

cause de la pression urbaine en France même : le changement de valeur du sol est considérable quand il passe d'un usage agricole à une affectation urbaine.

L'autre grande préoccupation des agriculteurs est la commercialisation des produits. En dehors de la consommation des produits de luxe de l'«agriculture biologique», pour lesquels il existe une clientèle disposée à payer un surprix, l'accroissement de la consommation des produits agricoles ne suit pas l'élévation du niveau de vie. La nourriture des Français est suffisante, surabondante pourrait-on dire, et elle n'est pas susceptible d'augmenter. Si les dépenses alimentaires s'élèvent, c'est par une plus grande «sophistication» des produits : les bénéfices en reviennent aux industriels responsables du conditionnement et de la transformation, et non aux agriculteurs, qui n'ont fourni que le produit brut.

En prenant pour base (indice 100) l'année 1958, la consommation alimentaire dans la CEE était, en 1971, à l'indice 145 pour les fromages, mais à l'indice 87 seulement pour le lait... Cette structure de la consommation s'accentue au fur et à mesure du développement économique : le cadre supérieur consomme deux fois moins de pâtes alimentaires et de sucre, et trois fois moins de vin ordinaire que le salarié

agricole, mais trois fois plus de jus de fruits et sept fois plus de «plats préparés».

L'action des coopératives agricoles tend à permettre aux agriculteurs de récupérer une partie des plus-values réalisées sur la transformation des produits (produits laitiers dans la France de l'Ouest et dans l'Est, vin dans le Midi). Ces organismes se trouvent amenés à se comporter comme des industriels privés à l'égard de leur personnel et de leur clientèle, et doivent accroître leur productivité afin de rester concurrentiels, ce qui les contraint à investir beaucoup par autofinancement. De surcroît, on s'aperçoit très vite qu'il ne suffit pas de contrôler la fabrication d'un produit, mais aussi les chaînes de distribution, dont il faut diversifier les approvisionnements. La gestion du self-service de banlieue situé à 500 km du lieu de production n'a rien de commun avec l'organisation du marché villageois : c'est un autre métier, qui ne peut qu'échapper toujours davantage aux agriculteurs, même si, financièrement et administrativement, certaines de leurs coopératives (particulièrement les grandes coopératives laitières de la France de l'Ouest) parviennent à y participer.

Les productions avicoles et porcines sont très souvent «intégrées» à un abattoir industriel ou à une fabrique d'aliments de bétail, qui prennent totalement en charge

Phot. Ray Delvert

la commercialisation; cela évite un souci aux agriculteurs, mais c'est alors au détriment de l'ancienne autonomie de l'exploitation artisanale : l'agriculteur devient un ouvrier travaillant à domicile pour le compte d'une entreprise.

Alors que les productions végétales sont habituellement excédentaires, et rencontrent des difficultés plus ou moins grandes de commercialisation, la production de *viande de bœuf* demeure insuffisante au niveau européen. Cette situation, à première vue paradoxale, a des causes complexes. Il est très rare qu'une exploitation produise uniquement de la viande, car il faut une surface d'une centaine d'hectares et un important troupeau pour supporter la lente rotation des capitaux liée à cette spéculation. L'avantage de ce système est qu'il demande peu de main-d'œuvre, mais la main-d'œuvre est justement ce qui ne fait guère défaut à l'agriculture... Par ailleurs, il est difficile, sinon impossible à un exploitant qui a fait des investissements pour la production de lait, ou pour les labours, d'effectuer une conversion vers la viande avant l'amortissement de ses installations : les systèmes de production agricoles ne sont pas susceptibles de modifications brutales.

La production de viande apparaît donc sur une exploitation en complément d'autres activités mieux rétribuées. Ces orientations principales sont les cultures dans le Bassin parisien : l'élevage des bovins « à l'auge » utilise alors les pulpes et collets de betteraves, les tourteaux de céréales ou la luzerne déshydratée, et c'est une activité très avantageuse. Dans les régions de petite exploitation, la production essentielle est le lait, qui procure une rentrée d'argent régulière; la viande provient surtout des vaches de réforme, et de l'élevage d'une partie des veaux quand l'exploitation a une surface suffisante pour le pratiquer. C'est ainsi que l'Ouest laitier est la principale région productrice de viande.

Les besoins européens en viande et le

Ci-dessus, de gauche à droite :
Surprenante mais efficace, la traite moderne des brebis de Roquefort, pour faire l'un des plus savoureux fromages du monde.

Bien rangés au bord de la rivière, les pruniers d'une moderne exploitation fruitière, dans le Lot-et-Garonne.

Page de gauche, en bas :
Techniciens du lait, les hommes en blanc de la centrale laitière de Maromme (Seine-Maritime), plus proche du laboratoire que de la ferme.

Ci-dessous :
C'est en hélicoptère que, désormais, l'on traite les vignobles champenois, devant Épernay.

Phot. Pélissier

coût de production élevé de celle-ci incitent à présenter comme solution un très fort relèvement du prix de la viande ; mais cette mesure ne va pas sans risques : appliquée d'une façon uniforme, elle peut amener les grandes exploitations à s'orienter davantage vers les spéculations animales, ce qui placerait les petits exploitants de l'Ouest dans une situation économique difficile. Certaines organisations agricoles réclament une aide à l'élevage limitée à un quantum par exploitation, de manière à en exclure les grandes exploitations.

Pour faire face aux besoins de la consommation urbaine, l'élevage de *baby-beef* ou de taurillons (animaux engraissés de façon accélérée en seize mois, et pesant 550 kg) est nécessaire. Fournir des bœufs de trois ans ne permet plus de répondre aux besoins du marché à un prix convenable. On peut donc prévoir que, à côté d'une « viande de luxe », on consommera de plus en plus une viande très jeune.

Les progrès à attendre au cours des prochaines années, qui permettront de résoudre le problème de la viande, sont liés essentiellement aux techniques d'alimentation des animaux : on a calculé, en Nouvelle-Zélande, que ces techniques d'alimentation expliquent plus de la moitié de l'amélioration du cheptel bovin, mais la simple sélection des vaches à peine 3 p. 100.

Ces nouvelles méthodes de fabrication industrielle des produits agricoles sont toutefois jugées sévèrement par ceux qui s'inquiètent d'une certaine diminution de la qualité au profit de l'accroissement de la productivité (présence d'hormones et de résidus d'antibiotiques dans les viandes, de pesticides dans les fruits et légumes, d'anhydride sulfureux dans les vins, pour ne citer que les cas les plus connus). Le progrès des techniques est indispensable à l'obtention par les agriculteurs de la « parité » de niveau de vie avec les autres catégories sociales, tant réclamée, mais il suppose le développement parallèle d'un strict contrôle de qualité, qui n'est pas facile à réaliser. Si la toxicité de certains produits peut être déterminée scientifiquement, il n'en va pas de même de la saveur gustative, qui reste une chose très subjective. Il est bien connu, par exemple, que, entre les vins, les différences de prix, dues à des dispositions légales (autorisation du sucrage qui augmente le degré alcoolique, fixation d'un rendement maximal d'une cinquantaine d'hectolitres à l'hectare pour le droit à l'appellation contrôlée), ne correspondent pas toujours nécessairement à des différences de « qualité ».

Pris dans un circuit économique complexe, contraints à l'endettement s'ils veulent utiliser sur leurs entreprises artisanales des techniques modernes, les petits et moyens exploitants sentent bien précaire l'équilibre entre les prix de vente et les coûts de production. Le prix des denrées brutes s'élève moins vite que celui des produits industriels hors des périodes momentanées de « rattrapage » (1971-1973) : ventes accrues dans la CEE, achats de l'URSS, atténuation de la surproduction américaine. Beaucoup possèdent, au moins en partie, les terres qu'ils cultivent ; mais, à une époque où le standing social est attaché à la dépense, la disposition d'un capital foncier est une maigre consolation, à moins de spéculer sur la hausse des prix des terres. ∎

QU'EST-CE QUI EST RURAL ?

L'accroissement de la productivité en agriculture met au premier plan des préoccupations des ruraux la création d'emplois locaux extra-agricoles, et peut-être plus encore les possibilités d'acquisi-

tion par les jeunes d'une formation professionnelle correspondant à la fois à leurs aptitudes et aux emplois disponibles. La mutation agricole entraîne, en effet, le déclin des activités rurales traditionnelles : l'ancien artisanat a disparu, les commerces ferment un à un, les services publics et privés sont regroupés en ville, les foires et marchés ne sont plus qu'un souvenir. Si, aux vacances, la jeunesse scolaire revient encore animer les bals, on chercherait en vain, à part les enfants de quelques gros exploitants, des jeunes gens et des jeunes filles de vingt à trente ans dans ces bourgs et ces villages dont la grand-place et l'église trop vaste évoquent la décadence.

L'animation ne revient que si, grâce à la proximité d'un centre urbain, le village se peuple de migrants quotidiens, dont les pavillons s'alignent, avec leur cortège de potagers et de clôtures méticuleusement engrillagées, le long des routes principales. Mais peut-on parler encore d'«espace rural» à propos de ces zones péri-urbaines où la majorité des habitants ont une activité urbaine, et que seule une densité plus faible de la population distingue de la ville?

Officiellement, les communes de moins de 2 000 habitants sont considérées comme «rurales» : il serait sans doute plus exact de ne considérer comme telles que celles qui ont plus de 20 p. 100 d'actifs agricoles.

Si on ne prend en compte que les communes rurales situées en dehors des zones péri-urbaines, on constate que, de 1962 à 1968, leur population a diminué de 3,8 p. 100 par an. C'est un taux encore relativement élevé, mais qui témoigne d'un certain ralentissement du dépeuplement, puisque la diminution était de 4,4 p. 100 par an pour la période précédente (1954-1962). Ces régions en déclin peuvent sembler revivre l'été, lors de l'arrivée des citadins dans leurs résidences secondaires, mais c'est une animation bien artificielle, qui ne profite guère au commerce local.

La création de parcs régionaux ainsi que les tentatives d'organisation d'un «tourisme rural» (aménagement de chambres d'hôtes dans les fermes) peuvent également permettre à certaines régions de tirer des avantages de l'attrait touristique ; mais l'impact sur l'économie des campagnes demeure limité.

Finalement, la carte des espaces ruraux montre qu'il existe plusieurs situations différentes. À proximité des principaux ensembles urbains, on ne peut guère parler d'«espaces ruraux», tant la campagne est un prolongement de la ville ; l'agriculture n'y a qu'une place relativement faible, à moins qu'elle ne soit le fait de grandes exploitations à salariés ; dans un cas comme dans l'autre, il n'y a pas de «société rurale»

au sens où l'on emploie habituellement ce terme, c'est-à-dire de société gravitant autour de l'activité agricole, et relativement égalitaire. Dans la France méridionale, on assiste à un bouleversement complet : l'exode rural et le vieillissement des campagnes, surtout en montagne, vont de pair avec un accroissement considérable du rayonnement urbain. Dans l'est de la France, le sous-peuplement est marqué, et il permet difficilement le maintien d'une vie sociale dans les régions rurales. L'Ouest demeure, au contraire, très peuplé, mais une population trop importante se maintient à la terre : la solution serait dans un renforcement des pôles urbains et industriels. Enfin, la France du Centre cumule les désavantages : trop d'actifs agricoles, et une population clairsemée et vieillie; le sous-peuplement ne peut que s'y accentuer,

Contestations et colères.

Ci-dessus, de gauche à droite :
Ces grandes réalisations agricoles enrichissent la Corse, mais pas nécessairement les Corses, qui les contestent parfois (Linguizzetta).

«Sauvez le Larzac!» : le vieux plateau est devenu le symbole de la protestation paysanne.

Phot. Boursin

et la solution, préconisée par J. Jung, de regrouper la population autour de deux ou trois centres par département serait sans doute préférable, ici, à un éparpillement des crédits d'équipement.

La différenciation des espaces ruraux, qui apparaît en fonction des critères démographiques et de l'impact urbain, introduit des modifications dans l'activité agricole elle-même. Dans certains cas, l'activité agricole paraît d'autant plus intense qu'elle se localise à proximité des pôles industriels et urbains. Certes, ces pôles s'étaient, à l'origine, développés dans des régions agricoles riches, où ils jouaient le rôle de marchés; mais, à notre époque, ils ont pour effet d'opérer, par les salaires plus élevés de l'industrie, une ponction sur la main-d'œuvre agricole. La seule forme d'agriculture capable de retenir la main-d'œuvre est celle qui peut offrir des rémunérations voisines de celles des activités urbaines.

Cependant, ce schéma est loin d'être partout réalisé : il existe, en Bretagne par exemple, des régions d'agriculture dynamique éloignées des grandes villes; à l'inverse, on peut citer des cas de «friches sociales» à proximité des métropoles : terrains non cultivés dans l'attente d'une vente avantageuse à des non-agriculteurs, ou exploitations à temps partiel cultivées extensivement. De plus, à proximité de la ville, et parfois même fort loin, les emprises foncières se multiplient : autoroutes et échangeurs, grandes surfaces de vente, terrains industriels, besoins pour l'habitat et les loisirs. Un strict zonage des sols est de plus en plus urgent à proximité des métropoles, afin d'éviter un grignotage de l'espace au hasard des ventes de terrains et de la spéculation foncière. Il apparaît clairement que la politique à suivre en matière d'aménagement «rural» n'est pas séparable de la manière dont on conçoit l'aménagement «urbain» : c'est un même problème d'organisation de la société. ■

LENDEMAINS DE RÉVOLUTION

Le bouleversement technique de l'activité agricole a été marqué, jusque vers 1950, par un développement de la mécanisation et une utilisation des produits chimiques, qui ont provoqué un fort accroissement des rendements : ce fut la première «révolution agricole». Depuis 1950, on assiste en Europe à une deuxième révolution agricole, marquée par la recherche de la productivité maximale par travailleur; ce résultat ne peut être obtenu que par un accroissement considérable du capital d'exploitation et un élargissement des structures foncières. Les modifications introduites dans les campagnes par cette deuxième révolution technique sont beaucoup plus profondes que celles du début du siècle, car elles entraînent la disparition d'un grand nombre d'exploitations et un dépeuplement plus rapide et généralisé qu'autrefois, puisqu'il n'est plus limité aux seules régions les plus industrialisées.

Si l'on admet qu'en l'an 2000 la population active agricole ne dépassera pas 8 à 9 p. 100 du nombre total de travailleurs, plusieurs possibilités d'évolution de l'exploitation agricole et de la région rurale sont possibles.

L'exploitation agricole peut évoluer vers une organisation de type industriel, et les plus gros agriculteurs se muer en véritables chefs d'entreprises. Mais on peut imaginer aussi que les petites et moyennes exploitations artisanales se groupent davantage en coopératives d'utilisation du matériel.

La région rurale éloignée des grandes métropoles peut se trouver modifiée par un regroupement spatial des exploitations

dans les bourgs et par un abandon des régions marginales. Au contraire, on peut rechercher une réanimation par l'industrie et les services tertiaires de l'ensemble du territoire national.

Entre ces solutions extrêmes, il existe une gamme de politiques possibles. L'action de l'État est ici nécessaire, car, en son absence, la logique de l'évolution naturelle est d'aboutir à ce que les plus riches deviennent chefs d'entreprises, et que les enfants des plus pauvres partent. Et les régions les plus développées poursuivent leur progression, tandis que les autres déclinent.

Des actions sont possibles et sont entreprises avec plus ou moins de succès : sur le plan proprement agricole, on peut, par exemple, grâce à des aides sélectives, permettre le développement des moyennes exploitations d'élevage et favoriser les regroupements coopératifs. Pour l'aménagement rural il est possible, par le choix

Ci-dessus, de gauche à droite :
Le vieux bourg de Saint-Nic (Finistère)
a refait toilette pour accueillir
les nouveaux venus.

La Vanoise et ses moutons :
une heureuse symbiose
de la vie rurale et du tourisme.

Ci-contre, carte :
Les espaces ruraux français.

des localisations industrielles nouvelles, de permettre le développement économique de villes moyennes bien reliées entre elles.

Les résultats ne peuvent, en ces domaines, être très spectaculaires : les actions entreprises n'ont pas pour objectif de renverser une tendance profonde, mais de contrôler simplement l'ajustement progressif de la population agricole aux besoins d'une économie moderne.

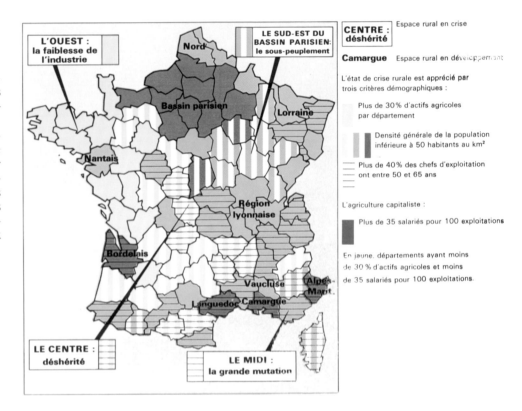

L'AMÉNAGEMENT RURAL POUR LE XXIᵉ SIÈCLE : FACE À FACE

Un point de vue «technocratique» :
« scénario » d'organisation de l'espace rural dans les régions peu peuplées.

(L'auteur pense que, lorsque la densité de population d'une région est inférieure à 20 habitants au kilomètre carré – cas de la Lozère, des Hautes-Alpes et des Alpes-de-Haute-Provence –, il est illusoire de maintenir des centres ruraux éloignés des villes de sous-préfecture.)

« La petite ville de 20 000 habitants est le dernier échelon dynamique de l'armature urbaine. Au-delà d'une ceinture péri-urbaine d'environ 20 km, où sont situés les bourgs, le territoire est partagé entre l'agriculture et la forêt. Pour assurer l'équilibre sylvo-pastoral de 2 000 km², il suffit au total de 1 500 actifs. S'ils habitaient sur place avec leurs familles, cela représenterait au maximum 6 000 personnes, qu'il faudrait maintenir éparpillées dans la centaine de communes actuelles, avec une densité de 3 personnes au kilomètre carré.

« La seule solution consiste à préconiser la dissociation complète de la résidence et du travail. Les agriculteurs installeront leur famille dans les gros bourgs situés à un quart d'heure de voiture de la ville. Ils s'organiseront en agriculture de groupe : au voisinage du lieu de résidence, le groupement exploitera un atelier de production fourragère intensive qui fabriquera la nourriture hivernale du troupeau de bétail. En période estivale, le troupeau parcourra les terroirs les plus éloignés, dont il entretiendra le paysage grâce à la « tonte biologique ».

« Pendant la belle saison, les cultivateurs iront quotidiennement s'occuper du troupeau, avec un roulement entre les membres du groupement, de manière que chacun dispose de loisirs. Les revenus des agriculteurs seront confortables, car assis sur de larges structures agraires et orientés vers la production de viande, la plus déficitaire à l'échelle européenne et même mondiale. La faible densité de population, l'équilibre sylvo-pastoral font que la région redeviendra très giboyeuse et que la location de la chasse procurera des revenus supplémentaires appréciables.

« Les anciennes fermes pourront être conservées comme bâtiments d'exploitation utilisés pendant la belle saison. Nombre de villages ne mourront pas. Leurs maisons seront achetées et entretenues par des citadins ou par des associations touristiques qui les réanimeront périodiquement aux époques de week-end et de vacances. L'équité sera respectée : qui profite doit payer (alimentation en eau individuelle, armoire frigorifique de grand volume, etc.). Faut-il condamner des familles entières à vivre précairement toute l'année dans des villages équipés de manière sommaire, afin que les citadins puissent en jouir cinquante jours par an ? »

Jacques Jung,
l'Aménagement de l'espace rural : une illusion économique
(Paris, Calmann-Lévy, 1971).

Un point de vue «contestataire» :
conserver sur place une population suffisante.

« Contrairement à ce qui se passait au siècle dernier, les richesses du sous-sol et surtout la proximité des sources d'énergie ne sont plus fondamentales pour localiser une industrie.

« Le calcul rationnel devrait conduire à prendre en considération tous les aspects du problème; ainsi, lorsqu'une activité économique quitte une région pour obtenir, ailleurs, un meilleur prix de revient, l'argument de rentabilité est essentiellement capitaliste : il s'agit d'un meilleur profit de l'entreprise qui se déplace et pas nécessairement d'une meilleure satisfaction de l'intérêt collectif. A-t-on calculé en effet le coût du déménagement de cette production ? Terres abandonnées, diminution de la population avec effet cumulatif de régression, équipement collectif sous-utilisé, équipement d'infrastructure abandonné, etc.

« Notre régime capitaliste a-t-il fait apparaître sérieusement une seule fois les coûts d'installation des migrants dans les régions industrialisées et fortement urbanisées ?... La véritable croissance ne consiste-t-elle pas finalement à valoriser au maximum tous les potentiels de production, toutes les ressources de l'espace? On parle du poids des régions attardées, compensé par le développement des régions riches. C'est le contraire qui est vrai : le développement anarchique, c'est-à-dire capitaliste, étouffe les régions dites riches et tue les régions dites pauvres. Les petits et moyens paysans sont les plus durement touchés par la crise de l'emploi et les déplacements de population. Proposer le contrôle collectif des sources d'investissement, c'est entrer directement au cœur du problème : trouver du travail sur place, conserver sur place suffisamment de population pour que la vie collective y reste possible. »

Bernard Lambert,
les Paysans dans la lutte des classes
(Paris, Le Seuil, 1970).

PROGRÈS AGRICOLE...

« *C'est le sens de la vie qui sépare l'herbager d'autrefois du producteur du XXᵉ siècle... Il sait goûter le plaisir de chaque instant, une bonne vente, un verre de calvados, un long regard le soir sur ses herbages quand le soleil se couche derrière les haies. Il connaît l'incertitude du monde, les caprices du temps, la marqueterie trompeuse des sols que cache l'herbe, la conjoncture, les bêtes, les fines discontinuités de la réalité derrière l'apparence... Sa vie s'inscrit dans une durée qui ignore le progrès, capricieuse quotidiennement, mais immuable dans les siècles.* »

A. Frémont,
l'Élevage en Normandie
(Univ. de Caen, 1967).

« *On a changé de métier, mais c'est devenu terrible : on n'a même plus le droit d'être malade... on est toujours obligé de planifier, de prévoir. C'étaient des problèmes auxquels on ne pensait absolument pas dans le temps... On est toujours sur la corde raide...* »

Enquête sociologique en Normandie
(SARES, 1969).

LES INSTRUMENTS DE LA POLITIQUE AGRICOLE

FEOGA (Fonds européen d'orientation et de garantie agricole), caisse européenne alimentée essentiellement par des prélèvements sur les produits importés des « pays tiers » (hors CEE). Elle est destinée à subventionner les ventes des excédents agricoles sur le marché mondial, à intervenir dans certains cas pour assainir les marchés intérieurs (section « garantie »), à apporter des compensations financières aux agriculteurs qui doivent baisser leurs prix pour s'aligner sur les prix communautaires (section « spéciale ») et à financer partiellement certains grands travaux (section « orientation »).

SAFER (Sociétés d'aménagement foncier et d'établissement rural), organismes financés par l'État et dont le rôle est d'acheter des terres pour les revendre, après aménagement éventuel, afin d'agrandir la surface d'exploitations trop petites. Elles disposent d'un droit de préemption sur toutes les transactions. Leur activité ne s'exerce guère que dans le Languedoc, dans le Sud-Ouest et dans l'Ouest.

Crédit agricole : son action sur les structures est due aux prêts à long terme (quinze à trente ans) qui encouragent l'achat des terres par les agriculteurs. Il attribue également des prêts à moyen terme pour l'équipement des exploitations, et à court terme dans le Bassin parisien et le Midi, à titre d'avances sur les récoltes de céréales et sur les vendanges.

Enfin, les prêts aux organismes coopératifs l'amènent à contrôler une partie croissante de l'industrie alimentaire.

IVD (Indemnité viagère de départ), indemnité annuelle qui se cumule avec la retraite. Attribuée aux agriculteurs de plus de soixante-cinq ans qui abandonnent leur exploitation, elle accélère le rajeunissement des chefs d'exploitation et peut permettre une restructuration foncière lorsqu'il n'y a pas de successeur sur l'exploitation.

Sociétés d'aménagement régional, sociétés d'économie mixte responsables de grands aménagements régionaux : Friches de l'Est, Auvergne et Limousin, Landes de Gascogne, Coteaux de Gascogne, Canal de Provence, Bas Rhône, Corse.

LE BESOIN D'ÉVASION

Phot. A. Petit – Atlas Photo

VERTU DU NOMBRE : les statistiques traduisent des migrations touristiques d'une ampleur telle qu'il vaut la peine de les citer en exergue, pour attester le poids qu'elles ont pris dans la vie économique et sociale.

*Sous les buildings de Val-d'Isère parés de bois sombre,
on rêve encore aux folles descentes dans l'air pur.*

Chaque année, environ 25 millions de Français s'éparpillent en vacances; ils sont 20 millions à sillonner les routes à l'intérieur de nos frontières et ils sont rejoints par 13 ou 14 millions d'étrangers en séjour ou en transit vers la façade méditerranéenne de l'Europe; dans le même temps, l'Espagne compte 34 millions de visiteurs. Près de 5 millions de Français vont se fondre dans les flux massifs du tourisme international (environ 180 millions de voyageurs dans le monde entier). Et le bilan enfle d'année en année. Jamais, au cours de l'histoire, des migrations de population n'ont connu une telle intensité, même lors des plus grands cataclysmes; jamais ne s'était manifestée pareille turbulence géographique.

VIVRE
SES RÊVES

Que le phénomène ait atteint cette importance depuis deux décennies, qu'il soit à ce point ancré dans les mœurs qu'on le considère désormais comme naturel et vital, cela ne signifie pas qu'il soit commode de l'enfermer dans des catégories ordinaires d'analyse. Il est frappant de voir combien les sciences humaines sont malhabiles à son égard, tout comme devant l'urbanisation dont il n'est au fond qu'un aspect et un reflet.

Par habitude, les descriptions géographiques traitent du tourisme à la fin de l'inventaire économique, en même temps que le commerce et les communications. Ce parti pris était concevable au temps des voyages d'agrément de quelques privilégiés et de la prédominance de l'accueil hôtelier; la généralisation des vacances et des loisirs déborde de toutes parts cette vision particulière du tourisme. Mais l'on s'épuise, au nom du fonctionnel et du rendement, à cantonner le tourisme dans telle ou telle activité économique; non seulement il en concerne beaucoup à des titres divers, mais encore il est rebelle aux classements simples, qu'il transgresse toujours. Ou plutôt il faut choisir : soit de s'intéresser au comportement des touristes et des « vacanciers » – avec ce que cela implique d'équipements de loisirs –, soit d'étudier le fonctionnement complexe de tout l'appareil d'accueil, ou encore de déceler en quoi la fréquentation touristique est un instrument de développement régional. Le passage d'un point de vue à l'autre est en soi un nœud de questions difficiles.

Au vrai, l'étude du tourisme se situe à une articulation délicate entre les sciences humaines, attachées à saisir les aspects de notre civilisation contemporaine (le travail, l'habitat, la famille, le style de vie, le niveau culturel, etc.), et l'analyse économique. Il ne faut pas que l'objectivité voulue de la seconde masque le fourmillement de la vie quotidienne, des mœurs, des aspirations parfois contradictoires et de la part de rêve qui colore toujours fortement le tourisme.

L'on voudrait bien fonder l'analyse du tourisme sur des faits et des concepts éprouvés, mais la fiction le dispute sans cesse au réel; mieux, n'y a-t-il pas dans le tourisme comme une matérialisation de l'imaginaire? Épinglées sur quelques mots aux résonances magiques – les vacances, les voyages, le soleil, la mer, la neige, la nature, la liberté –, sont sécrétées des *images de rêve,* des mythes, des désirs. Ces images sont prégnantes et tenaces, elles engagent l'action d'équipement de l'espace touristique. C'est bien ce qu'ont compris les agences de voyages, les clubs de vacances, les promoteurs immobiliers; c'est ce qu'exploite la publicité en promettant la réalisation de l'utopie.

Il suffit de feuilleter cet ouvrage dans l'état d'esprit d'un touriste, de se laisser pénétrer par la puissance évocatrice des illustrations que l'édition moderne est capable de produire, pour anticiper les vacances, pour rêver d'un ailleurs, d'autres temps, d'une autre vie (la vraie vie?) et, pourquoi pas, d'un soi-même renouvelé. Notre fonds culturel, dans le domaine du tourisme, repose ainsi sur une série de clichés. La plage au sable de lumière, alliance du soleil et de l'eau dans un écrin de rochers ou à l'orée de la pinède. La mer, gage de liberté avec son horizon fuyant, effleurée de l'aile par les voiles des dériveurs. Les aiguilles de roc dardées vers le ciel, invite permanente pour les grimpeurs « à la conquête de l'inutile », mais où l'on peut gagner l'essentiel en se dépassant soi-même. L'insolite du glacier et du névé scintillant sous le ciel d'été. L'ivresse en neige vierge où les skis impriment les traces du passage de l'homme, où des arabesques traduisent la joie de la descente; la kermesse des pistes et des remontées mécaniques dont le cliquetis évoque les manèges de foire. Le bucolique des campagnes où les villages sont nichés au sein des frondaisons et dans le parterre damassé des champs et des prés. La sérénité des eaux calmes de rivières où il fait bon pêcher. La jouvence des torrents bondissants. Des lacs qu'on contemple, reflets du ciel changeant, miroirs du paysage... quand ce ne sont pas des échos des joies du nautisme. Les multiples voies du dépaysement marié aux loisirs culturels et artistiques par les monuments historiques, les souvenirs littéraires,

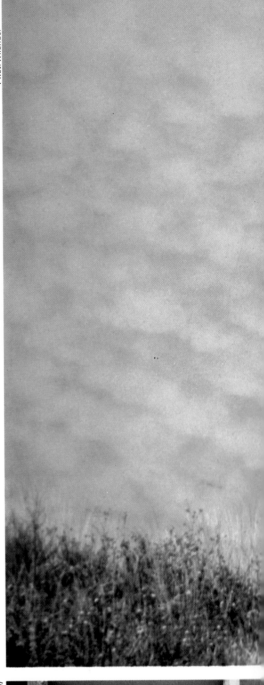

Phot. Wilander

Phot. Berne – Fotogram

le folklore... Le plaisir de se retrouver dans des stations confirmées, d'y goûter de toutes les distractions offertes, de s'y fondre dans la foule, de se laisser griser par l'atmosphère de fête. Ou bien, à l'inverse, se retirer dans un ermitage, au calme, pour se retrouver soi-même.

C'est à dessein que nous faisons miroiter toutes ces images, et pas seulement pour redire après bien d'autres que la France, dans son infinie variété, peut dispenser toutes ces tentations. Nous posons ici un premier jalon pour la définition des sites touristiques et des lieux de vacances: celle-ci repose largement sur de telles représentations et diffère ainsi des analyses ordinaires de sites agricoles, industriels ou résidentiels.

Un paysage distingué pour le loisir vaut par la perception qu'en a le voyageur en fonction de son héritage culturel, de son appartenance sociale, de son style de vie, et il devient le lieu de multiples transpositions; aux éléments géographiques et

« Tourisme culturel » :
les visites de monuments.

Ci-dessus :
Sommet de l'art gothique,
la grandiose cathédrale de Chartres,
chère au cœur de Charles Péguy.

À gauche:
Ils ont tous les âges, viennent de tous les pays,
les 1 200 000 passionnés d'art qui,
chaque année, comme ces écoliers anglais,
viennent admirer le musée du Louvre.

objectifs qui le composent, viennent s'adjoindre les qualificatifs et la poursuite (souvent tiraillée de contradictions) de ces rêves que nous évoquions à l'instant. Qualifiée, dans ces conditions, de « touristique », une portion de territoire est donc transfigurée sous le regard de ceux qui veulent en jouir; puis vient une seconde transformation qui, prenant appui sur tous ces éléments qualitatifs, en fait un lieu d'exploitation économique par l'installation d'équipements de tous ordres... et revient ainsi dans le domaine de l'objectif et du quantifiable. On comprend alors combien une analyse purement technique et fonctionnelle peut être mutilante si elle élude cette double transposition, et si n'interviennent pas les expressions du poète, du peintre, du romancier. On conçoit également comment se recoupent les axes politiques de l'aménagement touristique, des vacances pour tous et de la promotion d'un environnement de qualité. ∎

DE L'« ÉLITE »
À LA « MASSE »

Ce que nous rangeons sous le terme générique de *tourisme* s'est peu à peu constitué au cours d'une évolution composite vieille aujourd'hui de deux siècles. À la variété de ses sites naturels, à la riche palette de ses particularités provinciales, la France ajoute le fait d'avoir connu sur son sol toutes les phases de ce développement, d'en avoir additionné et juxtaposé les effets. Ce pays est de ceux, assez rares, qui se distinguent autant par le nombre de ses habitants qui partent en vacances, que par la foule des touristes qui le visitent.

L'histoire permet donc de classer les idées essentielles.

Le tourisme est né avec la révolution industrielle et urbaine du XVIIIᵉ siècle, dont il est un reflet : les Anglais font connaître l'agrément du « tour » en France, en Suisse, en Italie, et détectent les premiers sites. Ils sont imités par de rares privilégiés en France. Le tourisme – le mot est forgé en 1838 par Stendhal – renouvelle la signification séculaire du voyage en lui imprimant des caractères originaux : « gratuit », il n'a d'autre but que l'agrément; il est aiguisé par la curiosité insatiable du monde qui anime la société d'Europe occidentale et par la révolution intellectuelle qui la transforme à l'aube des temps contemporains; il est inséparable d'une société urbaine cultivée, à haut niveau de vie. L'organisation

des déplacements et de l'accueil suscite un nouveau dispositif commercial; son développement va de pair avec la construction d'un réseau de relations commodes et rapides, par la route avant la révolution ferroviaire.

Quelques prémices remontent aux années 1730-1750, d'abord sur le mode de l'exploration, avant de se convertir en voyages codifiés. Le système touristique trouve une première expression achevée sous le second Empire, en reposant sur la trilogie du chemin de fer, de l'hôtellerie spécialisée et des agences de voyages. Un type bien défini de stations se constitue, véritables salons mondains où se retrouve l'aristocratie européenne : le grand hôtel, la promenade ombragée, le concert, le casino en sont les attributs. Ainsi, la

France de 1865 est piquetée d'un réseau très urbanisé de lieux de tourisme : villes thermales (Aix-les-Bains, Vichy, Cauterets, Luchon, Vittel), résidences balnéaires (Côte d'Azur, Biarritz, Deauville, La Baule...), de rares buts d'excursions exceptionnelles (Chamonix).

Ce dispositif très aristocratique est repris et en même temps débordé par *la villégiature bourgeoise* de 1850 à 1940. Par contagion d'un groupe social à l'autre, l'habitude se prend des vacances en famille, encore que ce comportement reste cantonné aux classes moyennes (fonctionnaires, cadres, commerçants). Plus que la multiplication des voyages (4 ou 5 millions en 1938), c'est la diversification qui attire l'attention : la gamme des hôtels s'ouvre du palace à la modeste pension; les villas

Phot. Pélissier

entourent en nébuleuses les stations confirmées, et elles s'éparpillent aussi en larges auréoles autour des grandes villes; les loisirs de plein air font éclater le choix des distractions et renouvellent la gamme des sites, surtout après 1900 : la baignade, le cyclisme, les sports, avec notamment la vulgarisation de l'alpinisme et la découverte du ski... On assiste ainsi à la diffusion des loisirs dans un vaste environnement rural, à une familiarisation croissante avec la campagne, alors que le tourisme classique restait d'essence urbaine, et ce sont des tendances qui portent en germe l'ubiquité des phénomènes de ce genre dans la seconde moitié du XXᵉ siècle.

Le courant de la villégiature estivale croît sensiblement après 1900, et plus encore au lendemain de la Première Guerre

mondiale. Des caractéristiques nouvelles le marquent, qui s'accuseront à l'âge des vacances massives, après 1950. La composition sociale des partants est de plus en plus contrastée, ce qui accentue la différenciation des lieux de séjour selon qu'ils sont mondains ou populaires. La mobilité que permet l'usage de l'automobile assure la diffusion des voyageurs très au-delà de ce qu'on pouvait faire avec le train. Et puis on affronte allègrement des nouveautés inconcevables auparavant et qui deviendront modèles, voire normes : dormir sous la tente, fréquenter la Côte d'Azur en été et y ériger en mythes la mer et le soleil, prendre des vacances d'hiver à la neige dans les premières vraies stations de ski – et enlever ainsi à la côte niçoise l'exclusivité des séjours d'hiver.

Dans la lignée du tourisme d'autrefois.

Ci-dessus, de gauche à droite :
*Il y a des siècles
que les hommes ont appris à se soigner,
à se détendre et aussi à se divertir
grâce à un séjour dans une ville d'eaux :
Royat, la source Eugénie.*

*Les romantiques aimaient
la mer et les orages,
et les « affreux abymes »
des falaises d'Étretat.*

Ci-contre :
*La montagne,
une des premières passions des touristes :
au-dessus de Montrond,
les aiguilles d'Arves
brillent au soleil d'hiver.*

Les vacances populaires s'insinuent peu à peu, avec le XXᵉ siècle, dans le système apparemment bien établi de forts points d'attraction touristique qu'étoffe un large accompagnement de villégiature bourgeoise. Il ne s'agit au début que d'une mince frange d'un phénomène qui s'était bien enraciné dans les classes moyennes et supérieures. Elles sont très colorées d'objectifs sociaux ; les premières colonies de vacances datent de 1880 ; les séjours à la campagne chez des parents apparaissent, mais le «droit aux vacances» ne concerne encore que 50000 familles ouvrières en 1929. En fait, l'essentiel tient alors aux trains de plaisir du dimanche et aux loisirs de banlieue. Dans cette lente émergence, l'instauration des congés payés en 1936 est moins le lancement des vacances populaires qu'un symbole riche d'avenir : le mouvement reste, avant 1939, discret, de faible ampleur, de rayon limité.

Le vrai tournant se situe autour de 1950. La progression des départs en vacances est impressionnante : le chiffre de 4 à 5 millions, déjà atteint en 1938, est retrouvé dès 1950 ; on saute à 10 millions en 1960 et le cap des 20 millions est passé en 1967. Cette « massification » du mouvement s'accompagne d'une grande diversification, liée à la permanence des contrastes sociaux. Les formes anciennes du tourisme (au sens large) subsistent, mais elles sont submergées par des pratiques nouvelles dont le poids fait basculer tout le système, ce qui compose le tableau très varié dont nous sommes partis. Les voyages les plus lointains se vulgarisent en même temps que s'établissent comme un rite les vacances familiales à distance courte ou moyenne. La villégiature cossue dans des stations de renom subsiste, mais un tourisme rural se faufile partout et le camping représente une capacité double de celle de l'hôtellerie classique. La pratique des sports de plein air constitue un nouveau style de vacances d'hiver avec le ski, tandis que les progrès de la navigation de plaisance relancent les vacances à la mer. Toutes les formes d'hébergement coexistent, mais naissent aussi des thèmes nouveaux : séjours en collectivité, clubs de vacances, semaines culturelles, découverte de la nature... La grande mobilité que donne l'automobile (utilisée par 70 p. 100 des vacanciers) fait que se superposent les aires de loisirs parcourues lors des week-ends, des petits congés ou des grandes vacances. On n'en finirait pas de recenser tous ces aspects multiples où s'entrecroisent tourisme, voyages, vacances et loisirs. Notons aussi que tout cela, foule des usagers et formes multiples des loisirs, est incorporé dans une consommation de masse ; certes, chacun essaie de choisir selon ses moyens et ses goûts, mais, par le biais des équipements d'accueil et de distraction, de nombreuses branches d'activité économique s'ingénient à créer des besoins nouveaux autant qu'à y répondre. ∎

UN PRODUIT DE LA VILLE

Cette gamme si ouverte des comportements de vacances rend évident l'essentiel, c'est-à-dire une profonde transformation des structures. Le taux des départs en vacances des Français n'atteint pas encore 50 p. 100 de la population ; mais c'est comme si toute la société était concernée au-delà de ses clivages internes, classes sociales, structure par âges et même styles de vie. Chaque groupe vit à sa manière ses vacances, mais de toute façon celles-ci prennent place dans l'horizon de sa vie quotidienne.

C'était en germe au tout début du phénomène, il y a deux siècles ; les choses sont maintenant très explicites. Le tourisme, ses dérivés et ses compléments restent en étroite corrélation avec le développement des villes. Ils sont enracinés dans le comportement normal d'une société urbaine – marquée dans sa culture par son type d'habitat –, d'une société industrialisée – au rythme de travail intensif et rigoureusement cadencé –, d'une société de consommation – dont l'aptitude croissante à dépenser est canalisée par un appareil commercial omniprésent. On comprend ainsi pourquoi les concepts sont insuffisants pour embrasser une telle efflorescence. Au fond, deux trames se recoupent. D'un côté, le tourisme proprement dit se caractérise par une clientèle aux ressources appréciables ; il repose sur le voyage agrémenté de distractions et sur le fait d'utiliser un appareil d'accueil spécifique ; il déborde ensuite sur la villégiature. De l'autre côté, le mode de vie urbain scande des temps de repos et de loisir sur un rythme hebdomadaire ou saisonnier, qui peuvent être utilisés pour la distraction et le sport, la villégiature et le voyage. Dans l'espace, ces deux trames distinctes se recoupent sur des éléments bivalents : résidences secondaires, moyens de transport, équipements collectifs, qui appartiennent autant au tourisme qu'au genre de vie des citadins.

En remontant aux valeurs sur lesquelles repose notre société industrielle, il reste à expliciter une ambiguïté fondamentale que le tourisme et les vacances traduisent en contradictions mal surmontées.

D'une part, les activités de production tendent à investir la plus grande partie du temps vécu par la société industrielle. La revendication sociale a ouvert des créneaux bien délimités de non-travail (dimanche, congé annuel, week-end) et les élargit (de deux à quatre semaines de vacances légales et plus). Mais le temps de loisir ainsi défini reste une invention de la société industrielle : il conserve le caractère d'un temps de travail différé pour la reconstitution de la force productive, et demeure donc en relation étroite avec le temps de travail, un peu comme l'autre face d'une même réalité sociale. Tout le problème de la fixation des dates de vacances et de l'étalement des départs est là.

D'autre part, le temps des loisirs peut être l'occasion pour l'homme de la reconquête de sa vie (d'aucuns disent de « sa vraie vie »), en réaction contre les contraintes mal supportées de la vie urbaine et industrielle. Il apparaît comme un temps de fêtes et de jeux ; or ces activités sont mal reconnues ou éludées par la société contemporaine : la fête est subversive et on la retrouve bien ainsi dans les comportements de vacances, transgressant les actes économiques qui les encombrent (prix des locations, achat d'une villa, forfaits de remontées mécaniques, «faux frais»...). Elle est la subversion du temps lui-même, quand on rêve qu'il s'arrête ou recommence pour pouvoir jouir du bonheur (la photographie « fixe » ce moment). Elle est la subversion des rôles, peut-être retour à la vieille tradition du Carnaval, telle que le « P.-D.G. » et l'« O.S. » se confondent sur la plage dans la même tenue de bain. Elle est la fête des corps qu'on revivifie par le sport, qu'on exhibe et qu'on libère de la contrainte du vêtement. Elle est la transgression des tabous sociaux, alimentaires, sexuels... Ainsi s'évade-t-on du simple temps du non-travail pour l'investir de multiples aspirations existentielles.

La tension entre ces deux dimensions est constante, ne serait-ce que parce que la société industrielle meuble ce temps d'actes de consommation où elle se transpose tout entière, et qu'à chaque image de libération correspond une récupération : ces vacances de rêve, elles se vendent !

L'évolution en cours se lit dans les termes d'une option qu'énonce bien Roger Godino, entre deux types de société. Ou bien l'antinomie travail-loisirs s'estompe par l'introduction de la dimension culturelle et distractive dans l'acte de production : en ce cas le tourisme perd de l'importance, la durée du travail comme des vacances est réduite et les loisirs sont réintégrés dans la vie quotidienne, les zones de résidence aménagées en conséquence. Ou bien la société accentue la séparation entre le temps (et l'espace) réservé au travail ou au loisir : les vacances sont allongées, mais la spécialisation croît entre les zones de

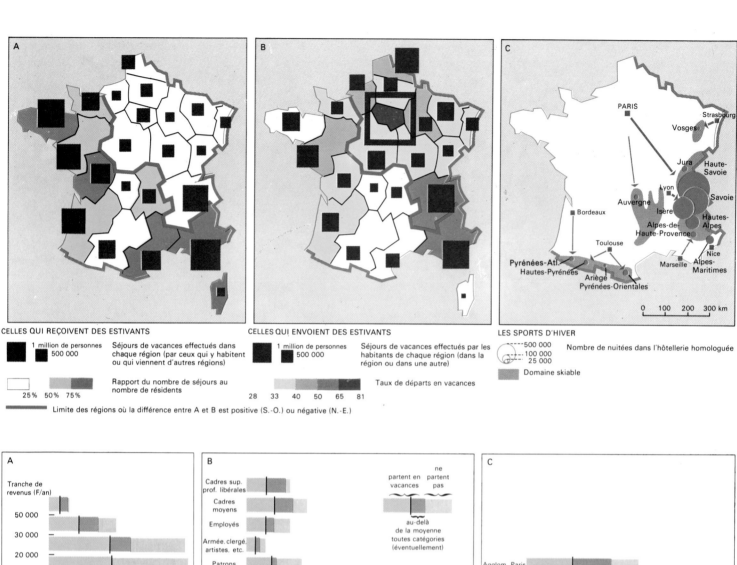

A — CELLES QUI REÇOIVENT DES ESTIVANTS

- 1 million de personnes / 500 000 — Séjours de vacances effectués dans chaque région (par ceux qui y habitent ou qui viennent d'autres régions)
- 25% 50% 75% — Rapport du nombre de séjours au nombre de résidents
- Limite des régions où la différence entre A et B est positive (S.-O.) ou négative (N.-E.)

B — CELLES QUI ENVOIENT DES ESTIVANTS

- 1 million de personnes / 500 000 — Séjours de vacances effectués par les habitants de chaque région (dans la région ou dans une autre)
- 28 33 40 50 65 81 — Taux de départs en vacances

C — LES SPORTS D'HIVER

PARIS, Strasbourg, Vosges, Jura, Haute-Savoie, Lyon, Isère, Savoie, Auvergne, Bordeaux, Alpes-de-Haute-Provence, Hautes-Alpes, Toulouse, Nice, Marseille, Alpes-Maritimes, Pyrénées-Atl., Hautes-Pyrénées, Ariège, Pyrénées-Orientales

- 500 000 / 100 000 / 25 000 — Nombre de nuitées dans l'hôtellerie homologuée
- Domaine skiable

0 100 200 300 km

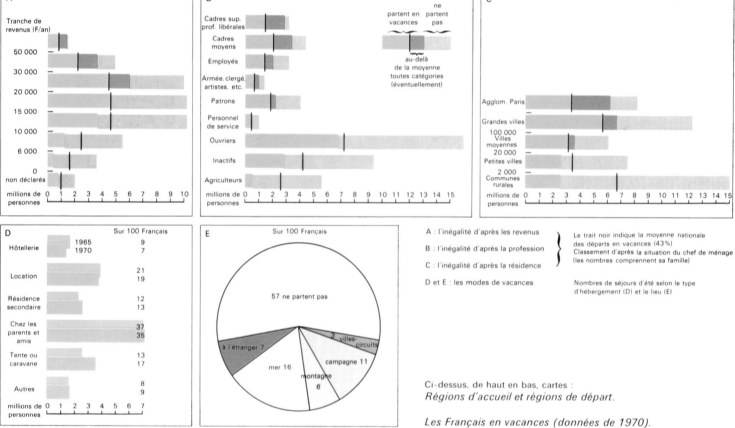

A — Tranche de revenus (F/an) : 50 000, 30 000, 20 000, 15 000, 10 000, 6 000, 0, non déclarés — millions de personnes 0 1 2 3 4 5 6 7 8 9 10

B — Cadres sup. prof. libérales, Cadres moyens, Employés, Armée, clergé, artistes, etc., Patrons, Personnel de service, Ouvriers, Inactifs, Agriculteurs — partent en vacances / ne partent pas — au-delà de la moyenne toutes catégories (éventuellement) — millions de personnes 0 1 2 3 4 5 6 7 8 9 10 11 12 13 14 15

C — Agglom. Paris, Grandes villes, 100 000 Villes moyennes 20 000, Petites villes, 2 000 Communes rurales — millions de personnes 0 1 2 3 4 5 6 7 8 9 10 11 12 13 14 15

D — Sur 100 Français

	1965	1970
Hôtellerie	9	7
Location	21	19
Résidence secondaire	12	13
Chez les parents et amis	37	35
Tente ou caravane	13	17
Autres	8	9

millions de personnes 0 1 2 3 4 5 6 7

E — Sur 100 Français

57 ne partent pas — à l'étranger 7 — mer 16 — montagne 6 — campagne 11 — 3 villes-circuits

A : l'inégalité d'après les revenus
B : l'inégalité d'après la profession
C : l'inégalité d'après la résidence
D et E : les modes de vacances

Le trait noir indique la moyenne nationale des départs en vacances (43%)
Classement d'après la situation du chef de ménage (les nombres comprennent sa famille)

Nombres de séjours d'été selon le type d'hébergement (D) et le lieu (E)

Ci-dessus, de haut en bas, cartes :
Régions d'accueil et régions de départ.

Les Français en vacances (données de 1970).

---

tourisme et les zones d'habitat-travail, le tourisme au sens strict est renforcé. Le rôle toujours croissant de la retraite rend perceptibles d'autres recoupements avec les questions du loisir et du tourisme.

On ne saurait mieux dire à quel point l'étude du « tourisme », avec tous ses dérivés et ses compléments, ne ressortit pas à l'examen d'un secteur complexe d'activités économiques, mais bien plutôt à l'analyse de toute la société contemporaine, dont il est un reflet plus ou moins déformé. ■

Phot. Guilard – Top

Phot. Studio des Grands-Augustins

Phot. Launois – Rapho

La mer, image idéale des vacances.

Ci-dessus, de gauche à droite :
*Leurs ailes aux couleurs vives
gonflées par le vent,
les fins voiliers des régates de La Rochelle.*

*La « Côte de Beauté » :
à la plage des Vergnes, près de Royan,
la foule dense des « vacanciers »,
tassée devant les alignements
des cabines de bains.*

À gauche :
*La croisière et ses agapes :
une façon – coûteuse... – de goûter la mer.*

À droite :
*Ils sont, chaque année,
des milliers d'estivants qui,
libres et joyeux,
se donnent « rendez-vous au Lavandou ».*

Phot. Pougnet – Rapho

Phot. Boursin

Sites à visiter, coutumes à connaître.

Pages précédentes :
*Construit pour les grands de ce monde,
le majestueux palais de Versailles
est devenu un pèlerinage obligatoire
du tourisme. Dans le parc,
l'harmonieux bassin de Latone.*
Phot. Wilander

En haut, de gauche à droite :
*Sainte-Anne-la-Palud : le pardon.
Si elles demeurent, comme jadis,
un témoignage de la ferveur populaire,
les processions sont également devenues
des attractions touristiques.*

*Un bon moyen pour retrouver l'air pur
et se plonger dans la verdure,
la randonnée pédestre :
près du lac Noir, dans la forêt vosgienne.*

Ci-dessous :
*Pour les amateurs de solitude
et de nature,
une aimable rivière et un petit canot :
le Marais poitevin, près de Niort.*

Ci-contre :
*Forme subtile de tourisme,
le retour au passé :
à Turckheim, la rue du Consul
et l'hôtel des Deux-Clefs.*

Phot. Perrin – Atlas Photo

LES FRANÇAIS VONT EN FRANCE

CETTE TOILE DE FOND du phénomène touristique fait saisir pourquoi la statistique est si malhabile à réunir des données pertinentes : à quoi référer les catégories de l'analyse?

On recense déjà mal le touriste qui descend à l'hôtel : toutes les fiches ne sont pas remplies, et on ne peut discerner parmi la clientèle ceux qui se déplacent pour leur agrément de ceux qui voyagent pour affaires. Cette confusion inévitable fait que Paris apparaît comme la première concentration « touristique » de France, avec une capacité d'accueil dans l'hôtellerie homologuée qui représente 15 p. 100 de la France entière, c'est-à-dire plus que la Côte d'Azur tout entière!

Mais comment dénombrer des « vacanciers » que leur mobilité rend insaisissables? Comment reconnaître le skieur citadin en vacances d'hiver de celui dont la pratique se limite au week-end? La statistique ordinaire dans les lieux de séjour fut submergée après 1930; elle fut relayée en 1960 par la technique des sondages.

L'INSEE a produit une série d'enquêtes sur les vacances des Français depuis 1964. Les extrapolations numériques permettent de mesurer convenablement les flux d'ensemble et les résultats sont encore plus précieux pour saisir les structures du phénomène. Par contre, on ne peut que difficilement raccorder ces données avec des renseignements antérieurs obtenus sur d'autres bases.

LES GRANDS EXODES DE L'ÉTÉ

Le nombre des *départs en vacances d'été* est passé de 18,7 millions en 1965 à 21,6 en 1970 : la progression moyenne était de 600000 par an, alors que la population croissait de 500000. L'évolution des taux de départs est notable mais lente : 31 p. 100 des citadins adultes en 1958, 44,6 p. 100 de tous les Français en 1970. Cette croissance est due surtout à l'augmentation du nombre des citadins et de leur niveau de vie, car le phénomène ne se diffuse que lentement dans les catégories traditionnellement peu touchées par les départs en vacances. Un vrai dégel semble se manifester depuis 1972 – 24,6 millions de départs, un taux de 47,5 p. 100 – et se confirmer en 1973. Les optimistes notent ces progrès, les pessimistes rappellent l'existence de ceux qui ne partent pas et qui sont encore 27 millions : plus de la moitié des Français.

La composition sociale de la population en vacances est un bon indicateur de la façon dont les Français intègrent leurs loisirs dans leur existence quotidienne et dans leurs normes. Il est frappant de voir qu'il n'y a pas de distorsions selon les tranches d'âges, sauf une décroissance bien naturelle des taux de départs au-delà de 60 ans. Il est significatif que les enfants partent à peine plus que les adultes : la moitié seulement, soit, en 1970, 6 millions de jeunes de moins de 14 ans sur 12 millions.

Trois variables jouent un rôle majeur.

La plus importante est la taille de la commune d'origine des vacanciers. À eux seuls, les Parisiens forment *le tiers* des partants et ils s'évadent à raison de 75 p. 100; les deux tiers des Français en vacances viennent de villes de plus de 100000 habitants; les ruraux n'ont qu'un taux de départs de 17 p. 100. Cette situation est très stable dans le temps et souligne le caractère urbain qu'a toujours eu le tourisme.

Les catégories socioprofessionnelles conservent des comportements contrastés. Les cadres supérieurs, les professions libérales, les cadres moyens et les employés partent volontiers (entre 59 et 86 p. 100) : ils forment plus du tiers des vacanciers alors qu'ils ne représentent que 22 p. 100 de la population. Les agriculteurs sont presque absents (10 p. 100 de départs). Numériquement, les marchés à prospecter pour le tourisme de demain se trouvent parmi la population ouvrière et parmi les paysans, classes sociales encore mal ou peu entraînées dans le grand flux touristique pour d'évidentes raisons, les unes financières, les autres tenant aux modes de vie.

Enfin et bien sûr, la corrélation est étroite entre les départs en vacances et les tranches de revenus. En 1970, le niveau de 15000 F de revenu annuel pour un ménage apparaît comme une véritable barre : au-dessus, le taux des départs dépasse la moyenne jusqu'à une saturation de l'ordre de 85 p. 100 pour les hauts revenus; au-dessous, les taux s'effondrent et l'on ne compte que 25 p. 100 de l'ensemble des départs en vacances dans des groupes sociaux qui représentent 40 p. 100 de la population.

Les vacances d'hiver sont une innovation récente, mais les progrès de la pratique du

EN CARTON : La surface des cercles est proportionnelle aux séjours (étrangers dans l'hôtellerie, nuitées de camping, nuitées d'enfants en colonies). Les couleurs représentent la part de chaque région dans le total national

ski ne doivent pas fausser leur importance réelle. Un siècle durant, jusque vers 1930, elles furent l'occasion d'un tourisme de luxe, apanage de l'aristocratie. Leur symbole était la douceur hivernale de la Méditerranée en même temps qu'un rêve inaccessible au plus grand nombre : le soleil en hiver, la mer bleue... Ce courant subsiste, mais métamorphosé en croisières lointaines, en safaris africains ; il s'est aussi démocratisé un peu avec le considérable abaissement du prix des voyages.

Le relais a été pris par les sports d'hiver, curiosité vers 1900, mode nouvelle après 1920, symbole très répandu des loisirs après 1950, au point de se superposer à l'image classique de la montagne. Statistiquement, les vacances d'hiver sont très différentes de celles de l'été, ou plutôt elles accentuent lourdement les caractéristiques que nous venons de faire ressortir. Il n'y a encore en 1971-72 que 1 965 000 « séjournants » dans des stations de ski, mais il n'y en avait que 950 000 dix ans plus tôt ; la progression peut atteindre 10 p. 100 par an, mais on ne peut encore parler de « ruée vers la neige ».

Les structures sociales des loisirs d'hiver éclairent bien les conditions sociologiques de cette forme d'évasion. Le taux des départs est encore faible (4 p. 100), mais deux concepts se superposent : celui des séjours de vacances des citadins des grandes villes ; celui de la pratique du ski – sans doute 1 600 000 adeptes –, pour laquelle viennent s'ajouter les habitants de la France du Sud-Est, chaque week-end, en proportion notable. La clientèle des hivernants offre trois traits indissociables : la moitié en est constituée par des cadres, qui ne font que 10 p. 100 de la population totale ; Paris fournit 40 p. 100 des départs ; la moitié des séjours sont effectués par le dixième de la population, celui qui dispose des revenus les plus élevés (la « barre » du revenu moyen par ménage est à 30 000 F par an).

Il faut ajouter à ces chiffres un nombre assez faible d'hivernants en quête de soleil, parmi lesquels une part grandissante de retraités qui se fixent dans les régions touristiques : mais il y a peu de monde en hiver sur la côte méditerranéenne comparé à la foule de l'été. Et cependant, au moins 10 millions de Français prennent leur congé entre octobre et mai, très discrètement, chez eux ou en famille. ∎

Page de gauche, carte :
Le tourisme en France.

En haut, à droite :
Lieux de loisir par excellence,
les terrasses de café :
celles de Saint-Jean-de-Luz permettent
de passer de bien agréables soirées.

Phot. Fronval

LE TOURISME, UNE GROSSE AFFAIRE

Globalement, une telle masse de départs détermine un impressionnant potentiel de consommation, dont l'importance pulvérise toutes les estimations antérieurement faites sur le tourisme classique. Ainsi, pendant l'été 1972, les Français ont vécu hors de leur domicile 648 millions de journées de vacances, dont 110 hors des frontières – cette « évasion » étant compensée par environ 80 millions de nuitées au compte de visiteurs étrangers.

Il n'est pas commode d'établir un bilan financier, en raison de la complexité des circuits économiques utilisés.

En effet, une faible part du mouvement des affaires utilise un appareil commercial spécifique : 7 p. 100 seulement des vacances d'été se passent à l'hôtel, 17,5 p. 100 dans des locations. À peine le quart des dépenses des ménages est ainsi repérable, surtout si l'on observe que *plus du tiers* des séjours se font chez les parents ou amis : c'est du moins ce que disent les sondages, et l'on imagine que la connaissance de ces déplacements est bien peu précise.

Contrairement à l'impression que peuvent donner certaines images de la circu-lation routière ou des grandes plages, le camping et le caravaning ne représentent guère que $1/7$ à $1/8$ de l'ensemble.

En fait, le tourisme met en jeu un *ensemble de services* très diversifié. Si des biens naturels (l'eau, le soleil...) sont exploités, ils ne sont pas « reproduits » – contrairement au cas de l'agriculture –, et l'on serait bien en peine de chiffrer l'inestimable, la qualité de la vie ; la politique de l'environnement le montre bien. Ce n'est pas non plus une industrie, en ce sens qu'il n'y a pas transformation de produits destinés à une consommation lointaine. Enfin, le nombre d'emplois créé par le tourisme au sens strict demeure faible, constatation régulièrement décevante que l'on fait dans toutes les régions où l'on espérait qu'il serait la panacée du développement ; cependant, il fortifie les rouages de l'économie.

La comptabilité ne peut être conduite qu'en chapitres distincts dont la mise en corrélation n'est pas une mince affaire. Il est assez facile de dresser le bilan du tourisme international en termes de balance des comptes et grâce au contrôle de l'Office des changes. La France fut bénéficiaire jusqu'en 1960 (plus de 200 millions de dollars par an). Puis le solde se dégrada avec les progrès rapides des voyages des Français à l'étranger et il devint négatif de 1965 à 1970. La balance s'est, depuis, rétablie à l'avantage de la France. À cela s'ajoutent les bénéfices d'exportations sous-tendues par le tourisme, dont les ventes de matériels de sports d'hiver sont un bon exemple.

Les chiffres d'affaires des entreprises spécifiques de l'accueil et de la distraction peuvent être isolés, mais ils ne représentent

Phot. Stock – Magnum

qu'une faible part du mouvement global du tourisme et, en revanche, sont alimentés pour partie par d'autres activités que le tourisme : bien des hôtels voient fort peu de vrais touristes... Par ailleurs, le tourisme entraîne la consommation d'un certain nombre de biens courants ou durables; quelques-uns relèvent entièrement des loisirs (bateaux de plaisance, équipements de ski, matériel de camping ou de plage); mais toutes les consommations de spectacle, de disques, de radio, etc., ne leur sont pas imputables; et la situation se complique à l'infini avec les achats d'automobiles, de vêtements, d'équipements domestiques, sans parler de l'énorme marché immobilier des résidences secondaires.

On dispose pourtant d'évaluations. En termes de consommation des ménages, les dépenses relevant des loisirs et du tourisme étaient de 76 milliards de francs en 1970, soit 16 p. 100 de l'ensemble de la consommation des ménages; elles étaient de 42 milliards de francs courants en 1966. En termes de valeur ajoutée, y compris la formation de capital fixe, le tourisme se range parmi les branches d'activités importantes, avec 54 milliards de francs en 1970, après les services, les industries mécaniques et électriques, le commerce, le bâtiment, mais tout en étant présent et actif en leur sein.

Enfin, les migrations de vacances déplacent la consommation ordinaire hors du lieu de l'habitat habituel : en août, 15 millions de Français nomadisent en compagnie de 2 millions d'étrangers, sans compter le transit vers l'Espagne et l'Italie ! Le problème n'est plus au niveau de la comptabilité nationale, mais à celui de la capacité des régions touristiques à répondre à ces brutaux à-coups saisonniers en fonction de la valeur de leur secteur tertiaire : fortes, elles assimilent l'effet multiplicateur du tourisme qui les irrigue; faibles, elles subissent la colonisation des régions métropoles.

L'inventaire des emplois créés par tous ces mouvements est tout aussi inextricable. Nous repérons bien quelque 500 000 emplois dans l'hôtellerie, la restauration et les débits de boissons, les agences et associations de tourisme, les thermes, etc.; mais la plupart participent au mouvement permanent des affaires plus qu'au tourisme teinté par les loisirs. Et qui fera jamais le décompte des employés saisonniers et temporaires, des activités mixtes, des emplois

induits dans les transports, des industries spécialisées ou tout simplement du commerce? On peut à la rigueur – mais c'est déjà un colossal travail d'interprétation – déterminer la part des activités touristiques dans l'économie d'une région où elles pèsent lourd ; mais la tâche semble illusoire au niveau national, tant il faudrait affiner les catégories pour repérer comment le tourisme s'y insinue.

On conçoit, devant toutes ces imbrications, que le tourisme engage des objectifs nombreux et variés. Il n'y a pas qu'une politique du tourisme mais plusieurs, selon qu'on donne la priorité au commerce extérieur, à la formation du capital fixe par des investissements publics ou privés, au soutien de telle branche d'activité, ou à l'accession de tous aux vacances. ■

LA FRANCE DES LOISIRS

En décelant les intentions de départs des Français, les sondages de l'INSEE esquissent la géographie des vacances d'été. Ces choix sont assez stables dans le temps et, malgré la grande imprécision des termes choisis (mer, montagne, campagne), ils révèlent des orientations essentielles.

En France même, la «mer» est toujours aussi attirante et capte 38 p. 100 des Français en vacances ; elle symbolise les princi-paux thèmes contemporains de l'évasion, le soleil, le farniente, la liberté, le bronzage assuré..., sans oublier qu'elle est hospitalière aux petits budgets et que c'est par elle que débute l'accession à l'univers des vacances.

La «campagne» est plus ambiguë, et sa part a régressé, puisqu'elle n'accueille plus que 25 p. 100 des Français (33 p. 100 en

En haut, de gauche à droite :
La montagne qui offre
aux « héros de l'inutile »
les moyens de s'accomplir et de vaincre
(une cordée à l'assaut des Alpes)...

...et celle qui a été aménagée
pour le confort, la détente
et la joie de ses visiteurs
(la « station » moderne d'Avoriaz).

1957); elle a reçu les premiers «congés payés» redécouvrant le village et les parents restés à la terre, avant qu'ils n'accèdent aux «vraies vacances» à la mer ou à la montagne; elle devient le cadre de résidences secondaires qui renouent avec l'ancestrale tradition de la propriété citadine à la campagne.

La «montagne» reçoit 15 p. 100 des visiteurs : des fidèles. Sa clientèle est plutôt plus âgée, plus aisée, plus exigeante que la moyenne, et les symboles qu'elle nourrit sont moins accessibles à la foule.

Restent 6 p. 100 des Français qui choisissent les circuits et les villes d'eau, et 16 p. 100 qui préfèrent l'étranger pour y cumuler les charmes d'un exotisme relatif et du soleil : les trois quarts vont en Espagne et en Italie.

Pour les vacances d'hiver, se conjuguent la pratique du ski en montagne, devenue majoritaire, et une reprise de la villégiature et des croisières au soleil.

L'originalité de la France est d'être autant un pays d'accueil touristique qu'un pays «émetteur» de vacanciers. Elle propose la diversité de ses trois grandes façades maritimes étirées sur 3 000 km de littoraux, les nuances infinies de ses campagnes, des massifs montagneux fort différents, une riche palette de monuments et de trésors artistiques. Valorisant ce patrimoine par toutes les formes possibles de l'hébergement touristique, lentement additionnées les unes aux autres en des combinaisons multiples, le pays dispose de 8 millions de places, ou «lits», utilisables au même moment.

Après de longs tâtonnements dans les méthodes, la statistique met maintenant à notre disposition des tableaux de la distribution dans l'espace national des Français en vacances, donc de l'importance relative des régions touristiques selon le nombre des séjours et des nuitées.

Deux régions ressortent tout particulièrement en raison de leur pouvoir d'attraction national et international, de leur importance quantitative et de leurs structures d'accueil. L'ensemble Provence-Côte d'Azur-Corse reste largement en tête avec 3 millions de séjours en été, plus d'un million le reste de l'année, cumulant ainsi la villégiature traditionnelle imbriquée dans une forte urbanisation régionale, la ruée estivale vers le soleil et les sports d'hiver en plein essor des Alpes du Sud. Rhône-Alpes détient des atouts majeurs avec les Alpes de Savoie et du Dauphiné, qui comptent pour au moins 70 p. 100 du capital touristique régional; un dispositif très complet de stations – des plus anciennes, consacrées par les eaux thermales ou l'alpinisme, aux plus modernes, exploitant pour le ski des «gisements de neige» – ouvre une large gamme de formules d'hébergement et de distraction; grâce à cela, la région reçoit 2 mil-

lions de visiteurs l'été et plus de 1 200 000 l'hiver.

Un second groupe de régions touristiques est formé par la façade sur l'Océan, de la Bretagne au Pays basque, ainsi que cette autre Méditerranée découverte récemment par le tourisme massif, le Languedoc. On y décompte plus de 10 millions de séjours, le tiers du total français (contre 8 millions, soit 27,5 p. 100, de

Rhône-Alpes à la Côte d'Azur). La mer et le soleil y règnent en thèmes presque exclusifs de vacances, plus ou moins nuancés par la campagne bretonne, la forêt landaise ou la montagne pyrénéenne. Mais l'uniformité apparente de la foule du mois d'août et l'inévitable afflux des Parisiens ne doivent pas masquer des différences sensibles; le recrutement de la clientèle est plus régionalisé; le démarcage est plus net entre les doyennes des stations balnéaires (Biarritz, La Baule, Dinard...) et les installations les plus récentes (le Languedoc, demain l'Aquitaine), entre une dominante de vacances familiales diffusées dans les hameaux bretons et de fortes concentrations de type urbain, sans grand rapport avec l'arrière-pays (Vendée, Charentes, Pays basque, Languedoc).

Il reste un tiers des séjours éparpillés dans le reste du territoire français : dans de vastes étendues campagnardes; dans les moyennes montagnes où l'on note de petites concentrations et une appréciable saison d'hiver (Pyrénées, Auvergne, Jura); dans une large auréole de 200 km autour de Paris, où s'additionnent sans doute des vacances agrestes et les mouvements du week-end vers les «fermettes» normandes ou les résidences villageoises de l'Yonne, voire à proximité des denses villes du Nord, dont nombre d'ouvriers ne peuvent s'offrir que de courts déplacements. La superposition des zones de vacances an-

nuelles et de loisirs péri-urbains est particulièrement sensible partout où existent des attractions touristiques : littoral normand et picard, Touraine. Enfin, il faut décidément mettre à part Paris, qui est un but de vacances apprécié des provinciaux et surtout des étrangers, un grand classique du tourisme international et dont la fréquentation hôtelière va très au-delà, par le simple mouvement des affaires, de ce qu'on

range communément sous les appellations de «tourisme» et de «loisirs». Nous ne pouvons pas échapper à l'insoluble problème des définitions!

Ce classement montre bien de lui-même la complexité de l'analyse. Car les images des régions viennent de superpositions : une certaine adéquation entre la nature des sites et les aspirations de la clientèle; l'évolution historique du système d'accueil; les différentes formules d'équipement touristique; le développement lent et spontané ou les campagnes systématiques de promotion; la capacité de chaque région à intégrer tous les apports du tourisme. ∎

Les multiples façons d'habiter en vacances.

Ci-dessus :
Économique et agréable,
le camping a trouvé droit de cité
dans toutes les régions de France :
un terrain ombragé à Château-Gontier.

Page de droite, en haut :
Pour les «gentils membres», le «village»
du Monêtier-les-Bains (Club Méditerranée).

Page de droite, en bas :
Une sculpture habitable... et confortable
pour estivants fortunés :
l'étonnante réalisation de Port-la-Galère.

QU'EST-CE QU'UNE STATION ?

La façon dont les manifestations du tourisme se projettent sur l'espace, dont elles aménagent ce dernier selon la vision du monde qui sous-tend les loisirs, dont elles s'intercalent dans une organisation régionale déjà en place tout en la transformant, tout cela constitue un système fort complexe. Les éléments en sont une sorte de surdétermination des sites – selon les images et les rêves évoqués plus haut –, des modalités particulières d'habitat temporaire fixe (hôtel, villa) ou mobile (camping), des commerces et des services répondant à une fréquentation saisonnière, des instruments de distraction qu'on insère dans l'espace habité (équipements collectifs ponctuels, dont les espaces de jeu et les installations de sport) ou qui l'élargissent (plages, domaines skiables en altitude). Leur réunion constitue ce qu'on appelle une *station touristique,* terme vague dont il faudrait bien affiner l'analyse.

Le milieu d'accueil et le genre de tourisme modifient les aspects extérieurs du dispositif. En bord de mer ou de lac, il tend à s'organiser en un liséré côtier très étiré, façade souvent détachée de l'arrière-pays et d'apparence très urbanisée, qui sert de toile de fond aux plages et au littoral. À la campagne, il se diffuse en un semis plus ou moins discret de résidences de loisir et renforce les réseaux de circulation et de distribution commerciales. La montagne combine des formules rurales lâches et de forts points de concentration dans les bourgades revivifiées ou à proximité des zones mécaniquement équipées pour les loisirs. En ville, le tourisme se fond dans l'appareil tertiaire.

Les véritables différences de structure tiennent à l'âge et à la conception qui ont présidé à la constitution des stations. On peut distinguer quatre générations successives, très inégalement distribuées dans les régions que le tourisme a progressivement vulgarisées. Certaines les connaissent toutes, comme la Côte d'Azur et la Savoie ; d'autres n'en ont que les plus récentes et les plus fonctionnelles (littoral du Languedoc, haute montagne alpine pour le ski) ; d'autres encore en sont restées à des formules intermédiaires, telle la Bretagne.

Le premier type est formé par les stations les plus anciennes, dont les éléments se sont mis en place dès la fin du XVIIIe et durant tout le XIXe siècle : le grand hôtel, la promenade ombragée, le casino, les salons, la salle des concerts, les bains... Il est très reconnaissable, étroitement lié à une clientèle peu nombreuse mais voyante, isolée de la vie locale par une abondante domesticité. Ces stations sont d'essence urbaine, et transforment aussitôt les bourgades sur lesquelles elles se greffent. Ainsi apparaissent les villes de la Côte d'Azur, les stations thermales d'Auvergne et du Bourbonnais, des Pyrénées et des Alpes, de rarissimes stations de montagne comme Chamonix, des villes balnéaires comme Biarritz, La Baule, Dinard, Deauville.

La seconde génération résulte de la transposition dans l'espace de la villégiature bourgeoise. Les villas et les pensions s'éparpillent sur le pourtour des points d'ancrage du tourisme et des villes, colonisent de façon diffuse les sites et les paysages agréables. Le concept de station se distend ; l'illusion naît que tourisme et vie rurale s'accordent et s'épaulent. En fait, il faut qu'existe un bon réseau de centres ruraux au commerce actif.

Le tourisme massif des années 1950 densifie les hébergements des zones d'accueil et réclame de plus en plus d'équipements collectifs. La Bretagne et la Normandie préservent une relative dispersion, mais les vieilles stations approchent de la congestion urbaine, tandis que peuvent se constituer de véritables murs résidentiels littoraux (côte vendéenne et charentaise) ou d'immenses villages de toile plus ou moins

QUELQUES CHIFFRES SUR LE TOURISME

Estimation des séjours

21 millions de personnes, 500 millions de journées (en France). Les séjours se font chez les parents et amis (37 p. 100), en camping (18 p. 100), en location (16 p. 100), en résidence secondaire (10 p. 100), à l'hôtel (10 p. 100) ou dans les clubs et villages de vacances (9 p. 100).

Camping

On compte 5 000 terrains classés (dont un millier dans la région méditerranéenne, un millier en Bretagne et Pays-de-la-Loire). On enregistre 9 millions d'arrivées, de 65 à 70 millions de journées.

Hôtellerie

On compte 15 200 hôtels classés (386 000 chambres). L'hôtellerie a assuré 126 millions de « nuitées », dont 36 aux étrangers. Les hôtels des stations balnéaires ont assuré 14 millions de nuitées, ceux des stations thermales, 11 millions (on a compté 420 000 curistes, dont 78 p. 100 d'assurés sociaux), ceux des stations de sports d'hiver, 4 millions. Mais une grande partie des séjours n'a pas de rapport avec les vacances.

Autres formes d'hébergement

Les Gîtes ruraux ont assuré 4 millions de nuitées, les Auberges rurales, 1,4 million.

Les Villages-Vacances-Familles (VVF), 1 400 000 ; les Villages-Vacances-Tourisme (VVT), 700 000 ; les Auberges de jeunesse, 1 million (dont 52 p. 100 aux jeunes étrangers) ; le Club Méditerranée, 900 000 (et 2 700 000 à l'étranger) ; les refuges de montagne, 150 000.

Plaisance

275 000 bateaux sont immatriculés ; en tête viennent les quartiers de Toulon (12 p. 100), Nice (10 p. 100), Marseille (8 p. 100), Sète (6 p. 100), Saint-Nazaire, Arcachon, Port-Vendres (4 p. 100 chacun) : la Méditerranée domine largement. L'accroissement est de 20 000 par an, chiffre en baisse depuis 1966.

Taxes de séjour

Classement des stations recevant plus de 100 000 F (en milliers de francs ; mais toutes stations ne perçoivent pas la taxe) :

Nice (927), Cannes (758 en 1970), Lyon (417), Marseille (362), Menton (321), Antibes (233), Vichy (192), Aix-les-Bains (165), puis Hyères, Les Sables-d'Olonne, Argelès-sur-Mer, Royan, La Bourboule, La Baule, Chamonix.

Visites

Entrées dans les monuments *payants* recevant plus de 200 000 visiteurs, en milliers :

Tour Eiffel, 2 899 ; Versailles, 1 365 ; Louvre, 1 264 ; Arc de triomphe, 482 ; Mont-Saint-Michel, 467 ; Sainte-Chapelle (Paris), 442 ; Jeu de Paume (Paris), 413 ; Haut-Kœnigsbourg (Bas-Rhin), 323 ; Fontainebleau, 305 ; tours de Notre-Dame (Paris), 281 ; château de Chambord, 259 ; Trianon (Versailles), 254 ; château d'Azay-le-Rideau, 209.

Affaires

Le chiffre d'affaires total du tourisme s'élève à 106 milliards de francs, dont 22 pour les déplacements d'affaires et 84 pour le tourisme proprement dit. Ces 84 milliards représentent 16 p. 100 de la consommation des ménages ; 37 p. 100 sont absorbés par la voiture individuelle et la caravane, 16 p. 100 par les hôtels, cafés et restaurants, 11 p. 100 par l'alimentation.

La valeur ajoutée est de 60 milliards de francs (dont 12 par les déplacements d'affaires).

[Données pour 1971, d'après le *Bulletin statistique du Commissariat général au tourisme.*]

---

bien desservis, dont Argelès-sur-Mer est un exemple exacerbé. La définition de la station est submergée sous le poids des impératifs immobiliers et urbanistiques, et elle s'évanouit en morte-saison après le départ du dernier vacancier.

Enfin apparaît dans les années 1960 la « station intégrée », à la jointure du tourisme, des opérations immobilières et de puissantes installations techniques pour le sport – ski et navigation de plaisance surtout. Un urbanisme fonctionnel règle avec rigueur l'aménagement de l'espace. De part et d'autre d'un point stratégique où se croisent toutes les circulations et se concentrent les commerces, se trouvent d'un côté les aménagements spécifiques (port de plaisance, plage, domaine skiable équipé) et, de l'autre, de grandes capacités d'hébergement concentrées. La nouvelle station de ski en altitude a ainsi de profondes affinités structurelles avec la *marina* ; l'une et l'autre requièrent une implacable maîtrise du foncier, une rigoureuse cohérence du programme de réalisation et de sévères règles de rentabilité. Il reste au succès touristique à donner vie ensuite à cette machinerie dont la nature profonde est industrielle.

Deux questions de fond restent posées et mériteraient de longs débats.

On peut d'abord se demander comment le dispositif touristique s'intègre (ou ne s'intègre pas) à l'économie régionale, s'il est l'outil du développement local ou un rouage télécommandé de l'économie nationale. Les réponses sont sans doute à rechercher dans la structure des stations qui commande leur fonctionnement et leurs liaisons, et dans l'organisation régionale des zones d'accueil plus ou moins en état de supporter ces greffes.

Ensuite, le tourisme pose inévitablement le problème de la politique de l'environnement, car on ne disperse pas impunément 25 millions de vacanciers, citadins pour plus de 80 p. 100 dans une France urbanisée à 70 p. 100. On a voulu sauvegarder des portions de nature intacte par la création des parcs naturels nationaux et régionaux ; dans le même temps, la prolifération des résidences de loisir dans certaines campagnes peut se révéler aussi préoccupante que la désertification ailleurs, tandis que la maîtrise de la croissance des stations est aussi difficile que celle de l'extension urbaine en général.

Le tourisme et les vacances sont sécrétés par la « Ville » ; ils véhiculent avec eux tous les modèles de la vie urbaine, et ce qu'on appelle trop simplement la « Nature » est moins un en-soi qu'un produit de l'idéologie latente dans les fondements du mode de vie citadin. Il n'y a pas de paysage, si naturel qu'il paraisse, qui existe en dehors de l'action humaine : la défense de l'environnement sous couvert de tourisme n'est pas autre chose qu'un urbanisme maîtrisé à la dimension de tout le territoire national. ∎

COMMENT CIRCULER

Phot. Aérovision-de Forceville

LES ÉCHANGES TIENNENT EN FRANCE une grande place, comme dans toutes les économies développées. Véritable carrefour, la France a toujours joué un rôle privilégié dans ce domaine, illustré jadis, par exemple, par les foires de Champagne, de Beaucaire ou de Lyon, aujourd'hui par l'importance de Paris comme centre d'affaires sur le plan international.

Comme une écharde enfoncée dans la chair de l'agglomération, l'autoroute du Soleil tranche à travers les habitations anciennes ou modernes de la banlieue parisienne (Arcueil).

Située sur un isthme majeur entre les pays du Nord et l'Europe méditerranéenne, bien pourvue en côtes, largement ouverte sur le monde atlantique et même sur l'Europe continentale, la France s'est dotée d'une infrastructure très complète pour faciliter les échanges sous toutes leurs formes : transports, commerce, une large partie des activités de bureau, etc.

LA TOILE D'ARAIGNÉE

L'influence considérable de la capitale, la structure même de l'économie ont pour conséquence une extrême centralisation des réseaux de transports, véritable toile d'araignée autour de Paris. Il en est ainsi des routes comme des autoroutes, des chemins de fer comme des lignes aériennes intérieures : presque tout converge vers la capitale. Tous les régimes politiques successifs ont contribué à la mise en place de ce maillage, depuis la création des « routes royales », à la fin de l'Ancien Régime, et la fondation d'une des institutions les plus anciennes, le corps des Ponts et Chaussées, à la fin du XVIIIe siècle.

Ce type de réseau ne se retrouve que rarement hors de France. Il semble pourtant si « naturel » aux Français qu'ils ont tendance à oublier que les saint-simoniens, apôtres du développement des moyens de transports modernes, avaient plutôt préconisé, au milieu du XIXe siècle, un réseau fondé sur la liaison prioritaire entre les bassins miniers, les régions industrielles et les ports maritimes...

Seuls quelques rares ensembles échappent partiellement à cette structure. Un réseau particulier s'esquisse autour de Lyon. La région Midi-Pyrénées – domaine de la seule compagnie de chemin de fer n'ayant point d'attache parisienne jusqu'à la nationalisation du rail en 1937 – dispose d'un axe majeur Bordeaux-Toulouse-Narbonne qu'il serait souhaitable de renforcer ; dès le XVIIe siècle, sous l'impulsion de l'ingénieur Riquet, elle possédait une liaison par eau de l'Atlantique à la Méditerranée, remarquable pour l'époque mais aujourd'hui bien vétuste ; de la même

Ci-contre :
Le temps n'est pas si lointain,
où même les régions les plus reculées
étaient desservies par l'automotrice :
Thorame, en Haute Provence,
sur la ligne de Digne à Nice.

manière, Toulouse, devenue une sorte de capitale de l'aviation, a joué un rôle pionnier dans le domaine des transports aériens sans que cette grande ville devienne la plaque tournante à laquelle on aurait pu s'attendre. Tout pousse cependant au développement d'un réseau cohérent de transports joignant les pôles de croissance méditerranéens (Fos, Marseille, Montpellier, etc.) aux ports de l'Atlantique. Priorité devrait sans doute être donnée à une voie autoroutière, certes décidée, mais pour une date encore lointaine.

Plus généralement, les liaisons transversales unissant les métropoles régionales ou reliant les grands ports à certaines régions industrielles, en France ou à l'étranger, sont à peine amorcées. Toutefois, quelques progrès ont été obtenus dans ce sens depuis la fin de la Seconde Guerre mondiale. En premier lieu, on a réalisé la liaison électrifiée à gros débit de Thionville à Valenciennes puis à Dunkerque, pour faciliter l'échange, longtemps classique, entre le fer et les produits sidérurgiques de Lorraine ainsi que le charbon du Nord. Air Inter et quelques compagnies aériennes indépendantes assurent certaines relations ne passant pas par Paris. La SNCF elle-même a mis à profit l'expérience réussie du turbotrain sur la ligne Paris-Caen-Cherbourg pour utiliser ce mode de traction sur quelques lignes transversales. Mais trop de liaisons restent bien mal équipées, comme entre la Basse Seine et l'Ouest ou le Nord, entre le Nord et la région rhodanienne, etc.

Ces réserves étant faites, il faut reconnaître que le réseau de transport est extrêmement dense. Grâce à l'effort – parfois non exempt de démagogie – de la IIIe République, la plupart des régions rurales et montagneuses ont été longtemps fort bien desservies. Le réseau de chemins vicinaux ou ruraux reste de bonne qualité, et le réseau ferré a été un des plus complets du monde. Aujourd'hui cependant, à côté de réalisations remarquables, la France a pris quelque retard dans certains do-

Phot. L. Girard

maines. Surtout, elle a laissé se développer une concurrence excessive entre les moyens de transports, pour le plus grand dommage du réseau lié par les servitudes du service public, mais sans doute le moins dangereux et le moins pollueur, le rail. ■

Phot. Haton

LE RAIL :
UNE INJUSTICE ?

On ne construit presque plus de voies ferrées en France, à l'exception de quelques embranchements desservant les nouvelles zones industrielles portuaires, comme celles de la plaine alluviale du Havre ou de Fos : au contraire, la longueur du réseau diminue.

Le plan Freycinet, récompense donnée au monde des affaires par la IIIe République triomphante, avait abouti à un certain suréquipement : au prix d'ouvrages d'art considérables, le Massif central, en particulier sur sa bordure orientale, avait été équipé de lignes au trafic médiocre. Les compagnies privées, d'ailleurs réticentes à l'égard des «lignes électorales», durent faire très vite appel à l'aide financière de

l'État, qui racheta même, en 1907, le réseau le moins rentable : celui de l'Ouest.

La nationalisation, en 1937, ne supprima pas le déficit, dû pour une large part aux obligations de service public de la SNCF : les trafics de pointe l'obligent à entretenir un parc de matériel démesuré et inégalement utilisé. Les lignes déficitaires se situent aux deux extrémités de la gamme des services offerts par la SNCF : les lignes de banlieue parisiennes, surchargées mais aux tarifs extrêmement bas, et les lignes à faible trafic de certaines régions rurales. Pressée par l'État de résorber le déficit au maximum, la SNCF tend à faire deux parts dans son réseau : les liaisons directes de voyageurs vers Paris, ainsi que les lignes ayant un trafic de marchandises important et régulier; les lignes dites «secondaires» plus ou moins sacrifiées.

Le premier réseau est aujourd'hui électrifié sur 9 500 km, soit un peu plus du quart du total, mais supporte les trois quarts du trafic. Longtemps (sur Paris-Le Mans, Paris-Côte d'Azur notamment), on

Ci-dessus, de haut en bas :
Ouverts ou fermés,
parallélépipédiques ou cylindriques,
prêts à avaler n'importe quelle marchandise,
les wagons concentrés dans la gare de triage
de Sotteville-lès-Rouen.

Pour lutter contre la concurrence de l'avion,
les grands trains rapides et modernisés :
une voiture « grand confort » de la SNCF.

a utilisé le courant continu. Les lignes récentes sont équipées en courant alternatif, qui exige moins d'installations fixes ; mais le programme d'électrification touche à sa fin.

L'effort de modernisation se porte aujourd'hui dans trois directions. Rapidité et confort doivent permettre de mieux lutter contre la concurrence de la voiture individuelle et des lignes aériennes intérieures. Les nouvelles motrices BB 15 000, construites par Alsthom ou la Compagnie électromécanique, permettent, sur certaines lignes au profil favorable, de dépasser 200 km/h. Grâce à des trains rapides, comme *le Drapeau*, qui relie Paris à Bordeaux en moins de quatre heures, ou *le Capitole*, qui relie Paris à Toulouse en moins de six heures, la France détient le record mondial de vitesse commerciale sur rail. Le turbotrain permet des pointes à 160 km/h. La diésélisation, qui a, en 1973, totalement éliminé les locomotives à vapeur, autorise sur presque toutes les autres lignes des pointes de 120 km/h.

La fréquence est également une condition essentielle du succès. Sur certaines lignes, avec de bons résultats, des expériences de «dessertes horaires cadencées» ont été tentées ; ainsi, les deux capitales lorraines, Metz et Nancy, sont reliées toutes les heures par le *Métrolor*. Dans certains cas on approche de la saturation, comme sur Paris-Lyon ou le tronçon Paris-Orléans commun aux lignes de Tours, de Toulouse et de Clermont-Ferrand. Face à cette situation, la SNCF envisage de créer de nouvelles voies. *De nouveaux modes de traction* conviendraient à ces futurs itinéraires. La SNCF a entrepris des recherches du côté de trains très rapides analogues à ceux qui circulent au Japon. La technique de l'Aérotrain n'est pas exclue.

La SNCF s'adapte moins bien à la concurrence entre modes de transports en ce qui concerne le trafic des marchandises. Alors que la France avait été à l'origine de la féconde association du conteneur et du rail, elle a pris du retard dans ce domaine qui, au contraire, a fait fortune aux États-Unis par exemple. Le rail n'a pas toujours été l'instrument d'aménagement du territoire que l'on aurait pu souhaiter. Pour mieux lutter contre la concurrence du camion, il a été amené à privilégier les distances moyennes, bénéficiant d'un trafic important et régulier, au détriment de régions plus éloignées et moins actives au départ.

En effet, s'il y a un réseau principal qui fait l'objet de tous les soins de la SNCF, il existe aussi un réseau que l'on peut qualifier à tous points de vue de «secondaire». Certes, certaines lignes que l'on a appelées «électorales» n'ont pas toujours répondu, même dans le passé, à des besoins évidents : ainsi, il ne pouvait être question de conserver tout le réseau breton à voie étroite. Mais, aujourd'hui, on peut se demander si l'on ne va pas trop loin dans l'abandon des lignes à faible trafic au profit de l'autocar. N'est-il pas excessif d'avoir diminué de moitié, depuis 1930, le réseau ouvert à la fois aux marchandises et aux voyageurs (moins de 25 000 km en 1973 contre 52 000 en 1930) ? Il subsiste bien 10 000 km de voies ouvertes au seul trafic de marchandises, mais souvent la suppression du service de voyageurs prélude à celle du service des marchandises... Ainsi, en 1973, l'Ardèche a vu l'abandon de sa dernière voie ferrée.

Pour autant, le déficit de la SNCF est loin d'être résorbé, faute d'une politique commerciale assez dynamique et assez souple en ce qui concerne le trafic de marchandises, en raison aussi des inégalités de concurrence avec la route. Il en résulte, à côté de quelques signes de saturation que nous avons observés, une sous-utilisation du réseau ferré, alors même que tant de routes sont encombrées par les camions, y compris pour des transports réguliers à longue distance... Au total, le trafic d'ensemble de la SNCF diminue régulièrement en dépit du redressement remarqué sur les lignes centrées sur Paris. Le trafic des marchandises pondéreuses (les plus rentables) diminue en raison de la concurrence des conduites de pétrole ou de la diminution des transports intérieurs de minerais ou de charbon. ■

LA VOIE D'EAU INCOMPRISE

La voie d'eau, qui subit certaines des contraintes du rail, connaît la même sous-utilisation de ses infrastructures. De surcroît, si le réseau ferré a été bien entretenu et modernisé depuis le plan Freycinet, il n'en a pas été de même du réseau fluvial. Certes, il n'est pas question, en raison des obstacles du relief, de posséder une infrastructure aussi dense que celle des pays du Benelux ; mais l'Allemagne, avec la liaison Rhin-Main-Danube, montre qu'il est possible de revitaliser, par la voie d'eau, des régions intérieures au relief tourmenté.

La France compte peu de rivières naturellement navigables. Presque toujours il a fallu des travaux importants pour permettre une bonne utilisation de fleuves comme la Seine, le Rhin ou la Saône.

La Seine est certainement aujourd'hui la plus remarquable voie navigable, grâce aux travaux d'aménagement des berges, à la régularisation du cours – qui a permis la conquête de terres marécageuses devenues de belles prairies ou des zones industrielles bien situées – et surtout au calibrage de l'estuaire, qui a donné aux navires de plus de 10 m de tirant d'eau la possibilité d'accéder à Rouen par presque toutes les conditions de marée. Malgré ses qualités nautiques, améliorées par la diminution des biefs en aval de Rouen, la Seine est certainement très sous-utilisée, en partie à cause de liaisons insuffisantes avec la Champagne et l'est de la France ; si l'on a achevé le canal du Nord et amélioré l'Oise, la Seine, au-delà de Montereau et de l'Aisne, aboutit en pratique à un cul-de-sac.

L'ensemble du *réseau rhéno-mosan*, dont la France ne contrôle d'ailleurs qu'une faible partie, a fait l'objet, lui aussi, d'améliorations récentes. La Moselle a été canalisée et mise au gabarit de 1 350 t pour

Les beaux « chemins qui marchent ».

Ci-contre, de haut en bas :
Avant d'encombrer les routes de bitume,
c'est sur la Seine que, bien serrées
sur leurs barges, les voitures font,
grâce au « pousseur », leur premier voyage :
ici, elles passent sous le nouveau pont
Guillaume-le-Conquérant, à Rouen.

Canaux d'hier :
bucoliques, si bien intégrés dans le paysage
qu'ils paraissent avoir toujours existé
(le canal du Loing, dans le Gâtinais).

Ci-dessous :
Canaux d'aujourd'hui : larges, rationnels,
aménagés pour une circulation efficace
(écluse des Fontinettes, à Saint-Omer,
sur le canal de Dunkerque à Valenciennes).

Phot. Alain Perceval

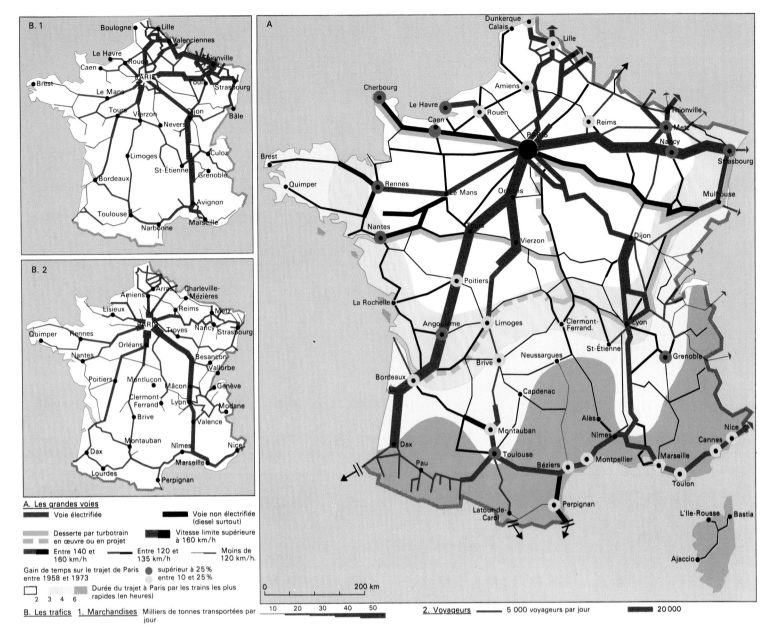

B. 1

A

A. Les grandes voies

▬▬ Voie électrifiée	▬▬ Voie non électrifiée (diesel surtout)

Desserte par turbotrain en œuvre ou en projet

Vitesse limite supérieure à 160 km/h

Entre 140 et 160 km/h   Entre 120 et 135 km/h   Moins de 120 km/h.

Gain de temps sur le trajet de Paris entre 1958 et 1973   ● supérieur à 25 %   ● entre 10 et 25 %

Durée du trajet à Paris par les trains les plus rapides (en heures)   2   3   4   6

B. Les trafics   1. Marchandises   Milliers de tonnes transportées par jour

B. 2

10   20   30   40   50

0   200 km

2. Voyageurs   ▬▬ 5 000 voyageurs par jour   ▬▬ 20 000

permettre une meilleure liaison avec les régions industrielles de l'Allemagne, sans que cette opération ait tenu tous les espoirs qu'on avait mis en elle. Le grand canal d'Alsace draine une partie des eaux du Rhin en territoire français, tout en permettant une intéressante exploitation hydroélectrique.

Si *la Saône,* régulière et calme, est propice à la navigation, il a fallu dompter *le Rhône* par des travaux gigantesques qu'achève de mener à bien la CNR. Au total, ces rivières, plus ou moins canalisées, coïncident à peu près avec le réseau de gabarit européen : navires ou convois de 1 600 t et plus.

Le réseau de canaux proprement dit a été conçu très tôt, dès l'Ancien Régime parfois, pour relier entre eux les grands fleuves français, voire les côtes : une partie de la Loire et une partie de la Garonne étaient navigables pour la batellerie d'autrefois, bien qu'il ait fallu aménager des canaux latéraux sur une portion de leurs cours. Le réseau de canaux a été peu amélioré à l'époque contemporaine. Le canal du Nord, commencé dès avant la guerre de 1914, n'a été terminé qu'au cours du IIIᵉ Plan et sur des normes dépassées. Aussi, cette infrastructure souffre-t-elle de diverses insuffisances. La principale est la limitation du gabarit sur de nombreuses rivières ou canaux. Sur 7 500 km, environ 6 000 ne sont accessibles, au mieux, qu'aux péniches de type «flamand» de 280 à 350 t de charge utile (1,80 m à 2,20 m de tirant d'eau) ; 2 000 km sont même au-dessous de ce gabarit. Ces sections ont évidemment un trafic insignifiant. Corollairement, le nombre des écluses est considérable : près d'une tous les 2 km en moyenne sur le canal de la Marne au Rhin !

Il paraît évident qu'une grande partie du réseau, trop disparate, ne justifierait plus aujourd'hui une profonde modernisation, compte tenu des perspectives de trafics lourds, de la concurrence du rail ou de l'oléoduc, etc. Plusieurs voies sont déclassées, d'autres sont coupées : ainsi le canal de Nantes à Brest est interrompu par le barrage de Guerlédan. Toutefois, le succès récent de la navigation de plaisance permet d'espérer le maintien d'un réseau de second ordre comme élément du cadre de vie ou pour des équipements de loisirs.

L'effort d'investissement devrait porter avant tout sur la liaison Seine-Est par l'Oise, au moins jusqu'à Reims en première étape, et sur la liaison Rhin-Rhône, dont le principe a été admis. Reste à préciser, dans les deux cas, les tracés. Pour la liaison mer du Nord-Méditerranée, deux projets s'affrontent : l'un par l'Alsace, l'autre par la Moselle. Ces liaisons constitueraient les axes majeurs de notre réseau «utile», maintenant situé essentiellement dans le nord et l'est de la France. Une autre priorité résulte de l'européanisation de l'économie, qui oblige à assurer de bonnes connexions avec les voisins du Nord, par l'Escaut notamment, tout en modernisant les canaux du Nord, dont le tracé d'ensem-

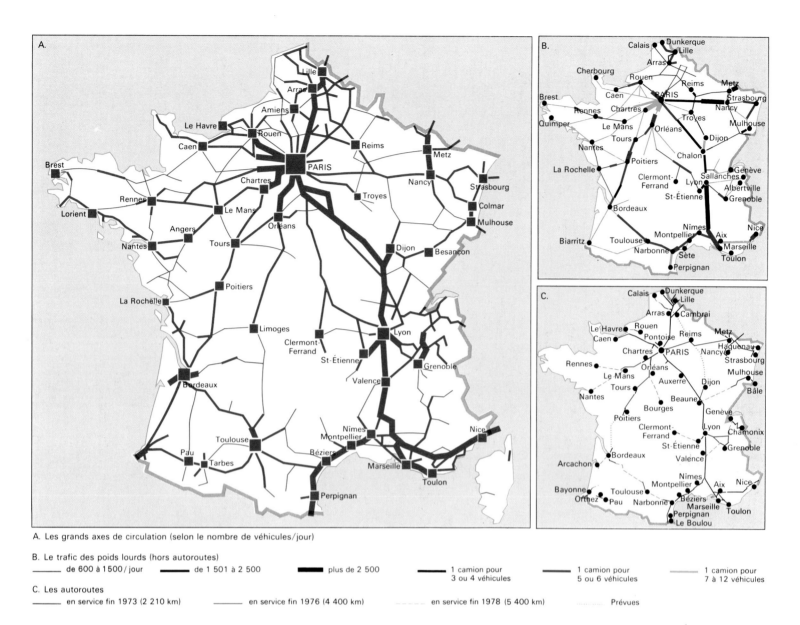

A. Les grands axes de circulation (selon le nombre de véhicules/jour)

B. Le trafic des poids lourds (hors autoroutes)
——— de 600 à 1500 / jour   ▬▬ de 1 501 à 2 500   ▬▬ plus de 2 500   ▬▬ 1 camion pour 3 ou 4 véhicules   ▬▬ 1 camion pour 5 ou 6 véhicules   ——— 1 camion pour 7 à 12 véhicules

C. Les autoroutes
——— en service fin 1973 (2 210 km)   ——— en service fin 1976 (4 400 km)   - - - en service fin 1978 (5 400 km)   .... Prévues

ble se trouve, hélas, parallèle à la frontière.

Un effort a été fait, depuis quelques années, pour améliorer le réseau, son fonctionnement et, en conséquence, pour mettre fin à une notoire sous-utilisation d'un potentiel non négligeable. Dans bien des cas, la diminution du nombre des biefs apparaît possible, à un coût très élevé il est vrai. Ainsi, le plan incliné pour péniches d'Arzwiller-Saint-Louis, sur le canal de la Marne au Rhin, a remplacé 16 écluses : c'est « un ascenseur à la place d'un escalier », a-t-on dit. L'économie de temps – un jour pour une opération qui dure une demi-heure – est considérable. Mais le canal de la Marne au Rhin reste bien loin du gabarit européen, et fort cloisonné.

Les perfectionnements techniques n'auraient que peu d'effets sans une réorganisation de la batellerie. Cette profession se caractérise par une structure dualiste : une masse de patrons bateliers possédant leur péniche et, à l'opposé, quelques compagnies privées comme la Soges-

tran ou la Compagnie normande, complétées par les entreprises industrielles (groupes chimiques ou pétroliers, comme Citerna), qui gèrent souvent un parc important. Les premiers – trop nombreux et qui ont imposé le système du « tour de rôle » pour le choix du fret – ne peuvent pas toujours moderniser leur équipement. Les secondes ont pu, au contraire, mettre au point nombre d'innovations techniques, comme les convois poussés de 6000 t. En outre, elles ont joué la carte de la spécialisation, comme en témoignent les impressionnants convois qui, sur la Seine, transportent les voitures de la Régie Renault du Havre-Sandouville vers la région parisienne. Un certain « protectionnisme » professionnel s'explique donc par la place des structures artisanales dans la batellerie française. Les tarifs relativement élevés qu'a dû accepter l'Office national de la navigation – qui contrôle la batellerie et exploite l'infrastructure navigable – ne permettent pas toujours de lutter efficacement

contre les autres modes de transport. Le plan de réorganisation et de conversion de la batellerie, mis en place en 1971, suscite pourtant de sévères critiques de la part des organisations professionnelles.

Le trafic, après avoir bénéficié d'une croissance régulière au cours de la dernière décennie, connaît un certain tassement depuis 1970. En fait, même la Seine, qui est pourtant l'une des meilleures voies d'eau du Marché commun et qui assure plus du quart du trafic des voies navigables françaises, est sous-utilisée. Sans doute, la remontée vers la région parisienne des sables et graviers de la baie de Seine va-t-elle bientôt assurer à cette magnifique artère un trafic accru, mais de plus en plus spécialisé. ∎

Ci-dessus, de gauche à droite, cartes :
Les transports ferroviaires.

La circulation routière.

TOUT
POUR LA ROUTE...

Le réseau routier français – qui reste un des plus denses du monde – a longtemps été envié par l'étranger. Il a aujourd'hui pris un réel retard, sauf le réseau secondaire, maintenu par les communes et les départements à un excellent niveau. La brusque poussée du trafic de camions sur un certain nombre d'itinéraires n'a pas toujours été suivie par l'adaptation nécessaire de l'infrastructure. Celle-ci n'était pas faite pour une charge de 13 t à l'essieu – contre 10 t dans la plupart des pays voisins – qui s'est généralisée sous l'influence des transporteurs et des constructeurs de camions. Beaucoup de routes en ont souffert. D'autre part, la France avait pris du retard, par rapport à ses voisins, dans le domaine des autoroutes. Enfin, le parc automobile français est un des plus importants du monde, avec plus de 17 millions de véhicules en circulation à l'heure actuelle.

Pour améliorer le réseau, divers moyens ont été utilisés. Les routes ont bénéficié d'un financement budgétaire spécial, le Fonds spécial d'investissement routier (FSIR), alimenté par une partie de la taxe sur les carburants. Les travaux du FSIR ont en particulier servi à réduire le nombre des «points noirs», qui contribuent, avec la vitesse excessive, à faire de la route française une des plus meurtrières qui soient : 17000 victimes en 1972! Devant l'ampleur de la tâche, l'État a demandé aux départements de prendre en charge une bonne partie des 80000 km de routes nationales. On espère que ce réseau national «départementalisé» bénéficiera du même soin que les routes dont le département assurait déjà la gestion. En outre, l'État s'est déchargé de la réalisation directe des autoroutes de liaison, en introduisant le système du

péage. Il en a d'abord confié la construction à des sociétés d'économie mixte, à l'instar du tunnel du Mont-Blanc ou du pont de Tancarville : le système avait l'avantage de permettre une continuité dans l'investissement, qu'il n'est pas aisé d'atteindre dans le cadre budgétaire. Toutefois, depuis 1971, un pas de plus a été fait avec le développement d'autoroutes confiées à des sociétés privées, associant de grands groupes bancaires et les principales firmes de travaux publics intéressées. Au prix d'exigences de rentabilité plus élevées, on pense obtenir un rythme de construction rapide sans sacrifier la qualité technique ou esthétique : certaines réalisations antérieures, comme l'autoroute de l'Esterel ou celle de Normandie (A13) entre Le Vaudreuil et Rouen, s'intègrent bien dans le paysage.

Les travaux en cours s'inscrivent dans un schéma routier et autoroutier national, établi en 1970 et arrêté dans ses détails jusqu'en 1978. Il se propose comme objectif la rénovation totale de 27000 km de liaisons principales, notamment en multipliant les déviations. Une certaine priorité est donnée aux régions enclavées ou défavorisées par le relief. Ainsi, la Bretagne disposera de deux grandes liaisons vers le Finistère, au nord et au sud de la province.

En ce qui concerne les autoroutes, le schéma veut se donner deux objectifs principaux. Il s'agit d'abord d'assurer rapidement une liaison avec l'étranger, en raison de l'attraction des réseaux autoroutiers voisins sur le transit international. Après la récente jonction avec le réseau du Benelux, on attend la jonction avec les autoroutes allemandes par Metz et Strasbourg avant la fin du VIIᵉ Plan. La liaison complète avec l'Italie devrait être assurée en 1978 par Marseille et Nice, puis ultérieurement, depuis Lyon, par le tunnel du Mont-Blanc. La liaison avec l'Espagne, particulièrement utilisée en période estivale, a pris un certain retard. Il faut ensuite favoriser l'aménagement du territoire. Cette seconde priorité, bien que nettement affirmée, n'apparaît pas toujours évidente dans les choix opérés. En fait, le schéma suit le mouvement économique plus qu'il n'encourage, par la création de grandes transversales, le développement de régions moins favorisées.

Il en résulte une confirmation du réseau étoilé classique autour de la capitale, dont il n'est pas sûr qu'il constitue le meilleur agent d'une décentralisation véritable. On peut craindre, au contraire, un renforcement des processus cumulatifs au bénéfice de quelques régions fortes. Seule l'aire métropolitaine Lyon - Grenoble - Saint-Étienne dispose d'une amorce de réseau régional. Une visible priorité est donnée aux autoroutes de liaison entre Paris et l'Ouest et le Sud-Ouest, vers Le Mans et

Nantes, Poitiers et Bordeaux. La «rocade occitane» – Bordeaux-Narbonne-Béziers-Marseille – n'est encore qu'en pointillé sur une grande partie du parcours. Il est juste de dire, cependant, que quelques autoroutes à fonction régionale sont achevées (Lille, Dunkerque), en cours ou décidées : Nancy - Metz - Thionville ; Dijon - Beaune, etc. Au total, on passera d'une cadence moyenne de 300 km par an dans les années 1968-1972 à près de 500 km pour la période 1973-1978. Fin 1978, la France disposera donc d'environ 4 200 km d'autoroutes de liaison, auxquelles s'ajouteront plus de 1 300 km d'autoroutes de dégagement ou urbaines (essentiellement en région parisienne), sans péage pour le moment.

Il faut espérer que toutes ces améliorations réussiront à écouler dans de meilleures conditions que par le passé un trafic qui augmente à un rythme rapide. La route transporte maintenant plus de 40 p. 100 des marchandises, talonnant de très près le rail. Au point de vue professionnel, on observe la même dualité que dans la

Page de gauche :
*Les excavatrices creusent le sol,
les énormes camions mènent
leur incessante ronde :
dans la poussière et le bruit
s'aménagent les routes (N 189, à Vélizy).*

Ci-dessus :
*Leurs phares trouant la nuit,
les monstrueux poids lourds dévorent
inlassablement les kilomètres,
faisant, grâce à leur souplesse,
une rude concurrence au rail
(tunnel du Mont-Blanc).*

Ci-contre :
*Routes de montagne :
leurs audacieux lacets les rendent,
pour les virtuoses de la voiture,
encore plus intéressantes
(col de Braus,
sur la route de Nice à Turin).*

batellerie : coexistence de grandes sociétés de transport public ou privé, de très nombreux petits entrepreneurs ou artisans qui pratiquent ou non le groupage de lots à partir de bureaux de fret situés dans des grands centres. La tendance à la concentration s'observe là aussi : certaines sociétés, nées du transport routier, s'intéressent de plus en plus à toutes les opérations de transport ou de transit. Le développement du trafic de conteneurs a favorisé cette évolution, qui a des répercussions sur les transports maritimes, en particulier celui des mers bordières. L'intégration s'étend au fret aérien, qui se développe d'une manière spectaculaire. ∎

Phot. Limot-Rapho

Phot. Windenberger

Ci-dessus :
*Amarré à Fos, le pétrolier géant
qui charrie le précieux liquide
nécessaire au chauffage,
à l'industrie... et aux transports.*

À droite :
*Le ciel se dégagera-t-il bientôt
devant « Concorde », supersonique
franco-anglais superbe et discuté,
survolant ici les Pyrénées?*

Ci-dessous, de gauche à droite :
Souvent accusées de détruire les sites,

*les autoroutes ont parfois, pourtant,
une réelle beauté.
Témoin le viaduc de Sainte-Agnès,
sur la « Provençale », près de Menton.*

*Un boulevard pour les péniches et les chalands :
rendue plus docile encore
par les ouvrages d'art,
la Seine au pont de Chatou.*

*Trait rouge et argent qui raie
les paysages de la campagne française
entre Paris et Toulouse,
c'est un grand train moderne : le « Capitole ».*

Phot. Windenberger-Atlas Photo

Phot. Studio des Gds-Augustins

Phot. Frédéric-Explorer

Document SNCF

NOUVELLES VOIES DES AIRS

Disposant d'une importante industrie aéronautique et pionnière dans le domaine du transport aérien (l'Aéropostale), la France ne pouvait manquer de voir se développer cet instrument privilégié des échanges. Toutefois, l'exiguïté relative de son territoire donne la primauté au trafic aérien international sur celui des lignes intérieures.

Le trafic international est par excellence le domaine d'Air France, dont l'État est actionnaire majoritaire. La compagnie nationale a le réseau le plus long du monde : 325 000 km de lignes régulières, y compris une nouvelle ligne vers Pékin. Elle mise sur *Concorde* pour développer les lignes de prestige. L'Union des transports aériens (UTA) a un réseau davantage orienté vers les territoires de l'ancienne Communauté (Afrique). Le trafic intérieur est surtout aux mains d'Air Inter, filiale commune d'Air France, d'UTA et de groupes bancaires. Il existe cependant des compagnies régionales dont certaines sont dynamiques. Quelques lignes particulièrement rentables comme Paris-Nice sont aussi desservies par Air France, ce qui introduit une concurrence entre Air France et sa filiale Air Inter.

Les lignes intérieures peuvent avoir une action féconde sur l'aménagement du territoire, soit en facilitant la décentralisation des activités qui exigent des contacts rapides avec Paris, soit en permettant, sans infrastructures particulières, les liaisons interrégionales directes. En outre, à partir des aérodromes régionaux, pourrait se développer un trafic à moyenne distance avec l'étranger, hautement bénéfique pour le développement régional (Rouen-Gatwick, Toulouse-Espagne, Lyon-Milan ou Francfort, etc.). Enfin, un grand port moderne ne se conçoit plus sans un aéroport bien équipé, ne serait-ce que pour permettre la rotation des équipages des navires modernes (Le Havre-Octeville). Toutefois, si certaines lignes intérieures ou d'intérêt régional ont obtenu un réel succès, d'autres, faute de fréquences suffisantes, sont déficitaires, ce qui exige la contribution financière des collectivités locales. La rénovation peut venir soit du développement des infrastructures régionales (aéroport de Lyon-Satolas), soit de la mise en service de court- ou moyen-courriers rapides du type *Mercure,* ou bien encore de l'utilisation d'avions de grande capacité et à prix de revient suffisamment bas *(Airbus).*

Pour le moment, certaines des transversales, créées aux origines d'Air Inter après 1960, ont dû être abandonnées. Une grande partie de ces lignes, qui ne représentent au total que 15 p. 100 du trafic intérieur, sont desservies par les petites compagnies dites «du troisième niveau». Le transport aérien intérieur a pourtant connu dans l'ensemble un succès rapide, puisque Air Inter, à elle seule, a dépassé le cap des 3 millions de passagers en 1972.

Le trafic international reste le domaine privilégié. Air France se veut l'ambassadeur du bon goût français et, dans un domaine où la concurrence sur les prix est pratiquement nulle, la compagnie joue sur «l'accompagnement» du transport aérien – en particulier la gastronomie – et sur la qualité des infrastructures et de l'accueil.

L'Aéroport de Paris a reçu l'essentiel de l'effort d'équipement. Son trafic de passagers est, il est vrai, huit fois supérieur à celui de Nice et dix fois plus important que celui de Marseille! Après la création d'Orly-Ouest, la saturation du plus grand aéroport français a obligé à la création d'un nouvel ensemble à Roissy-en-France, qui remplace Le Bourget, encerclé, comme Orly d'ailleurs, par le développement urbain. Roissy, bien adapté au mouvement des avions supersoniques, engendrera des mouvements de personnes dont on mesure mal l'ampleur. Ainsi, il pourra «traiter» jusqu'à 50 millions de voyageurs par an, et les emplois directs et indirects liés à l'aéroport dépasseront rapidement les 50 000. Or, les liaisons avec Paris ou avec Orly n'ont pas connu une amélioration parallèle. Les gains de temps apportés par le transport aérien ne risquent-ils pas d'être illusoires? ■

SUR MER, DES CHANCES

Même après Colbert, la marine marchande et les ports ont rarement été une grande affaire nationale. En dépit de ses 4 200 km de côtes et de la proximité des mers les plus fréquentées du globe, la France est au fond une nation terrienne qui ne prend pas conscience spontanément de ses possibilités sur mer. Cela se traduit par certains retards – la «conteneurisation» des transports maritimes, par exemple –, ou par des paradoxes, comme la dépendance excessive à l'égard du pavillon étranger pour les échanges commerciaux par voie de mer : les navires français n'assurent qu'un tiers du trafic... Toutefois, dans ce domaine également, la France a connu une véritable mutation qui a tout particulièrement affecté l'économie portuaire, mais qui renouvelle aussi la physionomie de la flotte de commerce.

Phot. X

Ci-contre :
Semblable à un immense jeu pour adultes fervents de beaux voyages, l'aéroport d'Orly et sa permanente exposition (Orly-Ouest et Orly-fret).

Page de droite :
Des emballages rationnels pour produits de tous genres : bien rangés sur le quai de l'Atlantique, au Havre, les conteneurs ont révolutionné techniques de transport et types de navires.

Cette flotte a dû, depuis quinze ans, faire face à un double défi. Elle a subi une concurrence accrue : le monopole de pavillon, forme de protectionnisme dont la flotte française jouissait sur les liaisons avec ses territoires d'outre-mer, a disparu avec la décolonisation; au surplus, le traité de Rome a expressément laissé les transports maritimes hors du domaine d'application du Marché commun. Cette évolution n'a pas été favorable à la France, qui ne se situe plus qu'au dixième rang dans le monde pour le tonnage de sa flotte alors qu'elle était encore au cinquième en 1968!

Il est certain que les marins français bénéficient d'avantages dont ne jouissent pas les équipages des nations concurrentes, sans parler de la véritable concurrence déloyale des « pavillons de complaisance » enregistrés dans les « paradis fiscaux ». La flotte française a, d'autre part, connu une certaine concentration financière : on peut la juger encore insuffisante. Toutefois, les deux compagnies de navigation à capitaux publics, la Compagnie générale trans-

atlantique ou « Transat » – la French Line – et les Messageries Maritimes, ont enfin décidé d'unir leurs forces. Dans le secteur privé, la coopération prend plutôt la forme de sociétés d'exploitation commune de flottes spécialisées. Ainsi, la formation de la Cetramar, qui associe en particulier la Compagnie des Chargeurs réunis, le groupe Louis-Dreyfus et d'autres partenaires pour le transport des grains et pondéreux, est une réponse à la concurrence des sociétés industrielles qui tendent à gérer leur propre filiale de transports maritimes.

Si la coopération s'établit à l'échelle internationale (pool de navires porte-conteneurs de l'Atlantic Container Line auquel participe la « Transat », etc.), elle se fait difficilement entre le secteur public et le secteur privé, même sur les lignes les plus disputées comme celles de l'Extrême-Orient. Pourtant, la flotte marchande a su faire face, dans l'ensemble mais avec quelque retard, au second défi : celui de la technique. La flotte française a été considé-

rablement rajeunie et modernisée. Elle s'est adaptée, à la suite des autres nations maritimes de l'Europe du Nord-Ouest, aux nouvelles techniques du déchargement horizontal continu (roll on-roll off), aux navires polythermes, aux transporteurs spécialisés (méthaniers comme le Jules-Verne ou le Hassi-R'mel), pétroliers géants, etc. À eux seuls, les pétroliers et méthaniers constituent les deux tiers de la flotte marchande française!

Le recul du paquebot de grande navigation devant l'avion était inévitable; mais pourquoi la France a-t-elle si mal réussi la conversion d'une partie de sa flotte au profit des navires de croisière, sauf d'heureuses exceptions? On ne signale pas sans mélancolie que le France et quelques paquebots de moyen tonnage (ligne des Antilles) restent les seuls témoins des heures de gloire de cette flotte; encore faut-il rappeler que, sur la ligne Le Havre-New York, le France subsiste avant tout comme navire de prestige, ambassadeur du goût et de maintes réalisations françaises.

Bien entendu, les ports ont dû s'adapter à la révolution des transports maritimes : spécialisation, développement du transport en vrac et surtout gigantisme naval. La spécialisation oblige à multiplier les infrastructures spécifiques (postes méthaniers). Le transport de vracs et l'accroissement du tonnage ont accentué la tendance à l'industrialisation des ports maritimes. La « conteneurisation » – moyen de transporter aisément les marchandises diverses –, par la place à terre et les équipements spéciaux qu'implique ce système, modifie la physionomie de ports comme Le Havre, dont le quai de l'Atlantique, pourtant déjà insuffisant, est un modèle du genre. La course au tonnage, qui exige des ports disposant d'accès en eau profonde, a incontestablement avantagé les ports de front de mer comme Le Havre et Dunkerque, ou des créations comme Fos. Dans ces ports, qui disposent en outre de véritables « polders industriels », le navire géant peut aller jusqu'aux portes de l'usine. Seuls, les superpétroliers doivent rechercher d'autres facilités : Le Havre achève son annexe à Antifer, à quelques kilomètres du port actuel. Ainsi se dissocient, sur le plan spatial, la ville maritime, le port de commerce traditionnel, les espaces portuaires industrialisés et même les annexes pétrolières, reliées aux précédents éléments par des conduites : évolution qui n'est pas sans conséquences sur le plan humain, comme on le voit de Marseille à Fos.

Ces transformations techniques et économiques ont abouti à une concentration au profit d'un petit nombre de grands organismes portuaires, auxquels la loi a donné un statut particulier d'autonomie, bien éloigné cependant de la structure des grands ports concurrents étrangers : Dunkerque, Le Havre, Rouen, Saint-Nazaire-Nantes, Bordeaux et Marseille.

Toutefois, si dans un premier temps la tendance au gigantisme naval a avantagé ces grands ports, dans un second elle peut redonner leur chance à des ports secondaires, pourvu qu'ils se spécialisent : Bayonne et Lorient sont dans ce cas. Si l'on ne peut parler d'un véritable renouveau du cabotage national – déchu d'une façon surprenante en France –, certains ports bénéficient d'une fonction de redistribution. L'extension du Marché commun et un nouvel accent mis sur le développement des régions atlantiques vont dans le même sens d'une renaissance des ports secondaires : des ports bretons, comme Roscoff ou Saint-Malo, ont été les premiers à saisir ces nouvelles chances. ■

Ci-contre, de haut en bas, cartes :
Le réseau aérien intérieur.

Les voies navigables.

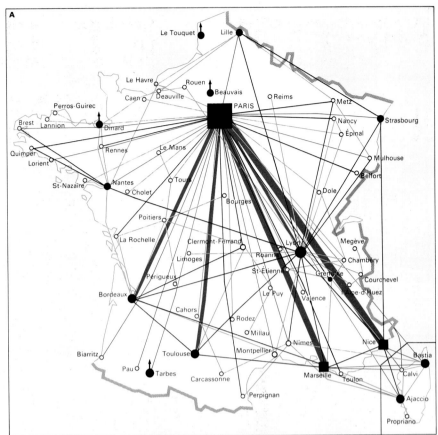

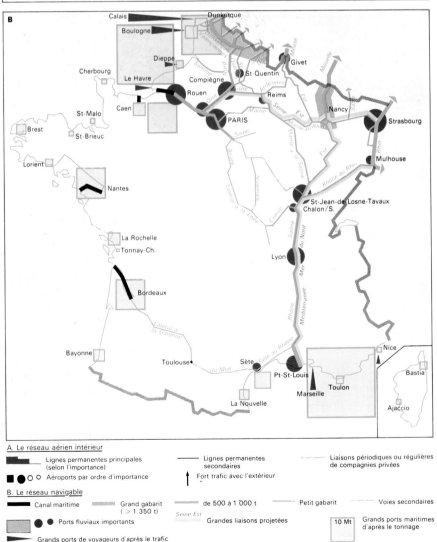

A. Le réseau aérien intérieur

▬ Lignes permanentes principales (selon l'importance)   — Lignes permanentes secondaires   ‥‥ Liaisons périodiques ou régulières de compagnies privées

■ ● ○ ○ Aéroports par ordre d'importance   ↑ Fort trafic avec l'extérieur

B. Le réseau navigable

▬ Canal maritime   Grand gabarit (> 1 350 t)   de 500 à 1 000 t   Petit gabarit   Voies secondaires

◼ ● ● Ports fluviaux importants   Grandes liaisons projetées   10 Mt ☐ Grands ports maritimes d'après le tonnage

◤ Grands ports de voyageurs d'après le trafic
1 million

PETITS ET GRANDS
« INTERMÉDIAIRES »

Phot. Vénézia

L'URBANISATION, LES CHANGEMENTS dans les modes de vie et les habitudes de consommation : autant de faits qui ne pouvaient manquer d'affecter les activités de distribution. Rues «piétonnes», hypermarchés, centres commerciaux, autant d'exemples d'innovations qui transforment parfois de manière spectaculaire la physionomie des villes. Il s'est même créé une discipline nouvelle : l'urbanisme commercial.

Vue de la rue de Rennes, artère commerçante à la fois traditionnelle et moderne, la tour Montparnasse, haut lieu des affaires de demain.

LES GÉANTS QUI VENDENT

Le phénomène le plus gros de conséquences humaines est la concentration de la distribution. Elle résulte de causes variées, qui vont de l'utilisation croissante de la voiture à la diffusion du réfrigérateur ou aux modifications de la clientèle et de ses goûts. À la concurrence traditionnelle entre commerçants s'ajoute celle qui existe entre les formes de distribution, de plus en plus variées. Longtemps il n'y a eu, en dehors de la « boutique », que les « grands magasins », système maintenant centenaire en France. Puis quelques maisons à succursales multiples s'étaient répandues sur le territoire, mettant l'accent, dans leur raison sociale, sur l'« épargne » ou les « économies » dont devait profiter l'acheteur. Les « magasins populaires » du type Monoprix ou Prisunic, nés après la crise mondiale de 1930, ont en principe une clientèle plus modeste que les grands magasins auquel ils sont liés dans le cadre de groupes puissants. Prisunic (groupe SAPAC-Au Printemps) rassemble près de 50 p. 100 des magasins populaires français. Monoprix (groupe Galeries Lafayette) en contrôle environ le tiers. Depuis la Seconde Guerre mondiale se sont développées des formes nouvelles de distribution issues du libre-service mis à la mode par les pays anglo-saxons : mais « supérettes », « supermarchés » et « hypermarchés » n'assurent encore que 6 à 7 p. 100 des ventes au détail.

Les supérettes (moins de 400 à 500 m² de surface de vente) sont le commerce de base des nouveaux quartiers créés depuis 1952. L'épicerie y constitue encore l'essentiel des rayons. Le supermarché, qui apparaît vers la fin des années 1950, se caractérise par une surface plus étendue (de 500 à 2 500 m²), le développement de rayons non alimentaires (équipement ménager, etc.) et certaines facilités de parking. Enfin se développent, surtout à partir de 1968, les « grandes surfaces » (de 3 000 à 25 000 m² et plus) ou hypermarchés, à l'imitation des réalisations américaines des années 1950. Les formes, au début assez frustes, deviennent plus sophistiquées. Que de chemin parcouru en peu d'années depuis le premier « Carrefour » de Sainte-Geneviève-des-Bois, en plein monde pavillonnaire, jusqu'aux centres plus complexes de Parly II, Vélizy II ou de La Belle-Épine !

En effet, parallèlement, les diverses formes de commerce finissent par se juxtaposer, sinon par s'associer, dans des centres commerciaux d'un nouveau type. Ainsi, à La Belle-Épine, non loin d'Orly, sont réunis un hypermarché, un magasin populaire et deux grands magasins, sans compter de nombreux commerçants indépendants, des salles de spectacle et des restaurants. Les nouvelles « usines à vendre » misent de plus en plus sur les goûts diversifiés et changeants de la nouvelle clientèle urbaine. Ils se veulent lieu de flânerie et de distraction autant que centre utilitaire. Tout est fait pour y transformer le badaud en acheteur. Ces nouveaux « centres commerciaux » géants ne suscitent pas les mêmes réserves que l'hypermarché « classique », qui apparaît souvent froid et comme perdu au milieu de ses gigantesques parkings. ■

LA RENAISSANCE DES BOUTIQUES

Ce développement de systèmes concurrents a eu deux conséquences : une sensible diminution des points de vente et un renouveau du commerce traditionnel. La diminution des points de vente était inévitable tant l'appareil commercial français était émietté : un pour 35 habitants en 1965 ! Cette contraction a affecté essentiellement le commerce de détail, et plus spécialement les magasins d'alimentation. Les cessations de commerce, bien qu'imparfaitement connues, semblent avoir battu tous les records à la fin de la décennie 1960-1970 : de 60 000 à 70 000 par an ! Elles dépassaient largement les ouvertures de nouveaux points de vente.

Ci-dessous, de gauche à droite :
À deux pas de la Librairie Larousse, à Paris, sur le boulevard Raspail, la « boutique-baraque » d'un brocanteur aux marchandises parfois surprenantes.

Enfin réservée aux piétons, aux badauds et aux acheteurs, une voie commerçante du vieux Rouen, la rue du Gros-Horloge.

Page de droite :
Perdu dans les champs et les vignes, le temple de la consommation : un hypermarché aux environs de Tournus.

Phot. de Forceville

Phot. Jipe-Cédri

Toutefois, le commerce traditionnel a su, pour une part, réagir. Le Français – et plus encore la Française – a «ses» commerçants, et le grand commerce intégré ne correspond pas à tous les besoins ou à tous les goûts. Les réponses du commerce au défi des grandes surfaces ont été variées. Dans certains cas se sont développés les chaînes volontaires et les groupements d'achats. Beaucoup de commerçants, il est vrai, durent accepter la gérance d'établissements dépendant de firmes à succursales multiples, dont Reims est l'une des capitales.

Dans d'autres cas, le commerce urbain a voulu contrebalancer, en quelque sorte, la polyvalence du commerce intégré en se spécialisant dans les articles rares ou de qualité. La «boutique» a pris de cette façon un autre sens. Ainsi, nombre de centres de ville – menacés d'asphyxie à la fois par la prolifération des bureaux, l'invasion de l'automobile, l'insuffisance des possibilités de stationnement et, bien entendu, par les centres commerciaux périphériques – ont su s'adapter et «s'affiner». Les rues piétonnes, d'abord repoussées, ont été adoptées, redonnant sa place à la flânerie. Rouen est un assez bon exemple de revitalisation d'un centre ancien, grâce en particulier à la création de près de 2 km de voies piétonnes quasi continues. Il est vrai qu'on a donné au centre de Rouen le temps de s'adapter : le premier hypermarché de la région ne s'y est ouvert qu'en 1973. Au milieu de 1973, il n'y avait plus

Phot. Boulas

qu'une quinzaine de départements dans ce cas, regroupant moins de 10 p. 100 de la population française. En fait, l'expérience a montré que plusieurs formes de distribution peuvent coexister, y compris le mouvement coopératif, les organismes de vente par correspondance ou les «centres Leclerc», qui viennent accroître les possibilités de choix du consommateur.

La renaissance du commerce peut être mesurée par le fait que, depuis 1971, les créations de commerce sont supérieures aux cessations d'activité, sauf dans le secteur de l'alimentation et des autres biens à caractère banal, où la concentration continue impitoyablement et où la guerre des prix reste vive. Au total, malgré la progression des «grandes surfaces», le commerce de détail français passe encore par la «boutique» pour les trois quarts.

Ces transformations vont de pair avec une réorganisation complète des circuits d'approvisionnement des grandes villes. Si les nouvelles installations de La Villette pour la viande ont été un échec ruineux, le marché de Rungis a avantageusement remplacé les Halles de Paris sur le plan de l'efficacité. Chacune des grandes villes françaises dispose d'un «marché d'intérêt national» qui rayonne sur son aire d'influence.

La carte de répartition du commerce en France évolue donc considérablement. Elle n'est pas sans analogie avec les cartes de densité de population; mais d'autres phénomènes interviennent aussi : différences du pouvoir d'achat des familles ou «richesse vive», mais aussi types de revenus ou genres de vie. La répartition des magasins populaires correspond assez bien à la France urbaine et industrielle, avec une densité particulièrement grande au centre du Bassin parisien, dans le Nord et le Sud-Est. Le Sud-Ouest et le Centre-Ouest ne sont pas leur zone d'élection : le Gers est même le seul département sans magasin populaire. Les grands magasins, beaucoup moins nombreux (170 au total), sont aussi répartis surtout dans le Bassin parisien – banlieue parisienne exceptée, sauf une implantation récente (Yvelines) –, dans l'Est et les Alpes-Maritimes. Mais leur surface de vente est plus étendue que celle des magasins populaires (75 p. 100 ont entre 2 500 et 7 500 m²). Paris est la mieux pourvue, avec 17 établissements, dont 10 de plus de 15 000 m². Cela est encore plus vrai de l'assortiment : 50 000 articles en province contre 300 000 à Paris. Un des groupes (Nouvelles Galeries) n'est cependant représenté qu'en province.

Les hypermarchés sont de plus en plus nombreux : de 30 en 1969, ils sont passés à 240 à la fin de 1973, et l'on peut en prévoir entre 300 et 350 en 1975, peut-être plus de 600 en 1980. Sous les enseignes «Carrefour», «Euromarché», «Mammouth»,

«Radar», «Record», «Auchan», etc., les hypermarchés contribuent à façonner le développement périurbain de notre pays. Dans l'ensemble ils sont relativement nombreux dans des régions mal dotées en magasins populaires ou en grands magasins – comme la banlieue de Paris –, à l'exception de départements très urbanisés comme le Nord. Mais n'y a-t-il pas un risque de suréquipement? En fait, sous des formes diverses, se profilent des groupes commerciaux d'échelle nationale qui s'intéressent à toutes les formes de distribution, y compris les centrales d'achat, et commercialisent parfois des articles qu'ils produisent eux-mêmes. ∎

LE RÈGNE DES BUREAUX

L'analyse des échanges en France serait incomplète si on ne faisait pas leur place à ce que J. Gottmann appelle les «centres transactionnels», c'est-à-dire les villes où se prennent les décisions importantes et d'où partent les impulsions majeures de la vie économique. Ces échanges immatériels ont comme «matière première» des informations, y compris leur forme la plus élaborée, la recherche. Leurs facteurs de localisation, s'ils restent moins étudiés, sont cependant, dans l'état actuel de nos sociétés, très rigoureux.

La «tertiarisation» des centres est un phénomène ancien qui a été étudié surtout à Londres et à Manhattan; mais le phénomène s'accentue rapidement dans les grandes villes françaises et surtout à Paris. Il se caractérise d'abord par le développement rapide des bureaux. En effet, les opérations de production et les activités de décision ou d'organisation se dissocient de plus en plus. Autant les premières se décentralisent volontiers, autant les secondes ont du mal à «éclater» et ont tendance, au contraire, à se concentrer dans des quartiers d'affaires. Les «bureaux» doivent avoir en effet des contacts de plus en plus étroits entre eux, soit parce qu'ils ont besoin les uns des autres, soit parce qu'ils ont une même clientèle, ou bien encore parce qu'ils font appel à de nombreux services communs (études, expertise, informatique, etc.).

Les lieux d'élection des bureaux, en France comme ailleurs, sont les centres des grandes villes bien innervées par des moyens de communication puissants et nombreux, bien reliées à un grand aéroport

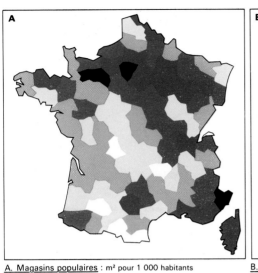

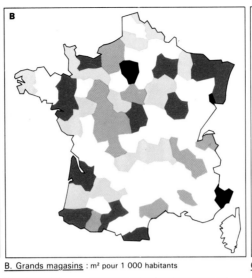

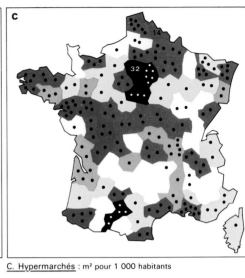

A. Magasins populaires : m² pour 1 000 habitants

aucun 1 5 10 15 20 30

(surfaces de vente; d'après « Libre-Service Actualités », avril 1973)

B. Grands magasins : m² pour 1 000 habitants

aucun 1 10 15 20 30 40

C. Hypermarchés : m² pour 1 000 habitants

aucun 1 10 20 30 40 50

• 1 hypermarché

et en contact étroit, très souvent, avec des institutions de recherches publiques ou privées. Mais en outre, dans beaucoup de grandes villes, surtout lorsque le caractère historique de leur tissu urbain ne permet pas toutes les adaptations nécessaires, on assiste, sous la pression des besoins, la spéculation aidant, à la création de nouveaux quartiers de bureaux. Le phénomène est particulièrement sensible à Paris, où plusieurs groupements se sont ainsi développés depuis une décennie : la Défense, Bercy, la tour Montparnasse, le Front de Seine, et certaines parties de la banlieue comme la route qui va de Versailles à Fresnes.

Dans un État aussi centralisé que la France sur le plan économique et politique, il n'est pas étonnant que la création de bureaux bénéficie surtout à la région parisienne, où le rythme actuel de construction est de l'ordre de 800 000 m² par an! Plus du tiers des emplois y sont des emplois de bureau; le rythme annuel de création, au cours du VI⁰ Plan, y dépasse 30 000 emplois, soit plus de la moitié du nombre total d'emplois créés...

La tertiarisation accélérée de l'économie française profite donc surtout à la région parisienne, malgré une législation en principe restrictive. Depuis 1966, dans les limites du district de la Région parisienne, 8 millions de mètres carrés de bureaux ont été construits, sont en cours d'achèvement ou programmés! Le rythme devrait se maintenir dans les prochaines années. Cette hypothèse apparaît d'autant plus inquiétante qu'elle bénéficie surtout à la partie ouest du district (Hauts-de-Seine et ouest de la Ville de Paris), accentuant encore le déséquilibre déjà observé avec la partie est de la capitale.

En revanche, la province reçoit infiniment moins de bureaux, ce qui signifie en fait une sorte de « déqualification » ainsi qu'une diminution des pouvoirs de décision. On a bien mis sur pied quelques opérations de construction de bureaux en province, mais elles n'ont rien de comparable à celles de l'agglomération parisienne. Ainsi, le Centre de commerce international, que l'on a décidé d'implanter au Havre pour regrouper les professions ayant trait au négoce et au transit, aura une surface de bureaux inférieure à la seule tour Fiat de la Défense. L'exemple du Havre montre cependant que l'on s'efforce de mieux répartir le développement du tertiaire ou, du moins, de ne pas laisser jouer à plein les processus cumulatifs. Après la décentralisation industrielle, la décentralisation du tertiaire est à l'ordre du jour.

Le système de redevances mis en place en 1960 pour limiter la construction de bureaux en région parisienne s'étant révélé inefficace, diverses mesures ont été prises en 1971 et 1972. En particulier, l'agrément ministériel est nécessaire pour toute nouvelle construction de plus de 1 000 m² de bureaux en région parisienne. Les principes officiels visent à donner la priorité aux implantations dans les villes nouvelles et les pôles de restructuration de la banlieue est, et à promouvoir un certain nombre d'opérations provinciales.

Il semble bien, cependant, que ces opérations sont davantage un moyen d'y restructurer les centres des villes et de permettre les extensions de bureaux existants que l'occasion d'une véritable décentralisation du tertiaire de haut niveau. L'exemple de la Part-Dieu à Lyon, en dépit de certaines réussites, est à cet égard caractéristique. En outre, la demande annuelle en province

n'est évaluée qu'à 175 000 m² : quatre ou cinq fois moins qu'à Paris...

On ne voit guère se décentraliser en province que des activités tertiaires à caractère banal, sans contact direct avec le public : services de titres de banques, mécanographie, etc. À Paris, au contraire, demeure l'essentiel des services de décision; les investisseurs britanniques, qui s'intéressent beaucoup, depuis quelques années, au marché des bureaux, y ont même entrepris la construction « en blanc » de près de 2 millions de mètres carrés. Le projet de la Cité financière de Paris, entre l'Opéra, la gare Saint-Lazare et la Bourse, destinée à accroître la compétitivité de Paris face à Francfort, Zurich et surtout Londres, n'est pas de nature à rendre crédible la volonté des pouvoirs publics de décentraliser et même de rééquilibrer la région parisienne.

L'exemple des échanges est particulièrement caractéristique de la centralisation française. Qu'il s'agisse des réseaux de transports, des activités commerciales de haut niveau, du tertiaire supérieur, l'emprise de Paris est écrasante. Ainsi, les deux tiers des chercheurs français résident en région parisienne. Près de 50 p. 100 des diplômes des grandes écoles y sont délivrés. Paris effectue plus de 80 p. 100 des opérations financières de la France. Or les échanges ne sont pas seulement le résultat, en quelque sorte passif, du processus de production. Ils jouent de plus en plus un rôle moteur. Aménagement des transports et politique de localisation du tertiaire ont aujourd'hui un rôle croissant dans l'organisation de l'espace national. ■

Ci-dessus, carte :
Les géants de la distribution.

FORCES ET FAIBLESSES

Phot. Ruyant Prod.-Aérovision

L'ANALYSE DE LA PUISSANCE FRANÇAISE montre donc que la France ressortit sans conteste au groupe des grands États du Monde. Si deux d'entre eux, les États-Unis et l'URSS, ont souvent été qualifiés de «superpuissances», et paraissent appartenir à une tout autre catégorie, tant par leur production que par leur influence réelle, du moins la France se classe-t-elle parmi ceux qui les suivent immédiatement, quoique à distance respectueuse.

Un paysage du passé dans une région très peuplée, en pleine transformation :
Bully-les-Mines (Pas-de-Calais).

Selon les cas, mais avec une assez belle régularité, la France apparaît comme la 5e, la 6e ou la 7e puissance mondiale. Le tableau ci-dessous, sur lequel nous avons regroupé les résultats les plus significatifs, est assez éloquent. Leur comparaison montre que les productions industrielles se situent en général dans le centre du tableau ; mais d'autres indices signalent plus particulièrement forces et faiblesses.

C'est ainsi que classements et valeurs soulignent la richesse agricole de la nation, même si l'on met à part le cas particulier du vin, où, d'ailleurs, la France a perdu la première place au profit de l'Italie. Il y a pourtant une fâcheuse exception à cette règle : elle concerne les troupeaux et les produits animaux, où les rangs sont moins flatteurs. La législation, plus favorable aux cultures de céréales et de betteraves, les contraintes de l'élevage, qui font que celui-ci est souvent le fait de petites exploitations, contribuent à expliquer ce décalage.

Un autre résultat significatif tient à la place de l'automobile, tant dans la densité de véhicules que dans la production – et l'on a vu le rôle que celle-ci tient dans les exportations françaises. C'est un succès,

Ci-contre :
À l'orée d'une des grandes forêts
voisines de Paris,
un haut lieu qui fut voué
au faste et à la grandeur :
le château de Saint-Germain-en-Laye.

Ci-dessous, carte :
Le palmarès des productions françaises.

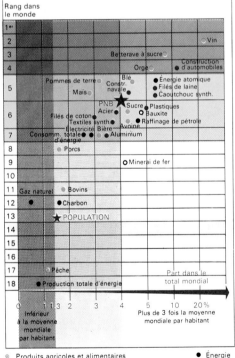

Phot. Ruyant Prod.-Aérovision

mais qui peut inquiéter, dans la mesure où l'on reproche parfois à l'État d'avoir excessivement consacré à la voiture particulière, nouvelle divinité, mais source de lourdes dépenses pour les ménages, et de bien des nuisances.

En revanche, on observe des classements moins brillants. C'est le cas de l'énergie, non seulement pour la production, ce qui est bien connu, mais même pour la consommation ; il faut ajouter que la France est l'un des États qui ont accordé le plus de place au pétrole parmi les sources d'énergie – sans doute avec excès, si l'on tient compte des problèmes de pollution,

des gaspillages, qui font que de longues files de camions sont appelées à remplacer les trains, même sur des trajets que ceux-ci pourraient accomplir, et de l'inquiétante insécurité des approvisionnements.

Il apparaît aussi que la France néglige trop les mers : tant pour la pêche, sans doute insuffisamment rémunératrice, et compte tenu de ce que les Français consomment relativement peu de poisson, que pour la navigation ; mais il faut évidemment compter ici avec les « pavillons de complaisance », arborés par les navires que l'on préfère immatriculer dans ces « paradis fiscaux » que sont Panama, le Liberia, etc.

les concurrents, fort avertis. On y ajoutera l'ampleur de l'inégalité des revenus, qu'est loin de réduire un système fiscal souvent critiqué, laissant bien moins de place aux impôts directs qu'aux impôts indirects. La France n'a certes pas le privilège de ce genre d'inégalité, mais l'éventail des revenus y est particulièrement ouvert, et la dissimulation fiscale remarquablement ample.

Enfin, un autre trait distinctif est l'extrême centralisation des pouvoirs de décision, rarement atteinte à ce point dans un État développé. Paris ne laisse que peu de place aux autres villes et aux autres régions, et cette situation suscite la montée incessante d'un «régionalisme» aux formes les plus diverses.

La France parmi les grandes firmes européennes

Chiffres d'affaires consolidés (1972) supérieurs à 10 milliards de francs[1].

1. Shell (pétrole, chimie)	72,7	GB-N
2. Unilever (chimie, alim.)	42,3	GB-N
3. Philips (constr. électr.)	31,4	N
4. BP (pétrole, chimie)	30,4	GB
5. Volkswagen (autom.)	25,4	D
6. Siemens (métall., électr.)	24,1	D
7. ICI (chimie)	22,6	GB
8. Daimler-Benz (autom.)	22,2	D
9. BASF (chimie)	21,7	D
10. Hoechst (chimie)	21,5	D
11. Nestlé (alim.)	21,0	CH
12. Bayer (chimie)	20,4	D
13. British Steel (métall.)	19,7	GB
14. ENI (pétrole)	19,3	I
15. Fiat (autom.)	18,7	I
16. Montedison (chimie)	18,5	I
17. *Renault* (autom.)	17,9	F
18. BLMC (autom.)	17,1	GB
19. AEG (constr. électr.)	15,9	D
20. Thyssen (métall.)	15,6	D
21. *CFP (Total)* [pétrole]	14,2	F
22. General Electric Co. (constr. électr.)	13,6	GB
23. *PUK (Pechiney)* [chimie, métall.]	13,4	F
24. *Saint-Gobain* (chimie, verre)	13,1	F
25. AKZO (chimie)	13,0	N
26. *Rhône-Poulenc* (chimie)	12,5	F
27. GHH (métall.)	12,1	D
28. Mannesmann (métall.)	11,4	D
29. *CGE* (constr. électr.)	10,9	F
30. *Peugeot* (autom.)	10,8	F
31. Ciba-Geigy (pharm.)	10,7	CH
32. Courtaulds (textile)	10,4	GB

[1] *D'après l'Expansion, automne 1973. La plus grande firme française n'est donc que la 17e de la Communauté économique européenne par le chiffre d'affaires.*

Par rapport aux pays les plus «développés», parmi lesquels elle se classe, la France se signale aussi par sa forte proportion de petits patrons et travailleurs indépendants du commerce, de l'industrie et de l'agriculture. En sens contraire, elle apparaît faiblement peuplée, et, si les Français sacrifient beaucoup à l'automobile, ils «consomment» relativement moins dans le domaine des loisirs et de la culture : les achats de livres et de journaux, comme la fréquence et le nombre des départs en vacances, sont généralement plus modérés que dans les autres États de l'Europe du Nord et du Nord-Ouest.

Les structures de la production elles-mêmes portent encore quelques traces du passé : la France a moins de très grandes firmes que ses voisins, mais beaucoup plus de petites entreprises familiales, dont les héritiers n'ont pas toujours le dynamisme et la compétence du fondateur : elles sont actuellement une proie facile pour les firmes étrangères «multinationales» à l'affût de bons placements. Une certaine tradition du secret pèse ici plus lourdement que dans la plupart des États industriels ; elle ne facilite pas la connaissance, tout en étant de peu de profit pour ses tenants, dans la mesure où elle ne gêne nullement

LES FINANCES DE LA FRANCE ET DES FRANÇAIS

1. **Le « produit intérieur brut »** s'élève à 803 milliards de francs. Il sert pour 544 milliards à la consommation (512 pour les ménages, 28 pour les administrations), 231 à l'investissement, dont 141 pour les investissements productifs (80 en machines, 42 en bâtiments), 60 pour le logement.

2. **L'ensemble des ressources** des différents agents économiques (comptes d'exploitation) se répartit en : entreprises privées non agricoles, 44 p. 100; administrations, 26 p. 100; échanges extérieurs, 10 p. 100; entreprises publiques, 7 p. 100; institutions financières (banques, assurances, etc.), 7 p. 100; entreprises privées agricoles, 4 p. 100; ménages, 3 p. 100. Dans l'ensemble, on peut considérer qu'à cet égard le domaine privé représente donc approximativement 64 p. 100 des affaires, le domaine public et para-public 36 p. 100.

3. **Le « revenu national »** est évalué à 694 milliards : 434 reviennent aux 16 500 000 salariés (26 000 F par tête), 199 aux 4 350 000 patrons et travailleurs indépendants (45 000 F par tête), et 62 aux sociétés.

4. **Le « revenu brut des ménages »** est de 700 milliards : 300 viennent des salaires nets (dont 1/5 des administrations), 157 des revenus patronaux directs, 159 des prestations sociales (dont les retraites), 30 des intérêts, dividendes et fermages; de ce total, 104 sont consacrés à l'épargne, 83 aux cotisations, impôts directs, assurances, etc., 512 à la consommation.

5. **Les salaires bruts** forment une masse totale de 325 milliards de francs; l'État (administrations) en verse 43 (13 p. 100), les autres administrations (collectivités locales, Sécurité sociale, administrations privées) 6 p. 100, les entreprises publiques 11 p. 100, les entreprises privées non agricoles 63 p. 100, les entreprises agricoles 1,5 p. 100, les ménages 1,3 p. 100, les établissements financiers 3 p. 100.

6. **Les impôts** fournissent 190 milliards à l'État; 80 viennent de la taxe sur les chiffres d'affaires (TVA), 28 du revenu des personnes physiques, 19 du bénéfice des sociétés, 19 des taxes spécifiques (11 sur les produits pétroliers, 4 sur les tabacs et allumettes, etc.), 10 des autres impôts directs (contribution mobilière 3,7, vignette 1,1, etc.) et 31 des autres impôts indirects (dont 8 des patentes); au total, 58 milliards seulement viennent des impôts directs (30 p. 100). Par rapport au revenu des ménages, l'impôt direct (sociétés exclues, soit 38 milliards) ne représente que 5,5 p. 100.

7. **La « consommation des ménages »** représentait 575 milliards de francs en 1972, soit 34 000 F par ménage, compte tenu des allocations, de la sécurité sociale, des loyers fictifs, etc.

Voici les principaux postes de la consommation : alimentation, 154 milliards (26,8 p. 100 contre 37 p. 100 en 1959); habillement, 54 (9,4 p. 100, 11,4 en 1959); habitation, 124 (21,6 p. 100, 17,5 en 1959), dont 87 pour le logement (y compris chauffage, nettoyage, entretien) et 37 pour son équipement; hygiène et santé, 75 (13,1 p. 100, 8,3 en 1959); transports et télécommunications, 63 (10,3 p. 100, 8,4 en 1959); culture et loisirs, 50 (8,7 p. 100, 7,8 en 1959); hôtels, cafés, restaurants, etc., 55 (9,5 p. 100, 9,2 en 1959).

Dans le détail, on trouve 17 milliards pour les achats d'automobiles et caravanes contre 4 pour les téléviseurs, 1,1 pour les réfrigérateurs, 1,8 pour les machines à laver, 31 pour les autres bien durables (articles ménagers, meubles, cycles, radio, photo-cinéma, armes, livres, horlogerie, plaisance, etc.), 8 pour tabacs et allumettes...

8. **Le budget de l'État** proprement dit est de l'ordre de 168 milliards, celui des collectivités locales (communes, départements, etc.) de 42. Les deux sont essentiellement financés par les impôts. Le budget de la Sécurité sociale est très élevé (135 milliards) et alimenté essentiellement par les cotisations sociales (27 milliards versés par les salariés, 87 par les employeurs, 8 par les non-salariés); 43 milliards sont consacrés aux prestations maladie, maternité, décès, 7 aux accidents du travail, 21 aux allocations familiales, 48 aux retraites, 1 au chômage.

Source : Rapport sur les comptes de la nation, année 1971 (Paris, INSEE). Les données sur la consommation sont de 1972.

Les branches de la production française

	valeur ajoutée (milliards de F)	milliers d'actifs [2]	valeur ajoutée par actif (milliers de F)
Agriculture [1]	51,5	2 600	19
Industries agric. et alim.	45,4	650	70
Charbon	4,0	104	38
Gaz, électricité, eau	14,2	136	102
Gaz naturel et pétrole	29,4	100	294
Verre, mat. de construction	14,5	305	47
Fer, sidérurgie	12,8	177	72
Non-ferreux	4,3	31	139
Métallurgie	22,1	507	43
Mécanique, machines	48,0	884	54
Constr. électrique	16,9	415	41
Auto, cycle	18,3	374	49
Contr. navales, aéron., armes	5,5	150	37
Chimie, caoutchouc	24,0	428	56
Textile	16,2	437	38
Habillement, cuir	12,6	487	26
Bois	11,6	284	40
Papier, presse, édition	19,1	395	48
Diverses industries	9,5	230	41
Bâtiment et trav. publics	87,4	2 050	42
Transports	30,7	723	42
Télécommunications	13,6	370	37
Service du logement	40,6	80	510
Autres services	127,6	2 830	45
Commerce	101,1	2 391	42
Totaux	738,5	17 163	45

[1] Dont 20,5 pour le bétail, 13,8 pour le lait, 12 pour les céréales, 7,6 pour les fruits et légumes, 6 pour les vins.
[2] Connus avec précision; plus de 3,6 millions sont « hors branches » (salariés des ménages, des administrations et des institutions financières).

LES FRANCES

Phot. Studio des Gds-Augustins

LE PROBLÈME RÉGIONAL est bien l'une des questions fondamentales en France. L'inégalité des revenus et des chances existe aussi au niveau régional ; on en a pris conscience, on s'efforce même d'y porter remède : c'est l'un des buts de l'aménagement du territoire.

Vert et humide, sage dans son relief :
un classique paysage de France (l'Yonne et son canal, à Mailly-le-Château).

Pendant trop longtemps – et souvent encore de nos jours –, les manuels scolaires ont présenté une image de la France qui donnait une fausse idée du découpage régional. C'est qu'on avait confondu les régions avec leur support physique, et même, plus précisément, avec leur géologie : on opposait ainsi les «massifs anciens», les «montagnes jeunes» et les «bassins sédimentaires», sans d'ailleurs trop savoir comment placer ce fameux «couloir de la Saône et du Rhône», ou les plaines méditerranéennes. À coup sûr, ce classement ne permettait de voir ni l'originalité des pays du Centre-Ouest (Poitou et Charentes), ni celle de la Bourgogne, ni celle des bocages profondément ruraux des «marges armoricaines», pas plus que l'unité de la Normandie ou de cet ensemble de plateaux un peu isolés qui, du Limousin au Rouergue et au Périgord, s'interposent entre le Sud-Ouest, l'Auvergne et les pays ligériens.

PARIS
ET LE RESTE

Ce fut un progrès, même une petite révolution, quand on songea à opposer clairement, mais non sans abus, «Paris et le désert français». Car il y a là, en effet, une dichotomie majeure dans le territoire national ; elle se marque par la part que prend Paris dans l'économie française, et par sa capacité d'organisation de l'espace.

Pour apprécier le poids de Paris en France, on peut analyser les données qui se rapportent à la «Région parisienne» ; c'est un peu plus que la capitale et ses vastes banlieues, mais c'est une bonne approximation, et l'on ne dispose guère de statistiques plus précises. Cette région groupe 18,5 p. 100 de la population française métropolitaine, mais 20 p. 100 de la population active, 25 p. 100 des actifs du secteur secondaire, 28 p. 100 de ceux du tertiaire. Et son poids réel, en France, est bien plus considérable.

Tout d'abord, Paris est le centre de décision quasi unique. L'extrême centralisation de l'administration française, représentée en province par les préfets, laisse peu de place aux initiatives locales : que peut-on faire sans l'accord du préfet, des bureaux parisiens, et sans les financements qu'ils dispensent ? Il en est de même dans le domaine privé, si l'on sait que plus de 80 p. 100 des sièges des grandes sociétés sont à Paris : la première ville de province sous ce rapport, Lyon, n'en regroupe pas 2 p. 100. Cette concentration fait que Paris assure *la moitié* des recettes de l'État (64 p. 100 de l'impôt sur les bénéfices des sociétés) et *la moitié* du chiffre d'affaires des entreprises, et reçoit 58 p. 100 des crédits bancaires. Certes, ces crédits sont ensuite partiellement dirigés sur les établissements provinciaux des firmes, qui assurent une partie des chiffres d'affaires et des impôts comptabilisés à Paris. Mais c'est bien à Paris que se prennent les décisions – mis à part, il est vrai, le cas des firmes étrangères, où Paris n'est elle-même qu'un relais, et dont les têtes sont à New York, à Londres, à Francfort ou ailleurs.

D'autre part, la Région parisienne assure sur son propre territoire une part des productions françaises bien supérieure à celle que représente sa population. On y trouve 35 p. 100 de la métallurgie française (versant 43 p. 100 des salaires de la branche et recevant 40 p. 100 des nouveaux investissements...), 37 p. 100 de la chimie, 45 p. 100 des constructions mécaniques et électriques (57 p. 100 des salaires et 64 p. 100 des investissements!), 45 p. 100 de l'industrie automobile, 55 p. 100 des industries polygraphiques (presse, imprimerie, édition) – et même 21 p. 100 des industries agricoles et alimentaires...

Les entreprises sont plus grandes qu'en province : Paris a 32 p. 100 des établissements de plus de 1 000 salariés et réalise 38 p. 100 du chiffre d'affaires du secteur tertiaire, avec seulement 28 p. 100 des travailleurs. Les salaires sont élevés : la moyenne de 1969 donnait 19 080 F pour Paris, contre 11 907 à 14 258 pour les régions de province. Aussi, Paris verse-t-il à ses habitants *le tiers des salaires français*. Les proportions sont aussi de l'ordre de 30 à 38 p. 100 pour les importations, le trafic postal, le téléphone et le télex, la presse quotidienne, le nombre d'étudiants ou de médecins, la fréquentation des cinémas.

Enfin, il est des domaines où la puissance parisienne est encore plus considérable : 55 p. 100 des «services aux entreprises», la moitié des employés de banque, les deux tiers des chercheurs comme du personnel occupé dans les spectacles, 54 p. 100 des séjours d'étrangers en hôtels, plus de 90 p. 100 de l'édition, 81 p. 100 de la presse du soir, 78 p. 100 des hebdomadaires et 73 p. 100 des mensuels...

Sans doute, la concentration des moyens est souvent efficace ; mais jusqu'à un certain point, au-delà duquel elle est stérilisante, au moins pour le reste de la nation, et devient source de lourds gaspillages : qu'on songe aux nuisances de la vie parisienne, au coût du déficit des transports de banlieue, aux lenteurs nées de l'encombrement, au prix des terrains et des loyers... Or, en dépit des intentions affichées par l'aménagement du territoire, cette situation est artificiellement entretenue par l'État, qui consent à Paris de lourds investissements et y entretient, notamment, les transports en commun...

Légende de la carte :
★ Métropole nationale
○--- Petite couronne de Paris
●--- Grande couronne
●▬ Couronne externe
■ «Métropole d'équilibre» et sa zone d'influence
✳ Ville-relais, proche et lointaine
Axe essentiel de développement
Région urbaine

Lille, Amiens, Le Havre, Beauvais, Compiègne, Thionville, Caen, Rouen, Reims, Metz, Brest, Chartres, Nancy, Strasbourg, Rennes, Le Mans, Troyes, Mulhouse, Angers, Orléans, Dijon, Besançon, St-Nazaire, Tours, Nantes, Bourges, Nevers, Poitiers, La Rochelle, Lyon, Limoges, Clermont-Fd, St-Étienne, Grenoble, Bordeaux, Nîmes, Avignon, Nice, Toulouse, Aix, Pau, Montpellier, Marseille, Toulon, Perpignan

Ci-contre, carte :
Les traits essentiels du réseau urbain français.

Page de droite :
Sur l'herbe des coteaux dorés
qui rehaussent
la butte inspirée de Vézelay
(où fut prêchée
la deuxième croisade)
rêve un bœuf charolais.
Phot. Boursin

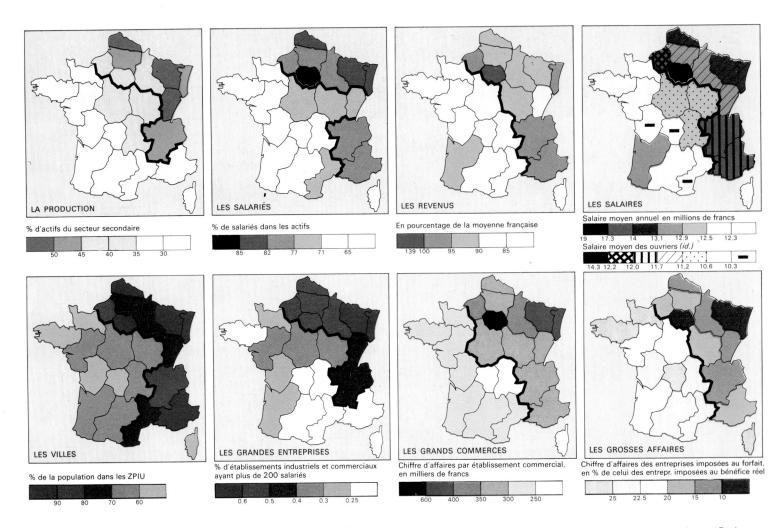

LA PRODUCTION
% d'actifs du secteur secondaire
50 45 40 35 30

LES SALARIÉS
% de salariés dans les actifs
85 82 77 71 65

LES REVENUS
En pourcentage de la moyenne française
139 100 95 90 85

LES SALAIRES
Salaire moyen annuel en millions de francs
19 17,3 14 13,1 12,9 12,5 12,3
Salaire moyen des ouvriers (id.)
14,3 12,2 12,0 11,7 11,2 10,6 10,3

LES VILLES
% de la population dans les ZPIU
90 80 70 60

LES GRANDES ENTREPRISES
% d'établissements industriels et commerciaux
ayant plus de 200 salariés
0,6 0,5 0,4 0,3 0,25

LES GRANDS COMMERCES
Chiffre d'affaires par établissement commercial,
en milliers de francs
600 400 350 300 250

LES GROSSES AFFAIRES
Chiffre d'affaires des entreprises imposées au forfait,
en % de celui des entrepr. imposées au bénéfice réel
25 22,5 20 15 10

IMAGES DE LA FRANCE

Ce choix de cartes par régions illustre la diversité des clivages de la France.

Ci-dessus, un groupe de huit cartes souligne l'opposition entre la France de l'Est et la France de l'Ouest. On voit que la Bourgogne hésite quelque peu, et que le Centre (Orléans-Tours) tend à s'associer parfois à la France de l'Est. Tout au sud, la coupure oscille, mais passe généralement entre Provence et Languedoc.

Ci-dessous, un groupe de quatre cartes met en valeur quelques traits du phénomène « Midi », marqué par la scolarisation et l'orientation « littéraire », la place des professions libérales et un certain archaïsme dans les placements financiers.

Page de droite, les situations sont beaucoup plus complexes, illustrant la combinaison des influences : l'opposition Nord-Midi à nouveau (jeunes, mobilité); le dynamisme du Bassin parisien (fermes, mobilité); l'opposition entre les régions d'urbanisation moderne (Paris, Haute-Normandie, Midi, Alsace) et celles qui se dégagent plus lentement du XIXᵉ siècle, qu'elles soient industrielles (Nord, Lorraine) ou rurales (Ouest) : mobilité, télex, téléphone, divorces, éléments de confort.

La carte politique, plus détaillée, ne correspond guère à l'ensemble des autres divisions : il y a du moderne et de l'archaïque, comme du riche et du pauvre, des parties en crise et des parties dynamiques, dans les Frances de droite comme dans les Frances de gauche.

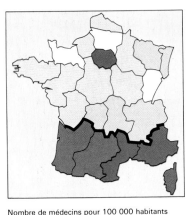

Nombre de médecins pour 100 000 habitants
150 125 100 90

Dépôts en caisses d'épargne en % de l'ensemble
des dépôts épargne + banques
35 30 25

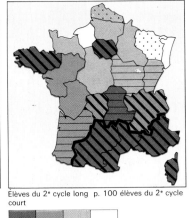

Élèves du 2ᵉ cycle long p. 100 élèves du 2ᵉ cycle
court
150 125 100
Taux de scolarisation en classe de seconde
Très fort Fort Moyen Faible

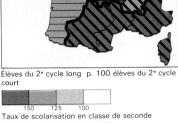

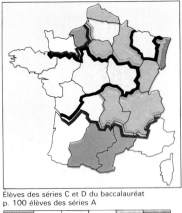

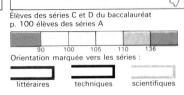

Élèves des séries C et D du baccalauréat
p. 100 élèves des séries A
90 100 105 110 136
Orientation marquée vers les séries :
littéraires techniques scientifiques

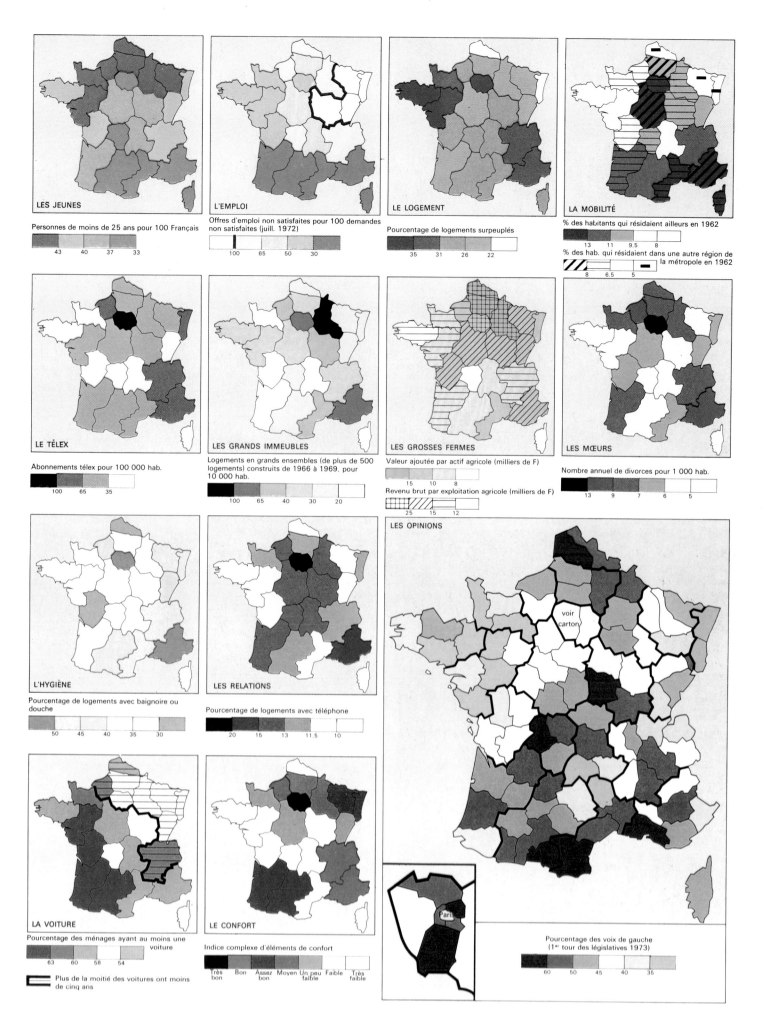

LES JEUNES

Personnes de moins de 25 ans pour 100 Français

43 40 37 33

L'EMPLOI

Offres d'emploi non satisfaites pour 100 demandes
non satisfaites (juill. 1972)

100 65 50 30

LE LOGEMENT

Pourcentage de logements surpeuplés

35 31 26 22

LA MOBILITÉ

% des habitants qui résidaient ailleurs en 1962

13 11 9.5 8

% des hab. qui résidaient dans une autre région de
la métropole en 1962

8 6.5 5

LE TÉLEX

Abonnements télex pour 100 000 hab.

100 65 35

LES GRANDS IMMEUBLES

Logements en grands ensembles (de plus de 500
logements) construits de 1966 à 1969, pour
10 000 hab.

100 65 40 30 20

LES GROSSES FERMES

Valeur ajoutée par actif agricole (milliers de F)

15 10 8

Revenu brut par exploitation agricole (milliers de F)

25 15 12

LES MŒURS

Nombre annuel de divorces pour 1 000 hab.

13 9 7 6 5

L'HYGIÈNE

Pourcentage de logements avec baignoire ou
douche

50 45 40 35 30

LES RELATIONS

Pourcentage de logements avec téléphone

20 15 13 11.5 10

LES OPINIONS

LA VOITURE

Pourcentage des ménages ayant au moins une
voiture

63 60 58 54

Plus de la moitié des voitures ont moins
de cinq ans

LE CONFORT

Indice complexe d'éléments de confort

Très Bon Assez Moyen Un peu Faible Très
bon bon faible faible

voir
carton

Paris

Pourcentage des voix de gauche
(1er tour des législatives 1973)

60 50 45 40 35

La France, grande puissance, 129

Phot. Lauros-Beaujard

Orbites provinciales.

Cette concentration semble répercuter ses effets sur tout le territoire français. Observons la distribution des villes. On voit qu'elles se répartissent, dans l'ensemble, en cercles concentriques autour de Paris. Une première « petite couronne » se dessine à 50-90 km, où apparaissent toute une série de villes moyennes très fortement influencées par la capitale, presque des banlieues déjà, comme Chartres, Beauvais, Compiègne ou Orléans. Une « grande couronne » rassemble, à quelque 150-200 km, des villes plus étoffées, qui se comportent comme des centres régionaux : Amiens, Reims, Troyes, Tours, Le Mans, Caen, Le Havre, Rouen aussi. Saint-Quentin y assure un relais entre Amiens et Reims, Châlons-sur-Marne entre Reims et Troyes, Alençon entre Caen et Le Mans, tandis qu'Auxerre et Bourges, voire Nevers, se partagent le commandement du secteur sud-est.

Ces faits sont bien connus. Mais la répartition des plus grandes villes provinciales, désignées par le vocable de « métropoles d'équilibre », obéit à des mécanismes du même type. Elles sont loin de

Pages précédentes :
*Fortement découpée mais accueillante,
encombrée de nombreuses habitations,
la côte bretonne près de Trégastel.*
Phot. Alain Perceval

Paris, formant un grand anneau déformé, dont le rayon ne varie que parce que Paris n'est pas au centre même de la France : Lille, Metz-Nancy et Strasbourg, Lyon, Marseille, Toulouse, Bordeaux et Nantes sont les fleurons de cette autre couronne à laquelle il faudrait ajouter le groupe des villes languedociennes.

Et, entre celle-ci et la précédente, s'esquisse même une nouvelle orbite : celle que forment les autres centres régionaux, « assimilés » aux métropoles d'équilibre, mais d'un rang inférieur : Rennes, Limoges, Clermont-Ferrand, Dijon, auxquelles se rattachent des villes comme Angers, Poitiers ou Chalon-sur-Saône.

Hors de ces orbites, il ne reste de place que pour quelques relais sous-régionaux, liés surtout à l'anneau des métropoles d'équilibre, du type de Pau, de Perpignan, de Brest, de La Rochelle, de Grenoble, de Besançon ou de Mulhouse. Une véritable toile d'araignée, dont les rayons sont matérialisés par les grandes routes et voies ferrées, est tout entière centrée sur Paris. Plus même : les parties les plus actives de la nation sont soit au cœur de la toile, directement sous Paris, soit à la périphérie, sous les grandes villes provinciales, tandis que la zone intermédiaire (marges armoricaines, Poitou, Limousin, Auvergne, Bourgogne, plateaux des confins champenois et lorrains et même Ardenne) paraît en position de faiblesse.

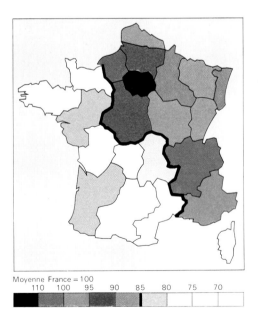

Moyenne France = 100

110   100   95   90   85   80   75   70

Phot. Wilander

Phot. Ross-Rapho

Page de gauche, en haut :
*Les petites maisons se pressent
sur les « îles » qui émergent à peine
des marais de la Grande Brière,
proches de Saint-Nazaire
(au centre, à droite, Saint-Joachim).*

Ci-dessus :
*La falaise de Dieppe,
muraille puissante qui s'offre à la mer,
rongée, par endroits,
par les flots voraces.*

Ci-contre, de gauche à droite :
Carte : *Produit intérieur brut (PIB) par tête*
(d'après D. Noin).

*Serrés les uns contre les autres,
entrechoquant leurs coques
et mêlant amicalement leurs mâts,
les petits chalutiers survivent
même à Boulogne.*

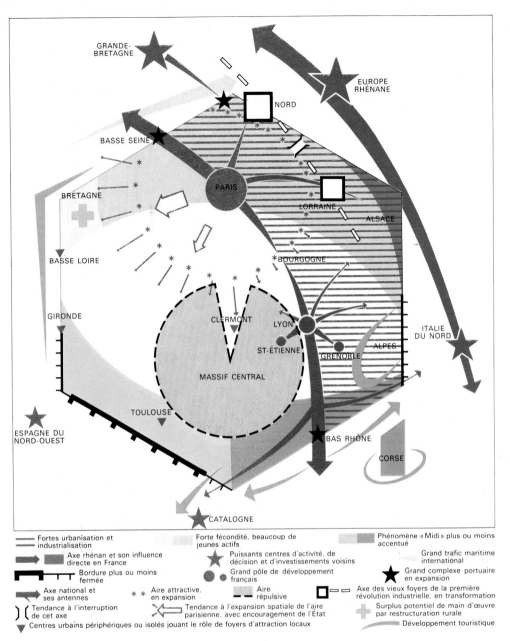

En haut, carte :
Structure et dynamisme de l'espace français.

Légende de la carte :

Fortes urbanisation et industrialisation

Axe rhénan et son influence directe en France

Bordure plus ou moins fermée

Axe national et ses antennes

Tendance à l'interruption de cet axe

Centres urbains périphériques ou isolés jouant le rôle de foyers d'attraction locaux

Forte fécondité, beaucoup de jeunes actifs

Puissants centres d'activité, de décision et d'investissements voisins

Grand pôle de développement français

Aire attractive, en expansion

Aire répulsive

Tendance à l'expansion spatiale de l'aire parisienne, avec encouragement de l'État

Surplus potentiel de main-d'œuvre par restructuration rurale

Phénomène «Midi» plus ou moins accentué

Grand trafic maritime international

Grand complexe portuaire

Axe des vieux foyers de la première révolution industrielle, en transformation

Développement touristique

Noms sur la carte : GRANDE-BRETAGNE, EUROPE RHÉNANE, NORD, BASSE SEINE, BRETAGNE, PARIS, LORRAINE, ALSACE, BASSE LOIRE, BOURGOGNE, GIRONDE, CLERMONT, LYON, ST-ÉTIENNE, GRENOBLE, ALPES, ITALIE DU NORD, MASSIF CENTRAL, TOULOUSE, ESPAGNE DU NORD-OUEST, BAS RHÔNE, CORSE, CATALOGNE

notamment, de plus grandes entreprises industrielles ou commerciales. Elle est aussi la partie la plus riche, bénéficiant des salaires les plus élevés, des meilleurs revenus des ménages, et même de la plus forte valeur ajoutée par travailleur agricole. Elle consomme davantage, en particulier dans le domaine des loisirs et des vacances. Et elle assure à l'État ses principales ressources, payant plus d'impôts sur le revenu, aussi bien que de taxes sur les sociétés ou le chiffre d'affaires. À cette France riche, citadine, productive, s'oppose une France beaucoup plus rurale, celle des petites entreprises, des petits patrons et des petits propriétaires, qui gagne moins et consomme moins, achète tracteurs et voitures d'occasion, paie moins d'impôts, d'autant que ceux-ci y sont plus souvent basés sur le régime du forfait, mais bénéficie aussi d'équipements publics moins denses, par exemple dans le domaine des hôpitaux. Et les écarts se creusent : c'est la France de l'Est qui a les meilleurs taux d'accroissement des revenus, de la consommation, de la population – à l'exception du Nord et de la Lorraine –, de permis de construire industriels, et la meilleure situation de l'emploi.

Il est curieux d'observer que, en même temps, cette France de l'Est apparaît beaucoup plus contrastée que la France de l'Ouest. Elle oppose des taches vides à des foyers très actifs, et ses paysages changent localement très vite; au contraire, la France de l'Ouest juxtapose des paysages plus continus, plus homogènes, plus monotones, pourrait-on dire. Les espaces de la France de l'Est se montrent plus spécialisés, ce que l'on peut interpréter à la fois comme une conséquence mais aussi comme un facteur du développement économique. ■

LA GRANDE

COUPURE

Pourtant, l'opposition entre Paris et la province n'épuise pas la question. Il serait banal de dire que le Quercy ne ressemble pas à l'Alsace, ou le Nord à la Côte d'Azur. Mais, au-delà des différences évidentes et, par là même, sans grande signification, peut-on mettre en valeur de véritables disparités régionales ou, à l'inverse, des communautés de structures et de problèmes entre certains ensembles régionaux?

L'analyse sectorielle de la puissance française a déjà montré bien des distor-

sions. À quelque point de vue que l'on se place, de la natalité à l'industrialisation, de la productivité agricole à la croissance du commerce, des comportements politiques à la manière de vivre, toute une série de Frances s'entrecroisent. C'est ce qu'illustre, par exemple, le choix de cartes que nous avons retenues et qui donnent de la nation bien des images dissemblables. Il en résulte une mosaïque de situations qui semble défier l'analyse; pourtant, il n'est pas impossible d'y reconnaître quelques grands principes d'ordre.

Une première coupure majeure oppose, de part et d'autre d'une ligne arquée qui va de la Basse Seine au delta du Rhône, une France de l'Est à une France de l'Ouest. À l'est, se trouve la partie la plus urbanisée et la plus industrialisée de la nation. Elle a les plus fortes proportions de salariés, les meilleures structures de production, avec,

DU NORD

AU MIDI

Recoupant cette opposition majeure, une autre série de différences strie l'espace français du nord au sud. Mais on ne saurait

En haut, carte :
Structure et dynamisme de l'espace français.

À droite :
*Cette belle France d'autrefois
dont raffolent les touristes étrangers :
la lumineuse place du Château, au Mans,
somnole sous le soleil.*
Phot. P. Tétrel

y voir exactement une opposition entre le Nord et le Midi, entre le froid et le chaud, ou encore moins entre oïl et oc, bien que l'on y sente l'influence de vieux traits de civilisation.

Le tiers septentrional de la France se singularise comme un ensemble à haute fécondité, à population jeune, à fort excédent démographique, même si l'on observe, surtout dans les régions ouvrières, une mortalité infantile plus élevée, et si l'on semble y vivre un peu moins vieux. Cette France féconde forme un croissant qui va de la Vendée à la Franche-Comté, en excluant tout ce qui est au sud de Paris. La Bretagne, qui lui appartenait, tend à lui échapper. On pourrait être tenté d'y voir une quelconque opposition entre une civilisation des brumes et une civilisation du soleil... Mais, passé la frontière belge ou allemande, le phénomène disparaît, sauf aux Pays-Bas : ce n'est pas un caractère de l'Europe du Nord-Ouest. Au contraire, on le retrouve beaucoup plus au sud, dans

l'Italie ou l'Espagne méridionales par exemple, où il est lié au sous-développement et prend une autre forme – les jeunes, nombreux dans la population totale, ne l'étant pas parmi les travailleurs, à l'encontre de la France du Nord. En sens inverse, l'Italie du Centre et l'Espagne du Nord-Ouest ressemblent, sous ce rapport, à la France du Centre et du Sud, l'Italie du Nord se rapprochant plutôt de la France du Nord. On pourrait alors y voir la traduction dans l'espace de modes d'existence distincts, voire de différents stades de développement économique.

Un trait essentiel semble être la longue prédominance du régime de la petite propriété terrienne dans le sud et le centre de la France, opposée au fermage régnant dans le Nord et l'Ouest. Elle a précocement entraîné une attitude tout à fait différente à l'égard du nombre d'enfants. La limitation des naissances a été plus stricte dans le Sud, où il s'agissait de ne pas morceler l'héritage, problème qui ne se posait certes pas

chez les petits fermiers – et les ouvriers – de l'Ouest, du Nord ou du Nord-Est. On peut voir là une très ancienne opposition entre la France des seigneurs puissants et des capitaux urbains précocement actifs, d'une part, et la France des familles relativement indépendantes, d'autre part. Ces habitudes se prolongent en ville, même quand les conditions initiales ont disparu. Mais ces tendances évoluent, et les différences s'estompent lentement.

Dans *le tiers méridional de la France*, s'organise ce que l'on pourrait nommer un «système du Midi». En quoi se manifeste-t-il? On y trouve un secteur tertiaire hypertrophié, et qui croît plus vite qu'ailleurs; beaucoup d'artisans et de petits patrons, dont le nombre ne diminue que lentement; une proportion anormale de membres des professions libérales et de cadres, la densité de médecins en étant une illustration; un taux de scolarisation élevé, mais pour des études plus orientées vers les lettres et le droit que vers les sciences; un moindre

usage des banques, au profit des caisses d'épargne ; beaucoup de nouveaux venus : le Midi a attiré les rapatriés, mais aussi de nombreux habitants des autres régions françaises, et notamment des retraités ; un développement de la contestation, au moins verbale ; et de considérables nouveautés, sous la forme de grands équipements : canaux d'irrigation, Fos, les centres de recherche atomique, de nouvelles industries employant une forte proportion de cadres et de techniciens, d'impressionnants aménagements touristiques.

Il y a là des éléments bien contradictoires ; mais on peut les ordonner, et même les opposer. Les uns témoignent d'un incontestable retard économique, fait de sous-industrialisation, d'un excès de petites boutiques, d'une fuite vers les études menant à des professions « improductives », d'une épargne prudente et peu efficace : bref, d'une tradition de moindre développement et d'archaïsme. Il est vrai

que, en cette époque de contestation de la croissance, certains, retrouvant les fantasmes d'un Giono, y verraient une sage lenteur, un art de vivre, dont la poésie serait toutefois plus convaincante si ne s'y attachait aussi une réelle pauvreté. Le côté positif pourrait se ramener à l'« héliotropisme » : ces pays du soleil attirent. Les rapatriés les ont préférés à tout autre : ils y trouvaient des paysages familiers... et de la place. Les retraités les recherchent. Les cadres supérieurs, les techniciens, les médecins, avocats, dentistes ou enseignants y vont volontiers. Aussi, les industries libres de toute contrainte d'approvisionnement, d'énergie ou de marché, qui sont justement celles qui ont les plus grands besoins en cadres, s'y implantent-elles : ainsi de l'électronique et, à plus forte raison, de l'aéronautique, qui y profite de cieux plus favorables aux essais. L'agriculture intensive, dès lors qu'elle peut ajouter l'eau au soleil, y est bien à sa place. Le touriste, à l'évidence, s'y complaît.

Ainsi, on conçoit qu'il y ait au moins deux Midis, selon la fidélité du soleil : ces traits positifs sont indéniablement sensibles du côté méditerranéen ; ils apparaissent, certes, du côté atlantique, comme à Toulouse, mais bien plus modérément. Cela s'ajoute à la position du Sud-Est sur l'un des débouchés de la France active, et face au monde méditerranéen et arabe : le Sud-Ouest semble à tous égards bien marginal, et même le Languedoc-Roussillon est loin d'avoir profité de la situation.

Entre la France septentrionale, travailleuse et féconde, et un Midi qui change, *la France du Centre* paraît dénuée d'avantages : elle ne participe ni à l'un ni à l'autre des éléments dynamiques.

En haut, de gauche à droite :
Romantiques pays du Rhin :
la vallée de Munster s'enveloppe de brume.

En Corse, les villages se perchent :
les austères maisons du village de Piana.

Régions de pointe.

Enfin, par un certain nombre de caractères, on pourrait opposer des parties de la France aux autres selon l'ampleur de leur modernisation et l'intérêt qu'elles paraissent porter aux formes nouvelles d'activités et de consommation. Mais, dans ce domaine, on obtient une image biaisée : si l'on tient compte d'un certain nombre d'indices, tels que l'équipement des ménages et le confort, le développement des industries nouvelles aux fabrications élaborées, le rythme de l'urbanisation, les dépenses de loisirs et de vacances, la qualification de la main-d'œuvre industrielle, le nombre de chercheurs et de cadres supérieurs, voire le taux de divorces, on voit se ranger d'un côté des régions «de pointe» : Région parisienne, Haute-Normandie, Rhône-Alpes, auxquelles s'ajoutent l'Alsace, Midi-Pyrénées et l'Aquitaine grâce à Toulouse et à Bordeaux surtout, et un peu plus loin le Centre, la Champagne ou la Picardie. En face se regroupent soit les régions rurales de l'ouest et du centre de la France, soit les vieilles régions industrielles que le rajeunissement n'a pas encore pleinement transformées : Nord, Lorraine, voire Franche-Comté.

Ci-dessous :
Accueillante aux moutons,
qui en aiment les pentes douces
et l'herbe tendre,
la montagne des troupeaux :
un buron sur le calme plateau du Violent,
en Auvergne.

Page de droite :
Mordant le ciel de leurs dents pointues,
les sauvages Alpes du Nord :
les aiguilles de Chamonix,
tentation pour les audacieux de l'escalade.

AXES ET PÔLES OU LA FRANCE EN EUROPE

Si l'on rassemble ces différentes disparités, ces contrastes régionaux majeurs, on observe qu'ils ne sont pas répartis au hasard. Il y a un ordre caché derrière ces apparences, une structure construite par les systèmes qui organisent l'espace national. Mais il faut situer la France dans l'Europe occidentale pour bien l'apprécier.

Comment ne pas voir, en particulier, que l'opposition entre France de l'Est et de l'Ouest a ses répondants dans les États voisins? De fait, les régions françaises se disposent en fonction du grand axe peuplé et productif qui forme l'épine dorsale de l'Europe : celui qui unit l'Angleterre à l'Italie du Nord par les pays du Rhin. Plus on s'éloigne de cet axe, plus le développement économique est lent : on peut parler d'un véritable gradient de direction nord-est–sud-ouest. C'est lui qui oppose la France urbaine et industrielle de l'Est à la France rurale de l'Ouest.

Il rend même compte des nuances à l'intérieur de la France de l'Est. L'Alsace et, partiellement, la Franche-Comté appartiennent à l'espace rhénan : vieille tradition industrielle, en partie liée à l'activité de la bourgeoisie protestante; fort peuplement; agriculture intensive et partiellement communautaire (fruitières du Jura); attraction de la main-d'œuvre frontalière; investissements allemands et suisses.

Phot. Wilander

Phot. Loïc Jahan

La France, grande puissance, 139

Phot. Jalain

Puis on trouve la zone des grandes industries du XIXe siècle, qui a traversé et traverse encore des crises de reconversion, et qui se suit, parallèle à l'axe rhénan, du Borinage belge et du Nord français à l'Ardenne et à la Lorraine – et se prolonge par les reliefs du Jura et des Alpes. On arrive enfin aux abords de l'axe majeur de la France, qui unit la Basse Seine au delta du Rhône et à Marseille par Paris et Lyon, tout en s'estompant en Bourgogne, et qui n'est pas moins rigoureusement parallèle à l'axe rhénan. Mais l'on remarque, du même coup, que cet axe national n'est pas un véritable organisateur de l'espace français : il est *en bordure* de l'Europe la plus développée, *à la fois axe et frontière*. Le véritable axe organisateur de l'espace national est bien le Rhin, et lui est extérieur...

Croisant la pente économique générale nord-est–sud-ouest, un principe d'organisation nord-sud, on l'a vu, fait se succéder la France féconde et industrieuse du Nord, la France du Centre, qui manque d'impulsions, la France du Midi, qui attire certaines activités et bien des hommes. Ce principe, qui inclut les nuances climatiques, joue aussi dans les États voisins, avec des formes différentes ; mais il n'apparaît qu'en second, en dépit de l'intuition que peut en avoir tout Français.

À une échelle plus réduite, affectant des parties de l'hexagone et non plus sa tota-

lité, deux pôles opposés viennent superposer leurs effets aux gradients précédents et en renforcent l'action plus qu'ils ne la perturbent. L'un, qu'on pourrait dire à charge positive pour emprunter une image à la physique, est le Bassin parisien. Sous l'impulsion de Paris, et de la diffusion de ses activités par la «décentralisation», il est porteur de dynamisme : agriculture moderne, attraction démographique, renforcement et renouvellement de l'industrie et des services. Il s'ouvre plus particulièrement vers l'ouest, en direction des fortes densités de main-d'œuvre qui cherchent de nouveaux horizons de travail : peu à peu, la région Centre se trouve ainsi incluse dans la «France active», ainsi que certaines parties de la région des Pays-de-la-Loire (Sarthe, Anjou). Au sud-est, la coupure introduite par l'obstacle des plateaux bourguignons est peu à peu submergée aussi. A l'est et au nord, Champagne et Picardie bénéficient à la fois de leur appartenance au Bassin parisien et de la proximité relative de l'espace rhénan.

L'autre pôle, mais de charge négative, correspond aux hautes terres du Centre-Sud. On l'a souvent assimilé au Massif central. Ce n'est pas tout à fait exact, car, là aussi, on observe un décalage vers l'ouest : près de l'axe Paris-Marseille, et donc de Lyon, l'activité est vive ; au contraire, tout autour du Limousin, les plaines de sables et les plateaux calcaires, de la Brenne au

Quercy, sont particulièrement défavorisés et dépeuplés. Cet espace souffre, sans doute, de conditions naturelles relativement difficiles ; mais un milieu non moins «ingrat» n'a pas empêché certaines parties de l'Allemagne ou de la Suisse d'être autrement actives : il faut tenir compte de l'appartenance de ces plateaux, tout à la fois à la moitié occidentale de la France et à sa partie «moyenne», qui n'a ni les avantages du Midi ni ceux du tiers septentrional.

Hors de ces deux grands ensembles opposés, et à l'ouest, se trouvent donc les régions françaises les plus éloignées de l'axe européen. Elles n'ont pour moteurs que trois métropoles régionales : Nantes, Bordeaux et Toulouse. La Bretagne, avec la Basse-Normandie et les Pays-de-la-Loire, semble largement ouverte sur l'Océan ; mais c'est une illusion, sauf pour la pêche et le tourisme, car les grands ports n'y sont pas : on est trop loin des principaux centres d'activité. Le Sud-Ouest paraît encore plus isolé : le golfe de Gascogne est un cul-de-sac éloigné des grands trafics maritimes, et les Pyrénées demeurent une barrière rigide, encore que le développement de l'Espagne du Nord-Ouest et de la Catalogne barcelonaise puisse, à terme, y faire partiellement sentir ses effets. Toutefois, le Sud-Ouest participe un peu au «phénomène Midi», et ses deux grandes villes attirent ; mais elles répercutent à leur échelle, et bien plus nettement encore, une opposition entre métropole en expansion et campagnes exsangues, qui rappelle le contraste entre Paris et la province.

Telles sont les clefs essentielles de l'organisation de l'espace national : elles ouvrent l'explication des contrastes régionaux, et nombre de perspectives, dans la mesure où les facteurs de contrastes ont une certaine permanence ; de surcroît, ce n'est pas quand l'hexagone est de plus en plus ouvert que l'on peut s'attendre à ce que s'estompe l'effet de mécanismes jouant à l'échelle européenne.

Pourtant, ces principes, et les divisions qui en résultent, ne sauraient faire oublier qu'il est, en France, bien d'autres clivages, qui ne leur sont pas réductibles. On voit déjà que la carte des comportements politiques ne correspond pas à ce schéma. Et la coupure la plus significative est peut-être l'opposition entre la France qui veut changer et la France qui tient à conserver : mais elle divise moins la France que les Français, et en parts presque égales... ∎

En haut :
*Cette haute campagne,
à la fois aimable et rude, qui, peu à peu,
se vide de ses habitants :
un hameau dans les monts du Forez,
près d'Allègre.*

DES AMÉNAGEMENTS
À L'AMÉNAGEMENT

Phot. Beaujard

1/1

LA DIVERSITÉ DU TERRITOIRE NATIONAL est telle qu'elle alimente même
un certain chauvinisme : le Français, qui connaît peu l'étranger, pense
volontiers qu'on ne pourrait trouver ailleurs une si grande variété.

Un fantastique monument du XXᵉ siècle, bâti à la taille des aéronefs de l'ère supersonique :
l'aéroport Charles-de-Gaulle, à Roissy-en-France.

Phot. Aviaffaires

Cela n'est pas tout à fait exact...; et d'autres États, bien avant la France, ont pris conscience de leurs disparités régionales, en essayant de remédier à leurs inconvénients. Le problème est, en effet, de savoir si l'on doit et si l'on peut réduire certains aspects de la diversité : non point, sans doute, celui des paysages; mais, au moins, celui des revenus et des niveaux de vie... C'est à ces questions que s'efforcent de répondre, par des voies très différentes, l'aménagement du territoire et la mise en place des nouvelles institutions régionales.

Cette diversité n'est pas seulement celle des régions, officielles ou non; et l'emploi des statistiques régionales, seules commodes et relativement complètes, ne doit pas tromper. Il y a autant et même plus de différences d'un département à l'autre, d'un lieu à l'autre. Ce que l'on dit de la région Champagne-Ardenne ne vaut pas à la fois pour la Marne, département «riche», dynamique, aux bonnes structures de production, et pour la Haute-Marne, aux activités plus morcelées, parfois vieillies, dont la position, le relief accidenté, les sols et le climat sont moins favorables à l'expansion générale, et qui n'a pas de grande ville. Ce que l'on dit de Midi-Pyrénées ne vaut pas à la fois pour Toulouse, bruyante, agitée, qui éclate de toutes parts, et pour les calmes solitudes des causses du Quercy ou les cantons désertés de l'Ariège. Et, tout à côté des énormes investissements du littoral provençal ou languedocien, se trouvent les garrigues à l'abandon. Aussi, le véritable aménagement du territoire doit-il tenir compte de toutes les échelles – des grandes divisions de la France aux oppositions locales – et reste-t-il indépendant de la notion de planification régionale.

En fait, c'est à Paris que se règlent la plupart des décisions destinées à réduire les disparités, et plus généralement à «aménager le territoire».

AUTOUR DE LA DATAR

Cette notion n'est pas, en France, très ancienne; d'autres nations européennes (Grande-Bretagne, Italie), et même les très libéraux États-Unis, y ont songé avant. On ne doit pas la confondre avec la planification, par laquelle la France a commencé.

On a parlé de plans dès 1946; mais le Commissariat au Plan installé à cette date n'était guère qu'un bureau d'études, sans autorité directe. Du moins a-t-il joué un rôle décisif dans le contenu des plans. Les premiers d'entre eux (1948-1952, 1954-1957, 1958-1961) étaient exclusivement, ou principalement, sectoriels : il s'agissait

Phot. Aviaffaires

d'abord de reconstruire, ensuite de développer l'économie française ; l'accent fut mis successivement sur les industries lourdes, puis sur le développement industriel en général, enfin sur une certaine stabilisation, liée à l'installation du Marché commun. Peu à peu, on s'aperçut que ces plans nationaux accentuaient les écarts entre les régions, et qu'il fallait les compléter et les moduler par un véritable « aménagement du territoire ».

La politique d'aménagement du territoire repose sur quelques constatations simples. Paris pèse trop lourdement. Dans certaines régions (Nord, Lorraine, bassins houillers dispersés), les industries du XIXe siècle sont en déclin et l'emploi est en crise. Dans d'autres, trop exclusivement rurales, l'agriculture est morcelée, peu productive et insuffisamment étayée par l'industrie. Les plus grandes agglomérations ont des coûts de fonctionnement élevés. Les disparités tendent spontanément à s'accen-

tuer, selon un processus cumulatif : l'industrie appelle l'industrie, développe les services dont l'ampleur et la qualité attirent à leur tour l'industrie, et... on ne prête qu'aux riches. La population reste assez peu mobile, bien que l'on change plus volontiers de région qu'auparavant : cela tient en partie à des raisons psychologiques – aller en Lorraine, pour un mineur cévenol, est déjà s'expatrier ; cela tient aussi à des raisons plus solides : on n'abandonne pas volontiers tout un milieu de parents et d'amis, encore moins une maison chèrement acquise, ou une exploitation agricole dont on est propriétaire ; si le travailleur ne peut aller là où il y a des emplois, il faut donc que ceux-ci aillent là où se trouvent des travailleurs disponibles... Mais il n'est pas facile de concilier les objectifs économiques et les objectifs sociaux : fermer telle mine ou telle usine peut être « rentable », mais se traduire par une catastrophe pour ceux qui en vivent – et même,

finalement, pour tout le pays environnant.

Tirer un meilleur parti des possibilités – on dit volontiers des « potentialités » – de chaque lieu ; aider les espaces en crise (industries périmées, surcharges rurales, cantons en voie d'abandon) à se transformer ; assurer la liberté de l'emploi ; réduire les inégalités ; apprécier les coûts ; prévoir pour mieux agir ; faire des choix : tels sont les grands principes de l'aménagement.

L'État a d'abord commencé par quelques actions d'envergure, touchant surtout au domaine rural. Il a créé des sociétés d'économie mixte afin de réaliser

Ci-dessus, de gauche à droite :
Nouvel urbanisme :
le quartier de la « zone industrielle »
de Trappes-Élancourt reste à l'échelle humaine
bien qu'il avoisine...

... le très fonctionnel et très futuriste
centre de recherches du groupe « Le Nickel ».

Quand la France remodèle
ses villes et ses campagnes.

En haut, de gauche à droite :
*Fin, léger, aussi puissant
que ses lignes sont pures, le nouveau viaduc
de Martigues s'inscrit dans le monde tout neuf
créé entre golfe de Fos et Marseille.*

*Pour construire le « terminal »
qui accueillera
les énormes pétroliers de demain,
la falaise du cap d'Antifer,
près du Havre, est sacrifiée.*

*Immense,
digne d'inspirer l'admiration,
la nouvelle écluse
de Dunkerque
s'ouvre sur le complexe sidérurgique.*

Ci-dessus, de gauche à droite :
*Les grands vergers
de la vallée de la Durance :
l'irrigation
a rendu les terres fertiles
et transformé des sites oubliés
en figures géométriques
(près du Poët, Hautes-Alpes).*

*La Bretagne change :
dans le Morbihan,
le remembrement a détruit les haies,
unifié les terres et ouvert à tous les vents
un monde qui fut clos et poétique.*

*Qui donc parlait d'une justice boiteuse?
Réfugiée dans son palais tout neuf de Lille,
elle semble empreinte de rigueur...
et presque aimable.*

Ci-contre, cartes :
*Les aides au développement
et les points forts de l'aménagement.*

Phot. Alain Perceval

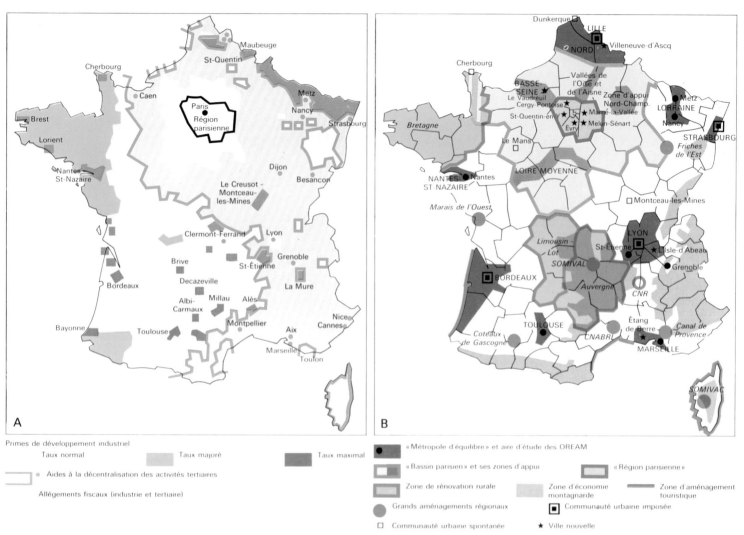

de grands travaux spécialisés. Il y avait déjà, depuis 1936, la Compagnie nationale du Rhône (CNR), conçue à de tout autres fins, mais qui avait pris en charge l'aménagement de barrages pour l'irrigation, la navigation et la production d'électricité, et dont on put s'inspirer; il y avait aussi quelques modèles étrangers, dont la célèbre Tennessee Valley Authority des États-Unis. En 1955, fut lancée la CNABRL (Compagnie nationale d'aménagement du Bas-Rhône-Languedoc); puis apparurent les Sociétés ou Compagnies d'Aménagement des friches de l'Est, du Canal de Provence, d'Aménagement des marais de l'Ouest, d'Aménagement des Landes de Gascogne (disparue depuis), d'Aménagement des coteaux de Gascogne, de Mise en valeur de l'Auvergne-Limousin (SOMIVAL), de Mise en valeur de la Corse (SOMIVAC). Toutes ces sociétés ont une tâche bien définie et un budget propre, et concernent essentiellement la rénovation de l'agriculture.

Sur un plan plus général, une Direction de l'aménagement du territoire avait été créée au ministère de la Reconstruction en 1949, et un Fonds national d'aménagement du territoire ouvert en 1950. On entre dans une nouvelle période en 1963, avec la mise en place de la Délégation à l'aménagement du territoire et à l'action régionale, ou DATAR. Ce n'est là qu'une « administration de mission », qui ne gère pas, ne peut prendre directement de décisions, mais suggère celles du Comité interministériel pour l'aménagement du territoire, qui se réunit périodiquement depuis 1960 : l'essentiel des investissements doit passer par les administrations classiques et par la régionalisation du budget de l'État. La DATAR intervient néanmoins par un fonds propre de financement, le FIAT (Fonds d'intervention pour l'aménagement du territoire). Sous l'impulsion d'Olivier Guichard puis de Jérôme Monod, elle a réuni une brillante équipe de techniciens et joue un rôle original, non sans devoir assurer de délicats arbitrages. Elle a fortement contribué aux efforts de décentralisation de l'économie, ainsi qu'à faire prendre conscience de la nécessité de concevoir des aménagements *globaux* : toucher à un point vital d'un ensemble régional est modifier sa structure, et donc affecter la totalité de l'économie régionale. ■

D'une part, municipalités, départements ou chambres de commerce et d'industrie, parfois associés, parfois concurrents, équipent avec l'aide de l'État des « zones industrielles » pour accueillir les nouvelles implantations dans de bonnes conditions d'accès, de desserte et de situation; on va même jusqu'à construire des « usines relais » en bâtiments standard, permettant à l'industriel de s'installer en attendant la construction de sa propre usine. La DATAR renseigne les industriels demandeurs et les oriente vers des lieux choisis.

D'autre part, des primes à la création ou à l'extension, proportionnelles au montant des investissements, peuvent être obtenues. Après divers remaniements du régime, la France est ainsi divisée en quatre zones : absence d'aides, aides normales (prime égale à 12 p. 100 de l'investissement), majorées (15 p. 100 pour création, 12 p. 100 pour extension), maximales. Les primes sont d'autant plus fortes que la crise locale de l'emploi est plus aiguë, ou que la région est sous-industrialisée. En outre, des prêts du FDES (Fonds de développement économique et social) peuvent être accordés, ainsi que des aides à la formation professionnelle, des bonifications sur les prix des terrains, des aides fiscales (exonération de patente pendant cinq ans, réduction des droits de mutation, déduction de 25 p. 100 pour amortissement exceptionnel de la construction, réduction d'impôt sur les plus-values de cession des terrains à bâtir), voire des aides locales (location-vente de bâtiments). Des SDR (Sociétés de développement régional), de droit privé, mais reconnues par l'État, peuvent, depuis 1955, prêter, donner des cautions, emprunter; mais leur rôle a souvent été décevant. Plusieurs commissariats au développement industriel sont venus étayer l'effort (Ouest-Atlantique, Nord, Lorraine, Façade méditerranéenne). Enfin, l'État participe à de grandes opérations d'investissement : Canal d'Alsace, Dunkerque, Fos, etc.

Cet effort n'a certes pas été sans effet. Mais il faut distinguer entre la décentralisation et l'expansion : seule une partie des nouvelles créations peut être mise au compte de la première. Et, d'ailleurs, l'arsenal de mesures énuméré ci-dessus s'applique à toute implantation, quelle qu'en soit l'origine. La seule aide véritablement spécifique à la décentralisation pari-

LA DÉCENTRALISATION : UNE ILLUSION?

Une action importante a été l'aide à la décentralisation. Pour inciter les industriels à évacuer l'agglomération parisienne, ou du moins à reporter tout ou partie de la croissance de leur entreprise en province, on a essayé à la fois de rendre la situation parisienne moins attractive (refus d'agrément à la construction ou à l'extension, redevances accrues, taxe sur les transports), et surtout à rendre, par diverses aides, la situation provinciale plus rémunératrice.

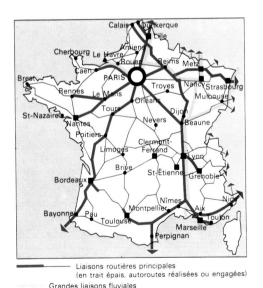

Liaisons routières principales
(en trait épais, autoroutes réalisées ou engagées)
Grandes liaisons fluviales

Plus de 100 hab./km²

Ci-contre, de gauche à droite, cartes :
Le schéma des liaisons routières.

La France cernée par les foules de l'Europe occidentale.

Page de droite :
Le centre d'Avignon a moins longtemps attendu sa rénovation que le vieux pont, son achèvement.

Phot. Alain Perceval

sienne est une indemnité qui rembourse une partie des frais de déménagement.

La décentralisation proprement dite a surtout profité à la couronne du Bassin parisien, plus particulièrement à la rencontre des fortes densités rurales de l'Ouest : ce n'est guère qu'un desserrement, et l'on remarquera que la plus grande partie des nouvelles implantations s'est faite dans les zones « non aidées » : 65 000 emplois de 1954 à 1971 pour la région Centre, 48 000 en Haute-Normandie et 44 000 en Picardie, contre 7 600 en Midi-Pyrénées et 3 600 en Languedoc-Roussillon... Indubitablement, elle a comblé une partie du fossé Paris-province : une très petite partie, en vérité, et pas toujours de façon satisfaisante.

Rares sont en effet les véritables décentralisations : il n'y a guère eu de transfert complet, encore moins avec déplacement du siège social. La province a surtout reçu une part des extensions, sous la forme d'ateliers sans grande autonomie, livrés à des fabrications peu élaborées, ne nécessitant que peu d'emplois qualifiés : montage, entreposage. Et, à côté d'incontestables réussites, on a vu arriver en province beaucoup de « chasseurs de primes », chan-geant de lieu après avoir épuisé les avantages accordés pour un temps limité, à la recherche de nouvelles aides : des firmes à la limite de la rentabilité, en quête de bas salaires.

On a pu critiquer cette « décentralisation » en observant que l'expansion ne consiste pas à dépouiller les uns pour habiller les autres, à « déménager » au lieu d'« aménager » : mais, en vérité, cela ne s'est guère fait. Par ailleurs, bien des firmes ont pu obtenir à Paris des dérogations – et Paris n'a jamais été aussi puissant.

Par contre, en l'absence de toute politique, la province aurait sans doute moins bien profité de l'expansion générale. Une firme comme Michelin a pu essaimer dans l'Ouest et le Bassin parisien; mais ce n'est pas là une « décentralisation parisienne ». Les sociétés étrangères ont su utiliser les aides et profiter de la création des zones industrielles, jouant d'ailleurs de la concurrence entre régions et des influences politiques, comme on l'a vu quand Ford a finalement choisi Bordeaux au détriment de Charleville-Mézières.

Ces mesures n'ont pas évité la diffusion excessive des usines, freinant ainsi l'apparition de pôles bien équipés, susceptibles d'« entraîner » toute une région. La dimension des usines n'a pas toujours été bien adaptée à celle des villes : il va de soi que l'installation d'un atelier de 300 emplois dans un bourg de 1 000 habitants – et l'on a vu pire – bouleverse totalement le marché du travail et provoque une grave crise en cas d'échec. Enfin, la multiplication des zones industrielles a beaucoup servi aux industries déjà existantes, qui pouvaient ainsi à bon compte quitter leur vieille localisation près du centre-ville – en échange d'un bon prix du terrain... – pour un espace beaucoup plus fonctionnel : on n'en crée pas forcément pour autant des emplois, on en supprime même parfois, les nouvelles installations étant plus rationnelles.

Actuellement, la « décentralisation » parisienne est bien tarie dans le domaine industriel, après avoir été active entre 1960 et 1967. On essaie d'étendre le système au secteur tertiaire, où un régime d'aides a été instauré (prime égale à 10 p. 100 de l'investissement dans le cas de transfert de l'administration et de la gestion, 15 p. 100 si suivent aussi la direction, les études, la recherche, et 20 p. 100 en cas de transfert du siège); le mouvement reste néanmoins timide. ■

CES MODES
QUI FONT
LE PROGRÈS

Une autre action majeure a reposé sur la définition des «métropoles d'équilibre». Au terme d'une analyse de réseau urbain français, huit villes ou groupes de villes de première grandeur ont été désignés pour devenir le support d'un important équipement, destiné à entraîner des régions entières : les agglomérations de Lille-Roubaix-Tourcoing, Nancy et Metz, Strasbourg, Lyon avec Saint-Étienne et Grenoble, Marseille, Toulouse, Nantes-Saint-Nazaire. C'était l'application directe de la théorie économique des «pôles de croissance» et de modèles étrangers, empruntés notamment à l'Allemagne. Mais la situation française est telle que les résultats ont été décevants, car ces métropoles ont bien peu d'autonomie réelle par rapport à Paris. De nombreuses pressions locales ont conduit à étendre la notion en leur «assimilant» d'autres villes moins autonomes encore, ou à favoriser aussi les «centres régionaux» du Bassin parisien et d'ailleurs... Le recensement de 1968 a montré que les «métropoles d'équilibre» croissaient moins vite qu'un grand nombre de villes plus petites, comme Caen ou Montpellier.

Aussi, depuis 1970, ne jure-t-on plus par les «villes moyennes», où l'on vivrait mieux et où les investissements auraient finalement plus d'effets : on a parfois l'impression que l'aménagement du territoire suit les faits au lieu de les précéder... Disons au moins qu'il évolue volontiers par modes successives, et n'a rien d'une science exacte. Cependant, chaque mode laisse des traces et contribue pour sa part, malgré les à-coups, à une meilleure répartition des activités dans le territoire français.

À côté de ces politiques générales, l'État a défini également des politiques sectorielles : il est désormais en possession de schémas d'ensemble, notamment dans le domaine de la circulation : grandes liaisons routières, canaux, aérodromes, télécommunications. Divers ministères ont conçu d'autres systèmes : l'Éducation nationale pour la carte scolaire, la Santé pour la carte de desserte hospitalière, le Travail en créant les Échelons régionaux de l'emploi, etc. L'INSEE (Institut national de la statistique et des études économiques), organisme du ministère des Finances, met en place sept Observatoires économiques régionaux, chargés de rassembler toute la documentation statistique nécessaire : Nord, Ouest, Sud-Ouest, Méditerranée, Centre-Est, Bassin parisien, Est. La maîtrise des eaux et de la pollution a suscité l'installation des Agences financières de bassin, dont l'aire d'action est calquée sur les grands réseaux hydrographiques.

Enfin, la notion d'aménagement global a fini par prendre une place bien nécessaire. Déjà, en 1960, l'IAURP (Institut d'aménagement et d'urbanisme de la région parisienne) fut fondé pour mettre au point un schéma d'ensemble du développement de l'agglomération (1965, révisé en 1969). En 1965, apparaissait la Mission d'aménagement de Basse Seine, qui a publié d'importants travaux d'étude et de prospective. Sur le même modèle, et notamment pour les métropoles d'équilibre, ont été créés, à partir de 1966, des organismes d'études bien dotés, connus généralement sous le nom d'OREAM (Organisme régional d'étude pour l'aménagement des métropoles) : Basse Seine, Marseille, Nord, Basse Loire, Lorraine, Lyon-Grenoble-Saint-Étienne, puis sous d'autres formes Strasbourg, Toulouse et Bordeaux. Le Bassin parisien a reçu sa part avec, outre l'OREAM de Basse Seine, ceux de la vallée de l'Oise et de la Loire moyenne – transférés depuis au niveau des régions Picardie et Centre – et la Zone d'appui Nord-Champenoise (ZANC) autour de Reims, Châlons et Épernay. En même temps (1963-1967) apparaissaient les Missions pour l'aménagement des littoraux (Languedoc-Roussillon, Corse, Aquitaine), cependant qu'on définissait des Zones de rénovation rurale (Bretagne-Manche, Limousin-Lot, Auvergne étendue à Lozère et Aveyron, Régions de montagne), animées par des commissaires.

On touche avec ce dernier point à une politique de réaménagement des espaces peu productifs, destinée à préserver des ensembles naturels en les ouvrant à la fréquentation touristique : de là viennent notamment les Parcs nationaux et régionaux, qui tendent à se multiplier; de là viennent aussi de nombreuses contestations de la part de zones qui s'estiment sacrifiées et se voient assigner un simple rôle de «réserve naturelle», aux activités économiques et au peuplement réduits. Le ministère de la Protection de la nature et de l'Environnement, de création récente, s'efforce pour sa part de dégager quelques doctrines et joue son rôle dans l'aménagement.

La situation s'est à la fois clarifiée et compliquée avec l'action de deux grands ministères, celui de l'Équipement et celui de l'Agriculture. Le premier, se fondant sur la grande loi d'orientation foncière de 1967, a défini une politique d'aménagement de nouveaux quartiers urbains sous la forme de ZAC (Zones d'aménagement concerté) et, surtout, a mis en place dans tous les départements et les villes de plus de 50000 habitants des organismes d'études (les GÉP, groupes d'études et de programmation), dont certains ont fusionné avec les ateliers municipaux sous la forme d'Agences d'urbanisme. Ils sont chargés de définir des orientations générales d'équipement et d'occupation de l'espace (les SDAU, ou schémas directeurs d'aménagement et d'urbanisme) et des plans d'occupation des sols (POS) détaillés, guidant l'urbanisation pour les années à venir, sous l'autorité du Groupe central de planification et d'urbanisme, qui transmet les différents schémas, pour approbation, aux Comités interministériels d'aménagement du territoire. Le ministère de l'Agriculture, pour sa part, fait peu à peu dresser des PAR (plans d'aménagement rural), pour les régions agricoles dont la taille est géné-

ralement de l'ordre de quelques cantons.

Les facilités accordées aux regroupe-ments de communes, enfin, pourront avoir des répercussions positives et rendre plus efficaces certaines actions d'aménage-ment : tant au niveau des agglomérations urbaines, depuis la création de districts et de communautés, qu'au niveau des com-munes rurales, qui peuvent s'associer en syndicats, ou fusionner.

On a ainsi l'impression d'un extraordi-naire foisonnement de services et de bureaux d'études – qui ont d'ailleurs, à leur tour, entraîné la prolifération de bureaux d'études privés sous-traitant de nombreux travaux –, et d'un arsenal fort varié de mesures permettant d'orienter la localisa-tion des activités comme l'occupation de l'espace. Cette accumulation empirique de mesures devrait, en dépit de sa complexité, permettre de diriger la croissance, en har-monisant ses effets sur l'ensemble du terri-toire.

Il faut bien, pourtant, considérer quelques points essentiels qui limitent sin-gulièrement la portée des interventions publiques. D'une part, la théorie de l'amé-nagement est dans l'enfance : les lois et les effets des localisations sont mal connues, les doctrines changent, et les schémas répètent à l'envi des solutions passe-par-tout, sans toujours faire preuve de grande imagination. D'autre part, dans un sys-tème d'économie libérale, l'investisseur reste finalement très libre du choix de ses décisions : s'il accepte de se passer d'aide, il peut aller à peu près où bon lui semble. En outre, il n'est pas de loi sans déroga-tion : la puissance financière de certaines entreprises est telle qu'elles obtiennent les exceptions souhaitées – l'agglomération parisienne est un musée de dérogations. Enfin, on ne saurait oublier le poids des pressions exercées par les hommes poli-tiques et les groupes économiques natio-naux, régionaux et locaux, sources d'inflé-

chissements souvent importants dans les solutions proposées : l'aménagement du territoire n'a rien de neutre ni d'innocent ; SDAU, POS, PAR et tous autres schémas et programmes doivent tenir compte de nombreuses influences, souvent même de contraintes ; les âpres discussions sur le tracé de telle autoroute, l'implantation de tel équipement, décidée en définitive grâce au poids de tel ou tel homme politique, illustrent les limites de la rationalité dans l'aménagement du territoire... ■

Ci-dessus :
Un littoral qui, pour accueillir les touristes, cherche à leur offrir
les images et la mythologie des vacances : une mer disciplinée,
des « résidences » de charme,
des abris pour la plaisance.
Entre Languedoc et Provence,
les « marinas » de Port-Camargue.

LA RÉGION

MAL AIMÉE

Phot. A.M. Bérenger

C'EST AUSSI SUR CE TERRAIN que se mesure la réalité du « pouvoir régional », et que l'aménagement du territoire rejoint le découpage de l'État en régions. Depuis octobre 1973, la France est, enfin, officiellement divisée en régions, non sans restrictions et sans nuances, d'ailleurs. C'est le résultat d'une longue histoire, qui n'est certes pas achevée.

UN LENT
CHEMINEMENT

Sans doute, durant des siècles, la France avait-elle été faite de provinces. Mais cette notion était extraordinairement complexe, à la mesure du système féodal dont elle était issue. Le mot « province » a servi à désigner toutes sortes d'unités, ecclésiastiques à l'origine, puis laïques, avant de se confondre en partie avec l'aire d'intervention des 33 intendants; mais celle-ci – la généralité – ne correspondait pas exactement à la province. Une carte ne peut en donner qu'une image très simplifiée, voire

arbitraire : certains historiens ont compté jusqu'à 58 provinces au XVIIIe siècle, qui n'étaient pas toutes d'un seul tenant, et dont les dimensions étaient des plus variables. Plusieurs d'entre elles, cependant, avaient une réelle personnalité, surtout si leur annexion à l'État était récente, et il en reste des traces de nos jours.

C'est pour supprimer toutes ces incohérences et réduire le pouvoir des intendants que la Révolution française a créé les départements. Leur dimension était en conformité avec les moyens de transport de l'époque : le chef-lieu pouvait, en principe, être atteint dans la journée, et la gendarmerie se porter en tout point du département entre l'aube et le crépuscule; un courrier à cheval pouvait faire l'aller et le retour. Si la vitesse des déplacements a bien changé, les départements demeurent : ils ont peu à peu créé de nouvelles solidarités, des habi-

tudes, et sont dotés d'institutions solides.

Mais ils sont 95. Aussi, nombre d'administrations et d'organismes ont-ils dû les regrouper, créer des services interdépartementaux. Ils l'ont fait sans la moindre concertation, de telle sorte qu'on en était arrivé à un enchevêtrement incroyable – quelque 70 systèmes différents... – : tel département dépendait d'une ville pour la

Points de repère.

Pages précédentes :
*Encore immobile dans une France qui bouge,
un village des Alpes provençales, Turriers.*
Phot. Marry-Rapho

Ci-dessus, de gauche à droite :
*Au cœur d'une campagne austère
dont l'aménagement paraît improbable,
les pierres sèches et les tuiles ocrées
d'un joli hameau : La Rigalderie.
(Causse de Blandas.)*

*Façades sobres
et cheminées surprenantes :
le château de Chambord.*

Page de droite, en bas :
*L'esprit et l'art des régions : régulières, fines
et puissantes, les nervures de la voûte
de Saint-Pierre-et-Saint-Paul de Troyes.*

Phot. Fronval

justice, d'une autre pour l'armée, d'une troisième pour l'enseignement, etc.

Il fallait bien, après la Seconde Guerre mondiale, que l'État essaye de mettre un peu d'ordre. De la Libération à mars 1946, 20 commissaires de la République ont exercé des pouvoirs étendus; mais l'accent mis alors sur l'unité nationale ainsi que le souvenir des 19 préfets régionaux du régime de Vichy ont eu raison de l'expérience. En 1947, pourtant, le gouvernement installe 8 «igames» (inspecteurs généraux de l'Administration en mission extraordinaire), résidant à Paris et responsables de groupes de départements correspondant aux «régions militaires».

Il faut attendre 1955-56 pour que les besoins de la planification amènent à concevoir la notion de «régions de programme», pour lesquelles on définissait des «programmes d'action régionale» : on en compte 21, préfigurant les régions actuelles. Mais elles ont été découpées à la hâte, sans véritable concertation. On n'a pas voulu – ni pu – toucher au cadre départemental; on a associé quelques départements – 2 à 8, généralement 4 ou 5 –, en principe autour d'une ville principale, mais sans toujours tenir compte des solidarités réelles : le Morbihan a plus

Phot. Berne-Fotogram

affaire avec Nantes qu'avec Rennes, la Mayenne avec Rennes qu'avec Nantes, et l'on a pourtant rattaché le Morbihan à Rennes et la Mayenne à Nantes; la Nièvre a peu de rapports avec Dijon, l'Eure-et-Loir avec Orléans ou Tours, la Charente-Maritime avec Poitiers; et Nice n'a jamais accepté d'être commandée par Marseille... Pourtant, sauf par endroits, on s'y fait peu à peu : aucun découpage conservant les départements n'est vraiment satisfaisant, et celui qui a été adopté n'est certes pas le pire. Il sert encore de nos jours.

En 1959, on crée la Conférence administrative régionale, qui réunit périodique-ment les préfets et chefs de service des départements de ces régions, et l'on obtient de la plupart des administrations qu'elles calquent enfin leurs circonscriptions sur cette trame; le succès n'est d'ailleurs pas complet, car ni les ressorts de cour d'appel, ni la police judiciaire, ni même les acadé-mies ne coïncident encore exactement avec les régions. En 1960, l'essentiel de cet effort étant acquis, les 21 régions de programme deviennent «circonscriptions d'action régionale» (CAR) – la séparation de la Corse portant leur nombre à 22 en 1970. En 1964, nouvelle étape : apparaissent alors le préfet de région et la CODER (Commission de développement écono-mique régional), un organisme consultatif associant élus et représentants des profes-sions.

■

Ci-dessous, cartes :
Des provinces aux régions.

Ci-contre :
Bourgogne des calmes plaisirs :
un point d'ombre, un paysage doux,
des eaux paisibles
où il fait bon pêcher à la ligne
(le canal de Bourgogne
au pied de la butte de Châteauneuf).

Phot. Riboud-Magnum

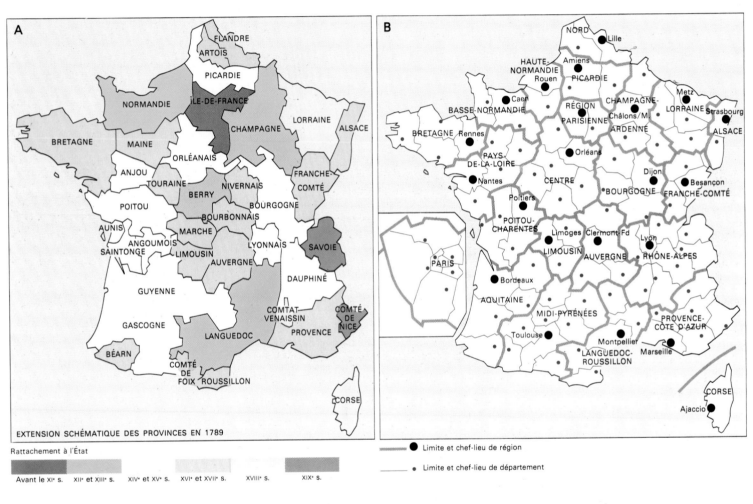

EXTENSION SCHÉMATIQUE DES PROVINCES EN 1789

Rattachement à l'État

Avant le XIᵉ s. — XIIᵉ et XIIIᵉ s. — XIVᵉ et XVᵉ s. — XVIᵉ et XVIIᵉ s. — XVIIIᵉ s. — XIXᵉ s.

● Limite et chef-lieu de région
• Limite et chef-lieu de département

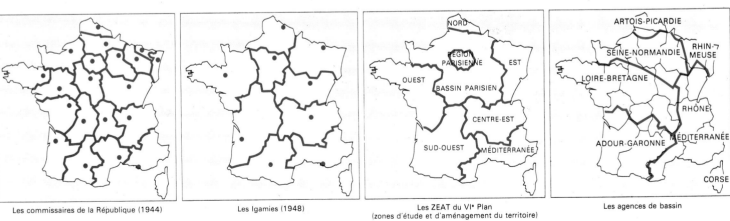

Les commissaires de la République (1944)

Les Igamies (1948)

Les ZEAT du VIᵉ Plan
(zones d'étude et d'aménagement du territoire)

Les agences de bassin

Phot. Boursin

Phot. Laurent-Galliphot

VINGT-DEUX CADRES POUR DEMAIN

Après l'échec du référendum de 1969, dû à de tout autres causes qu'au problème régional, la loi de 1972 crée enfin, dans un cadre territorial inchangé, les « régions » tout court; leurs organes se mettent en place à partir d'octobre 1973 – mais, bien entendu, la Région parisienne demeure hors du commun...

La région nouveau style est un établissement public, ce que n'étaient pas les CAR; mais, à l'encontre des communes et des départements, elle n'est pas une « collectivité locale ». Elle dispose de ressources, alimentées par le transfert des droits sur les permis de conduire et par de nouveaux impôts : taxes sur les mutations immobilières et sur les cartes grises, centimes supplémentaires. Un plafond est fixé à ces impositions (25 F par habitant), qui ne représentent guère que le dix-septième de la fiscalité des collectivités locales, soit une somme variant de 20 à 100 MF selon les régions; celles-ci peuvent emprunter. Un Conseil régional, uniquement composé d'élus (parlementaires, délégués des conseils' généraux des départements et des grandes municipalités), prend les décisions, qu'exécute le préfet de région; un Comité économique et social, où l'on retrouve les représentants des grands corps professionnels, donne des avis.

On voit que ce système, assez pragmatique et prudent, n'enlève rien à l'État, qui s'oblige seulement à consulter la région sur ses programmes régionaux, et dont le préfet reste la toute-puissante émanation. Il n'enlève rien non plus aux communes et aux départements. Seules les administrations centrales perdent une partie de leurs compétences, mais uniquement pour quelques investissements : la région, qui n'a pas d'administration propre et dont le budget est fort limité, ne dispose que d'un fonds d'intervention, permettant quelques dépenses d'équipement judicieusement choisies pour leurs effets d'entraînement attendus. Elles s'ajouteront, pour une part modeste, aux divers investissements, qui sont actuellement partagés entre les ministères (catégorie I, crédits d'intérêt national, environ 27 p. 100), les préfets de région (II, intérêt régional, 46 p. 100), les préfets de département (III, intérêt départemental, 26 p. 100, et IV, intérêt local, 1 p. 100).

Quelques tâches, cependant, sont partiellement dévolues aux régions depuis quelques années. C'est ainsi qu'au cours des IVe et Ve Plans, peu à peu, on a consulté les régions sur leurs besoins, leurs possibilités et leurs vœux : la prise de conscience des disparités régionales et de leur accentuation sous l'effet des premiers plans y avait conduit.

On y était poussé, en outre, par l'action des comités d'expansion, qui se comportaient comme des groupes de pression régionaux – voire départementaux ou locaux. Ces comités sont nés spontanément à partir de 1950, inspirés par un pion-

nier, le Comité d'étude et d'aménagement de Reims et de sa région (CEARR), créé dès 1943 à la faveur des incitations du gouvernement de Vichy. Ils regroupent des personnalités, des « notables », notamment des chefs d'entreprise; constitués en associations privées, ils ont accompli, quoique avec une ardeur très inégale, de nombreuses études, proposé et souvent mis en œuvre des actions pour attirer des industries, faciliter l'accueil de nouveaux venus, développer le logement, la formation professionnelle, la productivité. Agréés par le gouvernement depuis 1954, réunis en conférence nationale, puis, en 1961, au sein du CNER, devenu CNERP (Conseil national des économies régionales et de la productivité), ils ont souvent servi de consultants privilégiés auprès des préfets. Mais, par définition, leurs actions et leurs propositions n'étaient pas toujours compatibles; et, à l'exception du comité breton, le célèbre CELIB (Comité d'études et de liaison des intérêts bretons), ils étaient généralement d'autant plus dynamiques que la région l'était dans son ensemble...

La consultation régionale a été plus strictement organisée pour la préparation du VIᵉ Plan, en 1970-71. Sans doute, le Commissariat au Plan et ses commissions nationales, dont la CNAT (Commission nationale pour l'aménagement du territoire, qui date de 1963), ont-ils fait l'essentiel du Plan. Mais on a demandé aux régions d'établir au préalable des rapports d'orientation, dont les organismes nationaux ont ensuite assuré la coordination. Les préfets ont ainsi consulté les CODER, les comités d'expansion, créé des commissions – où se retrouvaient surtout, à côté des techniciens et de rares experts, les notables des comités d'expansion, des chambres de commerce et les représentants de certains groupes professionnels. Des arbitrages nationaux sont revenus les PRDE (plans régionaux de développement et d'équipement), nantis d'« enveloppes budgétaires » très précises que les préfets ont la charge d'employer : véritables projections régionales du Plan, ils représentent une part essentielle de la régionalisation du budget de l'État. Mais il y a souvent une grande distance entre les rapports d'orientation et les PRDE, et l'essentiel des rapports et des plans a été établi, en réalité, par l'administration préfectorale.

La France n'est donc pas encore véritablement à l'heure des régions : le vieux fonds de jacobinisme, le poids de la centralisation parisienne, une conception autoritaire et très hiérarchique de l'ordre font que l'État, et même une bonne partie des électeurs, redoute toute forme réelle d'autonomie. La situation est d'autant plus paradoxale que la France, depuis longtemps rassemblée, n'a rien à craindre pour son unité, alors que nombre d'États de constitution bien plus récente ont laissé de larges pouvoirs à leurs régions... ∎

En haut, de gauche à droite :
*Parmi les primeurs qui égaient
la place du marché de Landernau,
devant l'hôtel de Rohan,
ces artichauts qui symbolisèrent
une révolte régionale.*

*Des roches rouges sous les pins,
la mer, un paysage chaud,
c'est la côte de l'Esterel, près du Trayas.*

VERS L'AN 2000

AFIN DE MIEUX APPRÉCIER l'effort à fournir pour «rééquilibrer» les activités sur l'ensemble du territoire national, la DATAR a essayé de prévoir ce qui se passerait d'ici la fin du siècle si l'État n'intervenait pas. Son «Scénario de l'inacceptable» a fait beaucoup parler de lui.

Il montre que la moitié orientale de la France tendrait à être mieux équipée que jamais et très fortement urbanisée, avec toutefois un renforcement particulier de la façade méditerranéenne et une expansion des quelques noyaux urbains du Sud-Ouest. On peut en discuter bien des points : sans doute sous-estime-t-il la tendance à l'étoffement des axes Paris-Bordeaux et Paris-Nantes, et peut-être surestime-t-il l'expansion méditerranéenne, face à une mer fermée, bordée d'États à l'économie déséquilibrée et encore peu affirmée.

Mais ce schéma correspond assez bien aux structures d'ensemble que nous avons pu mettre à nu.

La vraie question est de savoir si cette situation serait aussi catastrophique qu'il est habituel de le dire, et, dans ce cas, si l'État a réellement les moyens d'y remédier.

Il est de bon ton, au nom d'une notion quelque peu simpliste de l'égalité, de déplorer sans nuance les disparités régionales. Au risque de scandaliser, on peut pourtant se demander s'il n'y a pas des inégalités plus criantes et plus dommageables, et même s'il n'y a pas un côté positif à ces différences spatiales. D'une part, les contrastes entre les revenus des personnes et des couches sociales sont infiniment plus accusés que les contrastes entre régions : oubliant les uns au profit des autres, ne perd-on pas de vue l'essentiel? La substitution d'oppositions régionales, quelque peu artificielles parfois, aux conflits de type social, n'est pas tout à fait innocente, ni dépourvue d'arrière-pensées politiques ou philosophiques – étant observé que,

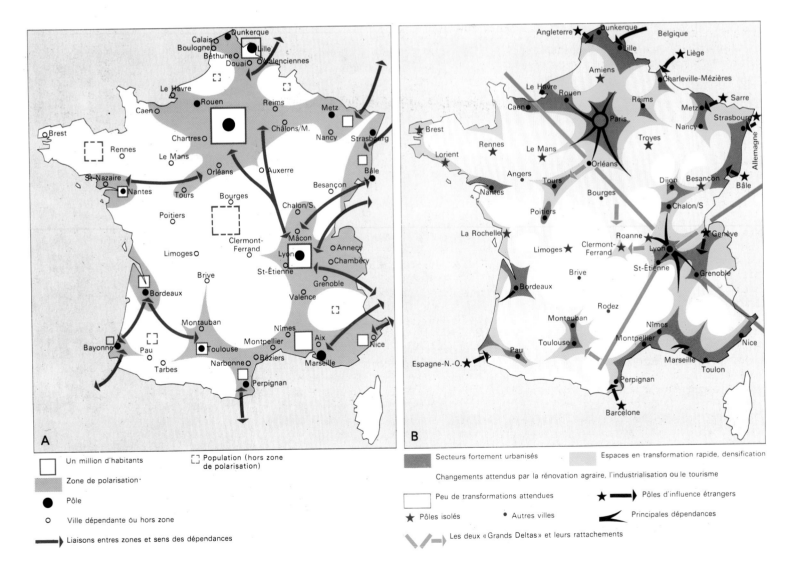

A

- ▢ Un million d'habitants
- ▢ (pointillés) Population (hors zone de polarisation)
- ▨ Zone de polarisation·
- ● Pôle
- ○ Ville dépendante ou hors zone
- ➤ Liaisons entres zones et sens des dépendances

B

- ▨ Secteurs fortement urbanisés
- ▨ (clair) Espaces en transformation rapide, densification
- Changements attendus par la rénovation agraire, l'industrialisation ou le tourisme
- ▢ Peu de transformations attendues
- ★ Pôles isolés
- • Autres villes
- ★ Pôles d'influence étrangers
- ➤ Principales dépendances
- ∨∕ Les deux «Grands Deltas» et leurs rattachements

curieusement, cette tendance se développe dans des milieux fort différents, et qu'il y existe un «régionalisme» de gauche... D'autre part, le nivellement régional servirait-il vraiment le progrès? Comme la spécialisation du travail a permis l'essor économique moderne, une certaine spécialisation des espaces régionaux ne serait-elle pas, finalement, profitable à tous? N'est-il pas plus sain que chaque région s'efforce de faire aussi bien que possible ce qu'elle est le mieux placée pour faire?

À vrai dire, l'aménagement du territoire a toujours hésité entre deux attitudes contraires, dont l'une est publiquement affichée, l'autre pudiquement tue : faut-il aider les pauvres, au risque d'affaiblir ce qui fonctionne bien et, finalement, freiner l'ensemble du développement national – ou faut-il soutenir l'expansion des ensembles les plus dynamiques, qui valoriseront ainsi beaucoup mieux les aides, en espérant que leur progrès entraînera la nation tout entière, à condition qu'il n'aboutisse pas à des concentrations excessives, sources de lourds gaspillages, comme Paris en manifeste souvent? Tel est le débat essentiel; la moins bonne solution est de ne pas trancher, de diffuser les aides au gré des modes, des circonstances et des pressions, et d'aboutir à un saupoudrage qui ne satisfait personne.

Jusqu'ici, l'action officielle a cependant oscillé; mais il est vrai qu'aucune décision n'est facile à prendre dans ce domaine. L'État, avec la politique des métropoles d'équilibre ou celle des zones d'appui, avec les énormes investissements consentis à Dunkerque et à Fos, a parfois choisi la deuxième hypothèse. Avec les aides à l'industrialisation ou à la rénovation rurale, il a penché pour la première.

Les résultats ne sont encore que très partiellement satisfaisants. Incontestablement, les aides au Nord et à la Lorraine ont permis à ces régions de surmonter, pour l'essentiel, de graves crises; nul doute que demain elles n'assument un rôle très supérieur à la place non négligeable qu'elles tiennent déjà aujourd'hui. L'Ouest et, plus timidement, le Sud-Ouest changent et rattrapent une partie de leur retard. Le poids apparent de Paris s'est un peu allégé dans quelques domaines, mais nombre d'indices – accroissement démographique depuis 1968, arrêt de la décentralisation industrielle, extrême lenteur de la décentralisation tertiaire, rythme de la construction, effets de la création des villes nouvelles, prolifération des installations en grande banlieue – tendent à montrer qu'on entre à cet égard, au moins pour quelque temps, dans une phase contraire.

Ces signes, et d'autres, peuvent inquiéter. Dunkerque, proche d'un puissant milieu industriel et appartenant à l'Europe du Nord-Ouest, a mieux réussi que Fos,

Phot. Ciccione-Rapho

greffée brutalement sur un tissu bien plus lâche, et méditerranéen. Les disparités régionales dans l'agriculture se creusent toujours, et les contrastes s'accentuent entre zones urbanisées et zones rurales, au moins dans le Sud-Ouest et l'Ouest.

Et l'on ne doit pas confondre qualité et quantité. Il se trouve que l'évolution des techniques permet désormais de mieux en mieux la séparation physique des phases de la production industrielle; on peut, de plus en plus, morceler la fabrication en ateliers de dimension moyenne, et disperser ceux-ci sur tout le territoire. Les inégalités régionales de salaires et les problèmes de toutes sortes, y compris syndicaux, posés par les grandes usines, y poussent aussi – même si cette stratégie de division a connu de sérieux déboires, une grève très localisée pouvant bloquer tout l'ensemble, comme on l'observe depuis quelques années. La concentration *technique* a donc dépassé ses limites, et régresse, ce qui permet de diffu-

ser beaucoup plus largement les usines. L'ère des gigantesques complexes intégrés, sauf dans certains cas (sidérurgie, chimie), paraît dépassée. Mais, en même temps, la concentration *financière* n'a jamais été si forte, et se développe à un rythme allègre, à l'échelle du monde entier; elle s'accompagne évidemment de la concentration des pouvoirs, des moyens de recherche, des travaux hautement spécialisés. Ce double processus se répercute dans l'espace : le fossé se creuse entre quelques noyaux ou régions qui rassemblent capitaux, dirigeants, ingénieurs et techniciens, et les

Page de gauche, cartes :
Images de la France de l'an 2000
(carte de gauche : d'après le scénario de la DATAR;
carte de droite : une autre interprétation).

Ci-dessus :
*L'harmonieux manoir
à colombage de Bellou
dans le vert bocage normand.*

régions où fleurissent les ateliers de fabrication ou de montage, commandés de loin, souvent même de l'étranger. De surcroît, ces régions dépendantes perdent peu à peu les entreprises qui y rassemblaient tout le processus, et qui, rachetées par les grandes firmes, sont décapitées et réduites aux manipulations simples. Il y a là un changement de structure inquiétant pour leur avenir : on y gagne des emplois banals, on y perd décisions, revenus des capitaux et emplois de haut niveau; on y devient la colonie de quelques métropoles.

La réforme régionale peut-elle, pour sa part, atténuer ces glissements? Le moins qu'on puisse dire est qu'elle apparaît trop ambiguë pour y parvenir. On vante sa prudence et son empirisme : n'est-ce pas un aveu de faiblesse? Les régions pourront disposer de quelques crédits, limités, pour des opérations strictement définies; on peut supposer que les mieux armées d'entre elles – les plus dynamiques – utiliseront plus efficacement que les autres des moyens plus substantiels. Cette constatation justifie d'ailleurs la réticence de l'État à accorder trop de pouvoirs aux régions, dont les disparités pourraient ainsi se trouver accrues.

La dimension même de ces régions révèle la nature du rôle qui leur est assigné. On a souvent dit que la réforme régionale pouvait avoir deux fins : soit une meilleure administration, profitable finalement au pouvoir central; soit une certaine autonomie pour un meilleur développement, à l'image de certains États européens. Mais, dans le premier cas, il aurait fallu 30 ou 35 régions; dans le deuxième, probablement 5 ou 6. On a visé entre les deux, ce qui ne satisfait aucun des deux objectifs; mais le nombre de régions retenu – 22 – et la nature des responsabilités qui leur sont accordées montrent bien qu'on a surtout pensé au premier d'entre eux...

D'ici à la fin du siècle, ce fameux an 2000 si chargé de mythes, la France changera profondément. Elle le fera sous l'influence de mécanismes internationaux. Le visage de ses régions sera bien plus modelé par ceux-ci, par les structures mêmes de l'Europe et par les pouvoirs parisiens, que par les régions elles-mêmes. Les moyens réels de l'aménagement du territoire, hormis quelques réussites localisées, sont trop faibles et trop hésitants encore pour renverser ces tendances profondes, qui maintiendront – et sans doute accentueront – la diversité du territoire national. On ne doit pas en conclure que l'aménagement et la régionalisation sont inutiles : mais, au contraire, que leurs moyens devraient être singulièrement accrus et leurs doctrines clarifiées. Afin que la diversité apparaisse comme une chance et non comme une source de conflits. Afin qu'elle reste compatible avec l'unité. ∎

OUVRAGES SUR LA FRANCE

LA PUISSANCE FRANÇAISE

A. Sauvy, *la Montée des jeunes* (Paris, Calmann-Lévy, 1959).
S. Mallet, *les Paysans contre le passé* (Paris, le Seuil, 1962).
M. Gervais, C. Servolin, J. Weil, *Une France sans paysans* (Paris, le Seuil, 1965).
J. Ginier, *Géographie touristique de la France* (Paris, SEDES, 1965).
M. Huber, H. Bunle, F. Boverat, *la Population de la France* (Paris, Hachette, 1965).
R. Livet, *l'Avenir des régions agricoles* (Paris, Éd. Ouvrières, 1965).
M. Faure, *les Paysans dans la société française* (Paris, Colin, 1966).
F. H. de Virieu, *la Fin d'une agriculture* (Paris, Calmann-Lévy, 1967).
J. Dupleix dir., *Atlas de la France rurale* (Paris, Colin, 1968).
A. Gamblin, *l'Énergie en France* (Paris, SEDES, 1968).
J. Beaujeu-Garnier, *la Population française* (Paris, Colin, coll. « U2 », 1969).
F. Cribier, *la Grande Migration d'été des citadins en France* (Paris, CNRS, 1969).
P. Pinchemel, *Géographie de la France* (Paris, Colin, 1969, 2 vol.).
H. Mendras, *la Fin des paysans* (Paris, Colin, 1970).
Ph. Mainié, *les Exploitations agricoles en France* (Paris, PUF, 1971).
M. Balesté, *l'Économie française* (Paris, Masson, 1972).
J. J. Carré, P. Dubois, E. Malinvaud, *la Croissance française* (Paris, le Seuil, 1972).
P. Durand, *Industries et régions* (Paris, la Documentation française, 1972).
P. George, *la France* (Paris, PUF, coll. « Magellan », 1972).
J. Klatzmann, *Géographie agricole de la France* (Paris, PUF, 1972).
G. Cazes et A. Reynaud, *les Mutations récentes de l'économie française* (Paris, Doin, 1973).
J. Fourastié et J.-P. Courthéoux, *l'Économie française dans le monde* (Paris, PUF, 1973).
G. Jalabert, *les Industries aérospatiales en France* (Toulouse, Privat, 1973).
D. Noin, *Géographie démographique* (Paris, PUF, 1973).
R. Oizon, *l'Évolution récente de la production énergétique française* (Paris, Larousse, 1973).
I. B. Thompson, *la France, population, économie et régions* (Paris, Doin, 1973).

RÉGIONS ET AMÉNAGEMENT

O. Guichard, *Aménager la France* (Paris, Laffont-Gonthier, 1965).
T. Flory, *le Mouvement régionaliste français* (Paris, PUF, 1966).
R. Lafont, *la Révolution régionaliste* (Paris, Gallimard, 1967).
M. Rocard, *Décoloniser la province* (Paris, Pons, 1967).
P. Fougeyrollas, *Pour une France régionale* (Paris, Denoël, 1968).
Ph. Lamour, *Soixante Millions de Français* (Paris, Buchet-Chastel, 1968).
M. Phlipponneau, *la Gauche et les régions* (Paris, Calmann-Lévy, 1968).
E. Pisani, *la Région, pour quoi faire?* (Paris, Calmann-Lévy, 1969).
M. Bourjol, *Région et administration régionale* (Paris, Berger-Levrault, 1970).
J.-F. Gravier, *la Question régionale* (Paris, Flammarion, 1970).
J. de Lanversin, *l'Aménagement du territoire et la régionalisation* (Paris, Librairie technique, 1970).
P. Bauchet, *la Planification française* (Paris, le Seuil, 1971).
P. Brongniart, *la Région en France* (Paris, Colin, 1971).
DATAR, *Une image de la France en l'an 2000. Scénario de l'inacceptable* (Paris, la Documentation française, 1971).
J. Jung, *l'Aménagement de l'espace rural, une illusion économique* (Paris, Calmann-Lévy, 1971).
J. Martray, *la Région. Pour un État moderne* (Paris, France-Empire, 1971).
J. Monod et Ph. de Castelbajac, *l'Aménagement du territoire* (Paris, PUF, 1971).
J.-J. Servan-Schreiber, *le Pouvoir régional* (Paris, Grasset, 1971).
J.-F. Gravier, *Paris et le désert français en 1972* (Paris, Flammarion, 1972).
J. Teneur et L. di Qual, *Économie, régions et aménagement du territoire* (Paris, PUF, 1972).
La Région (Paris, la Documentation française, numéro spécial 158-159 des « Cahiers français », 1973).
Institut d'études politiques de Grenoble, *Aménagement du territoire et développement régional* (Paris, la Documentation française, volumes annuels depuis 1968).
Nombreuses publications de l'INSEE et de la Documentation française. *Le VIe Plan* a été édité par cet éditeur officiel et par la collection « 10-18 » (UGE).
Atlas de l'aménagement du territoire (Paris, DATAR, depuis 1967).